6 milions d'innocents
(menys uns quants espavilats)

COL·LECTIU J. B. BOIX

6 milions d'innocents

(menys uns quants espavilats)

EDICIONS La campana

1a edició: març de 1999

Edicions La Campana
Balmes, 65, 4t, 1a
08007 Barcelona
Tel.: 93 453 16 65 / Fax: 93 451 89 18

Disseny coberta: Helena Batet

ISBN: 84-88791-72-0
Dipòsit legal: B. 16.943 - 1999
Fotocomposició: EdiGestió (Barcelona)
Imprès a Romanyà/Valls. Capellades (Barcelona)

Pròleg

J. B. Boix és un col·lectiu. Ha nascut al voltant d'una taula que sovint comparteixen uns quants amics a l'hora de dinar. Hi ha un periodista, un jurista, un economista, un empresari, un home de l'esport, un jubilat, un excapellà i un metge. Tots ells han convingut que, de moment, s'estimen més no identificar-se. Alguns perquè són assalariats i bons pares de família, és a dir, gent prudent i responsable. I d'altres perquè són professionals autònoms i el seu mal no vol soroll.

Són gent plural i diversa, però tenen algunes coses en comú. No els agrada el pensament únic i políticament correcte. Pensen que a l'oasi català hi ha alguns silencis clamorosos i que l'amnèsia col·lectiva s'ha portat fins a un punt exagerat. Consideren que no hi ha d'haver tabús ni poders fàctics intocables. Troben a faltar en els mitjans de comunicació, i fins i tot en els rengles de l'oposició parlamentària, una mica més de crítica, de denúncia i de control de la gestió pública. Els costa de comprendre que els casos de cleptocràcia (és a dir, allò que a Itàlia en diuen *tangente* i a l'Amèrica Llatina, *coíma* o *mordida*) que són del domini públic, no arribin als tribunals o en surtin molt ben parats. És per això que han volgut fer una modesta aportació a la reflexió col·lectiva en un moment que sembla anunciar i el final d'una etapa que, al costat de coses positives, ha produït un cert desencís pel que fa a un laboriós procés de construcció autonòmica que, amb la perspectiva del temps, cada vegada es perfila més en grau de temptativa frustrada.

Segurament els ha estimulat a pronunciar-se la gran eclosió de grups i entitats que han anat apareixent a casa nostra per servir d'altaveu de les inquietuds i les idees que es canalitzen al marge de les grans organitzacions de masses. Repassin i veuran com n'és de llarga, la llista: Fundació Acta, Elefant Blau, Club Arnau de Vilanova, Fundació Barcelona, Catalunya Segle XXI, Foro Babel,[1] la Cervantes, la Bilingüismo, la Tolerància, CADECA, el GEN, Crisol, Barcelona 2002, Convivència Cívica Catalana i tantes i tantes d'altres. Però el pobre J. B. Boix no vol ni pot assemblar-se a ningú. Ni té ambició de transformar la realitat, ni capacitat per fer-ho. És, per tant, molt diferent d'aquestes entitats que compten amb domicilis socials, nòmines, personal en plantilla, activitats permanents, afiliats o simpatitzants, subvencions de Presidència i Cultura de la Generalitat o bé de la Diputació i l'Ajuntament de Barcelona i del PSC-PSOE. Es tracta senzillament d'una colla d'amics que han tingut, la immodèstia de pensar que les seves converses i comentaris podrien eventualment interessar a d'altres persones. No són instruments de ningú, ni estan al servei de cap causa parti-

1. Babel és curiosament també el nom del diari que a Bagdad publica Uday, el fill gran de Sadam Hussein, aquell que va sortir ferit d'un atemptat i a qui s'atribueixen tota mena de delictes, cosa que no va impedir que J. A. Samaranch el confirmés president del Comitè Olímpic iraquí.

dista. Només han volgut esbravar-se i dir-hi la seva enmig de tantes masses corals orfeòniques que segueixen batutes de direcció o volen influir-hi.

És probable que la causa de tanta proliferació d'iniciatives destinades a conrear el pensament i la renovació de les idees sigui conseqüència de la pèrdua de sintonia dels partits polítics amb allò que de debò preocupa els ciutadans. Ja se sap que és ben veritat el que deia el governador Cuomo de Nova York, que les campanyes electorals es fan amb la poesia, però que després es governa amb la prosa. O bé aquella altra afirmació: els vots s'obtenen amb la mà esquerra, però després s'utilitzen i administren amb la mà dreta, és a dir, al servei dels interessos dels poderosos. Però sense necessitar aquestes explicacions de la perniciosa influència de les camarilles dominants que volen perpetuar-se, els partits, per ells mateixos, ja tendeixen a l'esclerosi. L'any 1956, William Whyte, autor de *The Organization Man*, ja deia que els caps i dirigents s'anaven convertint en conformistes anònims que lideraven des del consens i no des del carisma. La deriva dominant, deia, era cap a la «idolatria del sistema». Però avui sembla que tornem a idolatrar els caps suprems.

En aquest sentit, J. B. Boix pot tenir alguna concomitància o lleugera retirada amb les entitats anteriorment enumerades, tot i ser d'una naturalesa ben diferent i no haver-se marcat cap objectiu de partit. Però el que tenen molt clar els seus membres és que no s'assemblen de res ni volen tenir cap cosa en comú amb aquest pompós Comité de Nuevas Iniciativas del Círculo Ecuestre de Barcelona que han creat un seguit de nens de casa bona, hereus d'uns imperis més aviat descriptibles, amb la finalitat proclamada d'autoerigir-se en la burgesia del 2000. Diu J. B. Boix que del 2000 i prou; del 2000 i gràcies. Perquè si segueixen amb aquests procediments faran bona la teoria de l'hereu escampa. Aquests nens prodigi es diuen Güell, Suqué, Corona, Galofré, García Nieto, Mulet, Vila i Ferrer. Perdó, no! En Ferrer va decidir posar-se un guió i un *di* i dir-se Ferrer-Salat Serra di Migni, com si anés de títol nobiliari.

J. B. Boix tractava de definir-se per contrast, tot indicant el que no és. I no ha trobat un model millor de tot allò que no vol ser que el manifest fundacional d'aquesta congregació d'hereus beneficiats per les exempcions fiscals que els ha tramitat el benemèrit Institut de l'Empresa Familiar.[2] Diuen, en efecte, aquests xicots tan eixerits que seran la burgesia del 2000 i que demanen veu i que «*se arremolinarán en torno a programas mínimos, porque quieren concatenar su innovación con el estilo liberal y europeísta clásico, aunque de momento sólo ocupan el espacio escénico mientras aspiran a vertebrar una alternativa* [...]. *Reclaman protagonismo en plena encrucijada del cambio de siglo y proyectan uno de los pliegues más genuinos de una hegemonía en ciernes.*» Que fort, oi? Exactament el «capitalisme de papà» que, segons M. Pébéreau, president de la BNP de França, és ja irrevocablement una cosa superada i del passat.

2. Una entitat que, pel que es veu, era biodegradable i que un cop assolit l'objectiu de no pagar l'impost de successions, en lloc de dissoldre's tranquil·lament, ha optat per traslladar la seu a Madrid sense donar les gràcies a la Generalitat que els va fer de *lobby* en tot el procés.

Com es poden fer uns encenalls literaris tan carques, retrògrads i antiquats com els d'aquest manifest? I com es pot «fardar» d'una riquesa no guanyada, sinó rebuda en règim de transmissió *mortis causa* o bé de donació paternofilial anticipada? O bé exhibir unes fortunes que procedeixen del tràfic d'esclaus i del transport marítim de les tropes que, gràcies a un contracte militar en exclusiva, s'enviaven a l'escabetxada de la Cuba colonial d'ara fa una mica més de 100 anys?[3] O en un altre cas, com es pot presumir d'un patrimoni forjat al sector empresarial de la ruleta?

Els pares d'aquests xicots ja van muntar a la mateixa edat d'ells el Club Comodín, que com el seu nom indica era un local dedicat a jugar a cartes i a fer timbes. El van situar 100 metres més amunt del Círculo Ecuestre dels avis i, en veure com evolucionaven les coses, el van transformar en el Círculo de Economía, un *lobby* ben modest i moderat i sobretot una plataforma perquè hi remenessin la cua els descendents de la nostra antiga burgesia i els aspirants a ingressar-hi. Van tenir el bon gust d'abandonar l'edifici classista de Balmes-Diagonal amb aquell finestral que permetia a uns senyors d'edat provecta o avançada i pretesament rics mirar de dalt a baix el comú dels mortals, evidentment inferiors, que passaven pel carrer sota la seva distant, benèvola i segons com escrutadora mirada. Ho van fer perquè els calia desmarcar-se dels propis orígens, fer-se un maquillatge i un *lifting* de modernitat i parlar de la integració a Europa i dels canvis neces-

3. Per cert que el conegut negrer encara té una plaça a nom seu i un monument just al davant de Correus.

saris en un clar exercici de vocacions tardanes. Potser també fugien del club dels pares perquè les quotes dels aristocràtics locals no permetien ni mantenir la seu social. A la planta baixa hi van haver de situar diferents negocis que paguessin el funcionament de l'entitat. Primer una cafeteria. Després un cabaret de *striptease*. I, finalment, el Banco de las Islas Canarias, que va acabar com el rosari de l'aurora. Però no hi ha dubte que, a empentes i rodolons, s'ha preservat l'edifici que podrà servir –generacions més tard– de museu de l'empresariat català i d'aquella burgesia emprenedora que va protagonitzar la febre d'or al seu moment. És a dir, un dipòsit per conservar i exhibir orgullosament el passat, però mai un trampolí de cara al futur.

Així, doncs, les minories dirigents de la Catalunya burgesa han anat abdicant del seu rol de lideratge i han abandonat l'escenari sense deixar-nos la nova adreça i sense que l'últim a sortir es prengués la molèstia d'apagar els llums. I no sembla pas que el buit que han deixat l'hagi cobert la classe política que ha crescut en democràcia i ha cristal·litzat en forma de tap contra qualsevol renovació del discurs ideològic, de la pràctica burocràtica o de l'estil de gestió. CDC de Tarragona, per exemple, va arribar a la més sublim culminació del paper assumit pel partit com a planta de reciclatge, bugaderia i centre de blanqueig de franquistes el dia en què va donar suport a Primitivo Forastero, alcalde de Camarles, condemnat a sis anys d'inhabilitació per un delicte de prevaricació. Com canvien les coses! A finals de la dictadura, Forastero (guàrdia de Franco i División Azul) va fer fora del poble uns experts en economia que visitaven la comarca per estudiar les seves necessitats. Es deien Ernest Lluch i Joan Gaspar (el galerista) i els encapçalava un banquer, en Jordi Pujol. Els visitants, amenaçats amb exhibició d'arma curta, van haver de retirar-se del terme municipal. En canvi, ara són els partits democràtics, les víctimes d'ahir, els encarregats de subministrar certificats de bona conducta en virtut del principi de la pila del greix on el qui no hi entra no creix.

Francament, la reinserció social dels protagonistes del règim totalitari, la rehabilitació dels seus beneficiats i la redempció per la via de les formacions polítiques purificades a les urnes haurien de tenir uns límits més estrictes i més ajustats a la coherència, a la moral i al bon gust. I la funció dels elegits convindria que fos la de governar i no aquest pèndol que va de la temptació de manar amb duresa sobre els febles (per exemple, els botiguers) o de mostrar-se servil amb els poderosos (per exemple, les grans superfícies)[4] fins a l'actitud d'afalagar encara que sigui a costa de falsificar les coses i convertir-se en impostors ideològics.

Un dels motius d'haver escrit aquestes pàgines és expressar la disconformitat amb aquest tipus de coses i la voluntat de fer crítica raonable, però també nítida i contundent. És ben cert que, en termes generals, el país ha experimentat una profunda i positiva transformació en els darrers vint anys. La convivència és bona, la cohesió social no s'ha trencat encara que persisteixi

4. Només a Barcelona província s'han autoritzat 65 centres comercials d'un total de 67 sol·licitats. Les dues denegacions deuen ser per defunció de l'interessat o per faltes d'ortografia.

una franja d'exclusió de proporcions alarmants, l'educació i la sanitat han progressat, s'ha avançat en el reequilibri territorial i hem assolit nivells de benestar que, tot i ser sensiblement inferiors als dels països capdavanters d'Europa, són perfectament acceptables. Però tot plegat no justifica les actituds de petulància que sovint exhibim de forma tan ridícula com injustificada.

Com a antídot contra excessos d'aquesta mena i com a saludable estímul que esperoni les administracions a fer un ús millor i més eficaç dels nostres impostos, sembla evident que fan falta veus independents i objectives que no practiquin la lloança sistemàtica sense reserves ni es resignin a engreixar els rengles de les masses corals d'aduladors amb murrió i/o remunerats. Perquè el principal canvi que s'ha produït en tot aquest període és que els ciutadans hem passat d'una pressió fiscal molt baixa a pagar tributs de nivell europeu i, en molts casos, clarament confiscatoris. I que, com a contrapartida, hem observat (només faltaria que no fos així) algunes sensibles millores però també la persistència d'unes mancances tercermundistes en molts serveis i d'uns capteniments irregulars que cal corregir per ajustar-nos a les exigències de transparència i mínima honestedat que reclamen els temps actuals. «*España va bien*», diu Aznar, i Catalunya va bé, mira d'afegir Pujol, però sense negar que, en línies generals, aquestes proclames tinguin alguna justificació, el que no es pot acceptar és cap mena d'eufòria ni de capitalització interessada d'uns creixements vegetatius. Perquè al costat de tot allò que va bé hi conviuen molts aspectes negatius que cal denunciar si volem contribuir a superar-los.

És des d'aquesta perspectiva que hem volgut deixar les pàgines següents a uns editors de confiança tal com en temps passats s'abandonaven els nadons a les portes de la Casa de Caritat. Heus aquí, doncs, un expòsit. Té uns pares que volen que visqui i que, per raons d'higiene i salut pública, creuen que convé que ho faci. Però la majoria d'ells tenen d'altres activitats, potser més importants que el modest impacte que puguin tenir aquestes reflexions i no estan disposats a renunciar-hi. No és que tinguin por de represàlies com les que pateixen a la Xina Popular els autors de llibres «erronis, subversius i mancats de sensibilitat amb el partit únic». Ni temen tampoc que els aiatol·làs iranís els persegueixin com a Salman Rushdie. Afortunadament, les coses són aquí, entre nosaltres i en aquestes latituds, molt més pacífiques i tranquil·les. Tanmateix no volen fer d'apòstols en un país de mercaders, ni ser heterodoxos relativament arriscats en una comunitat narcotitzada pel sistema dominant, que viu ajupida i genuflexa davant poders fàctics. I que sembla que bada i es distreu a l'hora de defensar allò que es fa veure que és fonamental. Els bascos, per exemple, van enviar l'actual lehendakari a negociar el concert econòmic i el *cupo*, i va passar el rasclet amb tanta eficàcia i de manera tan competent que no va tornar amb el 15 o el 30 %, sinó exactament amb el 100 % de tots els impostos. A més, un suplement de 125.000 milions per a cobrir l'aportació basca que es presenti de cara a la galeria. A sobre, en votar els pressupostos del 99 van saber obtenir el traspàs de l'autopista Bilbao-Behobia. Són gent que van per feina.

Aquí, en canvi, no hem observat que s'hagi creat cap equip d'experts per estudiar el saldo net ni el dèficit fiscal de Catalunya amb Espanya. S'han creat grups de suport i s'han incentivat iniciatives de la societat civil per tal d'impulsar les seleccions esportives, però en el tema bàsic i essencial ens tornaran a agafar desprevinguts. ¿És que la Generalitat té alguna cosa més urgent, més important o més prioritària a fer que carregar-se de dades i de raó per poder reivindicar la superació d'un sistema financer tan injust? Perquè si no ens preparem millor del que ho hem fet en els dinou anys anteriors estem perduts. Haurem de negociar amb gent competent i experta que, a part del domini de la funció pública donat per una experiència de segles, disposa dels dossiers i no té ni la més mínima intenció de donar facilitats. El que s'obtingui se'ls haurà d'extirpar amb arguments irrefutables i proves fefaents. De moment, el ministeri de Rodrigo Rato ja ha llançat un avís per als navegants. Diu que per aconseguir les dades de la quantitat que rep Catalunya per al seu finançament, caldria dur a terme un estudi molt extens (i molt prolongat en el temps, podem afegir) en el qual haurien de participar molts organismes. L'informe obligaria a utilitzar unes magnituds i una metodologia que conduirien a una estimació resultant d'uns criteris subjectius i individuals dels quals el govern no es podria fer responsable. És a dir, l'estudi seria complicat, s'allargaria tants anys com els que falten fins al venciment de l'actual model de finançament i ja abans de fer-lo ens adverteixen que no se li concedirà cap validesa. Dit d'una altra manera, s'ha d'agrair la gentilesa d'anunciar-nos que se'ns pensen tornar a torejar. I, per tant, ja no podrem al·legar el factor sorpresa.

Qui avisa no és traïdor. I qui persevera en l'error de negociar les qüestions fonamentals sense una preparació adequada i sense el rigor necessari i, a més a més, ho fa per enèsima vegada, després ja no tindrà dret a queixar-se. El president Pujol va declarar en una entrevista de tema religiós que la política està renyida amb el cristianisme i que els governants, de vegades, han de prendre decisions injustes amb plena consciència del que estan fent. No va, naturalment, tan lluny com Plató (Carta VII) quan deia que de jove va pensar dedicar-se a la política, però que, en veure qui eren els que la dirigien, li va semblar molt difícil d'administrar-la amb honradesa. Plató va arribar a la conclusió que tots els estats són corruptes. Tornem, però, al nostre fil tan moderat i diguem senzillament que, en matèria de finançament, seria imperdonable que ens tornessin a agafar amb el lliri a la mà. Si ara se'ns tornen a rifar, ja no podrem al·legar que som neòfits, que no hem tingut prou temps per aprendre o que han sorprès la nostra bona fe. Ras i curt, serem còmplices o ineptes.

Ens trobem, doncs, tan gradualment com es vulgui, davant un canvi d'etapa, un cert esgotament del model vigent i un replantejament d'estratègies. Jordi Pujol ja ha inscrit el seu nom a la Història com el polític català més important d'aquest segle. La seva obra de govern ja representa un bagatge ben important, amb clarobscurs, i amb tantes limitacions com es vulguin derivades d'unes circumstàncies adverses i unes febleses internes, però mereixedores, en conjunt, d'una valoració molt positiva. Ara es tracta de comprovar si el mateix lideratge serà capaç de pilotar els canvis que la societat reclama. Tinguem present que és en èpoques de relativa prosperitat, de benestar creixent, de més confiança del consumidor i de més seguretat en el treball que la gent demostra una major voluntat de transformació i de progrés, sense aventures, però amb un grau d'exigència més alt pel que fa a la solució de problemes concrets. I quan el vent bufa en aquesta direcció és inútil tractar d'oposar-s'hi. Cal adaptar-se a les noves aspiracions col·lectives i posar-se al davant de la manifestació, si convé. Cal deixar caure el llast de les inèrcies rutinàries, modificar l'estil, auscultar les demandes del cos social, revisar les prioritats, renovar els missatges i ajustar els objectius a les reclamacions majoritàries. Està molt bé l'intent de convertir-se en pal de paller de la política catalana, un clar antecedent del gir o la deriva general centrista. Però arriba un moment que ja no són sostenibles les indefinicions. S'està amb els monopolis i les empreses de serveis públics o bé a favor dels usuaris que casualment resulta que es confonen amb els ciutadans i els votants. Els intents de síntesi i de superació dels conflictes per la via d'una harmònica conciliació d'interessos antagònics es poden fer durant un cert temps. Les ambigüitats poden anar ajornant la necessitat de pronunciar-se, però tard o d'hora s'ha de triar un camí i donar una resposta. Perquè si no ho fem, probablement ens ho faran els altres. Tal com diuen a Madrid: a les vuit del vespre, si no dones una conferència, te la donen.

Les pàgines següents voldrien contribuir a la crítica constructiva, a l'erosió d'alguns tòpics i del cofoisme existent, a formular algunes modestes propostes i a invitar el lector a reflexionar sobre el nostre futur. Catalunya ja no és la terra promesa dels fluxos migratoris. Venir a viure i treballar a casa nostra ja no és cap negoci. En els últims anys el corrent, si de cas, s'ha invertit en una mena d'operació retorn. I potser ens trobem en un moment oportú per demanar-nos cap a on volem anar tot tenint ben present d'on venim. Sense voler-nos posar transcendents ni dir que ens trobem en un moment crucial per al futur del nostre autogovern, de la reconstrucció nacional, de la nostra articulació amb Espanya i Europa, del nostre progrés econòmic i social i de la defensa de la pròpia identitat, potser sí que en anar pujant els esglaons de l'escala ens podríem aturar un moment en un replà d'aquells de l'Eixample que en deien un *descansillo*. Només per pensar un moment què volem ser quan siguem grans. Així, doncs, tal com diuen el italians, si els sembla bé, *pensiamo-ci*.

No estarà segurament de més que tinguem present l'opinió de Jean Baudrillard. Segons ell, es perfila cada vegada més una realitat política perfectament dissociada. D'una banda, hi ha la classe política que evoluciona amb plena impunitat i dedicada a la tasca única de reproduir-se, enmig d'una confusió endogàmica de totes les tendències i a través d'una aliança incestuosa de la dreta amb l'esquerra que provoca la patologia i la degeneració que són característiques de la consanguinitat. I d'altra banda, hi ha la societat real desconnectada de l'esfera política a la qual només li queda el cordó umbilical dels sondeigs i les enquestes. De tal manera que els escàndols, la corrupció i la degradació general no tenen cap conseqüència, perquè en una societat dissociada, la responsabilitat (és a dir, la possibilitat de totes dues parts de respondre's) ja no forma part del joc.

Nogensmenys, Baudrillard expressa el seu agraïment als qui gestionen el lloc buit en què s'ha convertit el poder, perquè d'aquesta forma les tasques supèrflues queden en mans de xarlatans, depredadors i especuladors. Sembla, doncs, que aquell eslògan del maig del 68 de l'imaginació al poder és tan fals com impossible, atès que al poder no hi ha hagut mai ni hi pot haver imaginació. És, ras i curt, un lloc buit i sense esperança poblat de bufons històrics. Europa serà, per tant, un model de simulació projectat sobre una desertificació social del qual no ens podrem escapar igual que quedarem atrapats per l'Internet, la moneda única o les cadenes d'aliments congelats. Com totes les generalitzacions, són frases potser una mica excessives, però dignes de ser tingudes en compte.

En qualsevol cas, potser és el moment d'alçar el teló perquè surtin a escena innocents i espavilats.

Col·lectiu J. B. Boix*

* El Col·lectiu J. B. Boix és conscient que aquest llibre no és –ni ho pretenia ser– exhaustiu. D'una banda, es podien estirar força més els fils que apareixen en cada un dels capítols. D'una altra, hi ha més àmbits, i molt diversos, que també haurien pogut ser explorats, perquè de documentació no en falta. Però un cert sentit de la mesura ens ha aconsellat posar-nos uns límits. No ens neguem la possibilitat d'intentar establir una nova comunicació amb els nostres conciutadans.

1

La víctima econòmica es diu Catalunya

Papers canviats

Narcís Serra és segurament el català que ha ocupat el càrrec polític més important a l'Espanya del segle XX. La seva carrera va ser meteòrica. Va treballar junt amb Miquel Roca al Pla de la Ribera de Pere Duran i Farell. Van obrir un bufet on Narcís feia de tímid laboral i en Miquel de pencaire, però ell portava clients. No endebades era nebot i fillol de l'expresident del Barça i de La Caixa, Narcís (d'aquí el bateig) de Carreras i Guiteras, també conegut amb un renom inspirat en la cobla oficial de la Generalitat: El Principal de la Bisbal. Nebot també d'un altre president de La Caixa, Salvador Millet i Bel, aquell de qui es va dir que era l'últim liberal, perquè els liberals eren quatre i mal comptats: en Trias, en Fargas, en Millet i en Bel. Per tant, per origen familiar, extracció social i tendència a l'hora d'apuntar-se a un partit polític, a en Serra li corresponia fer-se del de dretes i, en canvi, en Roca encaixava més amb una formació progressista. Però es veu que s'ho van fer a cara o creu i en Miquel va anar a Convergència mentre ell es feia militant del PSC, amb els respectius papers canviats. Ben bé allò que en ballet se'n diu el pas del *chassé-croisé*.

Del que no hi ha dubte és que en Serra és un home de sort. A Napoleó sempre que li recomanaven un oficial tot dient-li que era bon estratega, primer de la promoció a l'Acadèmia, un tàctic excepcional o militar de quarta generació, l'únic que li interessava preguntar era: «Però té bona estrella?» I en Serra, no hi ha dubte que n'ha tingut. Primer, la bona sort es va manifestar quan l'advocat Francesc Casares i Potau va renunciar a ser l'alcaldable socialista per a l'Ajuntament de Barcelona i en Narcís va aparèixer com a solució de recanvi. Després, quan el general Gutiérrez Mellado va decidir de celebrar el Dia de les Forces Armades a la ciutat cap i casal de Catalunya. I, finalment, en tenir al costat seu un home tan vocacional del protocol i del cerimonial com en Lluís Reverter. Cada ram de flors enviat a la dona d'un general va ser un graó en la imparable ascensió del batlle barceloní. Cada banquet previ a la desfilada o a la parada naval, un mèrit suplementari. I, naturalment, en arribar els socialistes al poder, Felipe González el nomenà ministre de Defensa... a ell que s'havia escaquejat de fer la mili, per cert igual que José María Aznar (que per això deu tenir tanta tendència a fotografiar-se dins la torreta dels tancs) i Eduardo Serra Rexach, l'incombustible cap de compres d'avions i de carros blindats amb governs d'UCD, PSOE i PP.

Deixem, però, la biografia de qui després va ser exaltat a la vicepresidència del Govern, i va haver de dimitir per l'escàndol dels serveis secrets del CESID, les punxades telefòniques i els xantatges i dossiers des de la mateixa organització o del coronel Perote, que havia privatitzat els materials susceptibles de contribuir a les extorsions de Mario Conde. El fet és que la seva brillant trajectòria empalma amb el retorn a la política catalana com a primer secretari del PSC quan, víctima dels escàndols i la corrupció, el PSOE va perdre les eleccions. I és aquí on volíem arribar, al moment en què Serra fa memòria i es recorda que de petit havia estat català i comença a mirar-se les coses amb la perspectiva de casa nostra. I enceta un discurs de crítica constructiva contra Jordi Pujol que mai no se li va acudir aplicar-se'l quan formava part del Govern, que, per exemple, l'any 83 va presentar un recurs al Tribunal Constitucional contra la Llei de normalització lingüística.

Tenim, per tant, una visió d'ell indiscutible. Ni més ni menys que la del polític català que ha arribat més amunt en la jerarquia del poder. I què ens diu? Per exemple, que Rodrigo Rato, aquest ministre d'Economia que encarna les virtuts de la visera i el *manguito* com a comptable major del Regne i que ens ha fet quadrar l'*estadillo* per entrar a l'euro via Maastricht, en un viatge cap al castell de l'iràs i no tornaràs, ha enganyat Pujol quatre vegades. Quin cinisme!

Els enganys de Rato a Pujol

El primer, quan li va fer creure que amb el 30 % de l'IRPF, la Generalitat veuria millorat el seu finançament. Després s'ha vist que si et donen el 30 % del que raja d'una aixeta que controla l'altre, t'han cedit el 30 % de no res. O, dit amb paraules del conseller d'Economia, Artur Mas: l'any 1997 vam recaptar per aquest concepte 40.000 milions de pessetes menys del previst i, a més a més, en haver-ne acceptat i signat la conformitat amb aquest sistema tan poc remunerador, Catalunya no podrà tornar a demanar cap millora de la seva asfíxia financera fins a l'any 2001.

El segon, quan li va dir que els impostos especials eren tècnicament intransferibles i que calia limitar-se a l'IRPF com a font de recursos. Una afirmació rotunda, contundent i lapidària que va fer just quinze dies abans de transferir-los al govern d'Euskadi on, pel que es veu, el control de la fiscalitat de la benzina, del tabac i dels alcohols no planteja cap problema tècnic insoluble.

La tercera presa de pèl va ser la promesa que, malgrat les retallades pressupostàries, les obres públiques i les infraestructures de Catalunya es finançarien amb recursos extrapressupostaris obtinguts de les privatitzacions. I ja s'ha vist, en el moment en què el govern del PP ja ha passat l'equador de la seva legislatura, el més calent és a l'aigüera i Catalunya, com de costum, no n'ha fet ni cinc de calaix. Tinguem present que en els darrers vint anys, és a dir, més o menys d'ençà que aquí paguem impostos com a escandinaus i rebem, a canvi, serveis com a magribins, Catalunya ha patit una discriminació d'evidència meridiana i durada de cadena perpètua.

I, finalment, el quart engany de Rato a Pujol ha estat ben bé de *trilero*. Consisteix a rebaixar l'IRPF i per tant els ja minsos ingressos de la Generalitat, però deixar al govern autonòmic la facultat d'augmentar la tributació del seu 30 % per si vol compensar la pèrdua soferta i, és clar, aguantar la impopularitat d'apujar un impost mentre el govern central, magnànim, el rebaixa. Sort que Artur Mas es va adonar a temps del parany i sembla que, si no hi torna a haver més burles, la reducció experimentada tindrà vies de compensació. Vies que naturalment sempre passen per haver de negociar o, en aquest cas, més ben dit, per haver de pidolar el petit retorn del que Catalunya aporta a les arques de l'Estat. Que no és mai allò que diuen dels diners de tots els espanyols. Perquè, que sapiguem, d'espanyols que siguin aportants nets, a part dels catalans d'origen i d'adopció, n'hi ha ben pocs.

Recollidors de rendes

Madrid, per exemple, paga més per habitant que no pas Catalunya. I només faltaria, perquè, a part del fet inexplicable que els sous de Madrid siguin un 30 % més elevats que els de Catalunya (deu ser que hi ha més dirigents, molts *jefes* i pocs pellroges), hi ha també allò que s'anomena «l'efecte seu», és a dir, la conseqüència tributària que totes les grans empreses estatals, públiques i multinacionals, tinguin principalment la seu a Madrid i, per tant, hi tributin les rendes que recullen a la resta de l'Estat i vagin falsejant així les aportacions dels madrilenys en la més gran de les mentides. Recordem que hi ha les mentides petites, les mentides grans i, finalment, les estadístiques. Per fer esment d'un exemple aclaridor només cal referir-se a la Trasmediterránea, empresa estatal deficitària que factura el 70 % dels seus bitllets a Barcelona i té la resta del negoci principal a Balears i València i, en canvi, manté a Madrid –zona d'un potencial marítim perfectament descriptible– una munió de funcionaris terrestres que, fins i tot, la Unió Europea considera com una càrrega massa feixuga.

No fa al cas, però no ens podem estar d'explicar com la Trasme es va vendre l'edifici de la seva seu central a una financera que després li va llogar el mateix local per un terç del preu de venda com a lloguer anual. Dit en altres termes, m'he polit un patrimoni a canvi que en tres anys et retorni el que m'has pagat en forma de renda de llogater. Una brillant alienació del patrimoni públic que va protagonitzar el llavors president Luis Ángel Delso, mentre s'anava construint un nou edifici de la Trasme al costat de l'aeroport de Barajas. I és que en aquest país, els *pelotazos* s'han fet per terra, mar i aire.

Discriminació econòmica

A més dels avantatges de les domiciliacions socials, Madrid gaudeix també del privilegi de rebre sempre, mani qui mani, «*lo comido por lo servido*». Ni l'any mític del 92, amb Jocs Olímpics i tot, Catalunya es va acostar a les inversions d'un Madrid privilegiat. Segons la FIES, la Fundació d'Estudis de les Caixes d'Estalvis, cada madrileny (recordin la ciència estadística que diu que si vostè es menja dues perdius i jo cap, resultarà que sortim a perdiu per barba) aporta *grosso modo* 1.000.000 de pessetes/any; cada català 800.000 pessetes/any, la mitjana dels espanyols només 380.000 pessetes i cada extremeny, per posar en relleu aquells que tenen els dirigents polítics que més s'exclamen, només 24.000 pessetes. Tot això sense parlar de bascos i navarresos que són els passatgers que viatgen en aquest autobús anomenat Espanya sense pagar cap bitllet, atès que tot el que recapten s'ho queden. I malgrat això se'ls veu amb simpatia, perquè al seu Parlament parlen bàsicament en castellà, perquè se'ls veu com a «*chicarrones del norte*» i hereus de la fúria espanyola d'Iriondo, Venancio, Zarra, Panizo i Gainza.

El tema més preocupant no és, però, el que posa en evidència l'estudi de la FIES com abans ho havia fet el del BBV, no és el fet que Catalunya pagui més impostos perquè és més rica, sinó que li fan una afaitada de doble rasurat. Vegin les xifres de la renda familiar disponible abans i després d'impostos i comprovaran que les bosses de frau fiscal són a les zones pretesament més pobres i que, en canvi, a Catalunya s'esprem la llimona dels assalariats, de les famílies modestes i de les sofertes i maltractades classes mitjanes molt més enllà del que proporcionalment fóra raonable.

Volen recordar el capteniment d'en Josep Borrell quan era secretari d'estat d'Hisenda? Només cal evocar el primer pentinat fiscal d'Espanya que, casualment, va ordenar que es fes a Manresa, és a dir, segons l'eslògan, al cor de Catalunya. I és que no hi ha pitjor falca que la que pertany a la mateixa fusta. És cert, però, que quan se li va fer observar a l'il·lustre fill de la Pobla de Segur que les agressions tributàries cal fer-les de forma més generalitzada i repartint-les entre els diferents territoris, de seguida va reconèixer el seu error i va rectificar que, com és ben sabut, és cosa de savis. I, en conseqüència, va decretar que el segon pentinat fiscal ja no es faria a cap localitat concreta, a fi d'evitar la discriminació, sinó que seria sectorial i referit a una branca d'activitat en el conjunt de l'Estat. I, naturalment, va triar com a primer destinatari de la passada del rasclet insaciable del govern el sector del càmping que, ves per on, quina casualitat, està localitzat en un 75 % del total... a Catalunya.

No és, doncs, gens estrany que, malgrat una votació del Congrés dels Diputats que demanava per majoria que es fessin públics els comptes del que aporta i el que rep cada autonomia, el govern del PP s'hagi negat a revelar aquestes dades. Com es podrà seguir presentant la versió de la Catalunya que vampiritza la resta dels espanyols si les xifres demostren que és el principal donant de sang?

Segons ens han comentat, un membre del govern actual va admetre en una reunió privada que si els catalans arribessin a saber de debò el tracte discriminatori que reben, l'independentisme pujaria com una fletxa, perquè els estudis que alguns universitaris han fet sobre aquesta qüestió no han arribat encara a la meitat del pou. El drenatge fiscal dels catalans no seria, per tant, una xifra entre 800.000 milions i 1,25 bilions anuals com alguns han avançat, sinó encara més elevat.

Perdem nivell

Tal com va dir Jordi Pujol en unes declaracions, hi ha esforços de solidaritat que per ser excessius, massa perllongats en el temps i sense retorn d'inversions que permetin mantenir la competitivitat de qui és l'aportador net, poden matar la gallina dels ous d'or, cosa que ja comença a passar, almenys pel que fa a la pèrdua de plomes de la gallina. Catalunya ha baixat al sisè lloc en el rànquing de la renda per càpita de les diferents autonomies, per sota de Balears, Madrid, Navarra, la Rioja i Aragó. O bé al setè lloc pel nivell mitjà dels salaris que s'hi paguen, perquè també ens passa al davant Astúries, una comunitat que, per cert, rep un 36 % del seu producte interior brut, és a dir, de tota la riquesa que genera gràcies als subsidis, transferències i subvencions. Ja se sap, coses del carbó i de la reconversió siderúrgica, que permeten prejubilacions de 350.000 pessetes el mes per anar fent. «*Con faves e sidrina non fai falta gasolina.*»

Inspeccions fiscals

No ha estat possible comprovar si és cert o no que més del 50 % de les inspeccions de l'Agència Tributària de l'any 96 es van fer a Catalunya. Però davant l'existència d'aquesta informació obtinguda en fonts solvents, com és que cap diputat català no ho verifica amb una pregunta al govern? Igual com tampoc s'ha vist cap pare de la pàtria demanant a l'hemicicle si és cert que l'endemà d'enviar-nos els 51.000 milions destinats a tapar una mica el forat del finançament de la sanitat catalana, José María Aznar –que, no ho oblidem, és de professió inspector d'Hisenda– ens va enviar 85 inspectors més per tal de recuperar la quantitat esmentada al més ràpidament possible. Es diu que si dividim 51.000 milions per la mitjana del que recapta cada inspector en aquesta terra «rica i plena» surt aproximadament el nombre de 85, exactament el de l'increment dels agents. Una vegada més hem de lamentar que el grup parlamentari català no hagi demanat mai quants inspectors hi ha a Catalunya, quants a la resta de l'Estat i quina és la proporció resultant. El que sí que hem pogut comprovar és que als locals de l'agència tributària de la plaça Letamendi de Barcelona els funcionaris encarregats d'omplir el cove del Tresor disposen d'una planta sencera destinada a guarderia infantil. No fos cas que per obligacions familiars es poguessin distreure de la més prioritària, fonamental i destacada funció de l'Estat a Catalunya, que no és altra cosa que cobrar-hi impostos. I amb quina voracitat i fruïció! És talment com si en el concert de l'Espanya plural, a Catalunya se li hagués adjudicat, en una divisió interterritorial de les funcions respectives, el paper d'indústria extractiva, és a dir, de mina, jaciment o filó. Això sí, tot intentant que duri el màxim de temps possible, però sense gaire més miraments.[1]

El conseller d'Economia, Artur Mas, ens ha fet saber que patim una balança fiscal negativa que s'enduu el 10 % del nostre PIB i que una solidaritat tan exagerada representa un cas únic a Europa. Ni Itàlia amb el seu Mezzogiorno ni l'Alemanya reunificada han arribat mai a aquests extrems. De fet, el president de Baviera ja ha fet saber que tots els *länder* més pobres s'hauran d'anar espavilant, perquè l'ajut no pot ser permanent i l'Estat

1. Una mica en la línia del manual de Pinochet per a l'operació Cóndor que explica com es pot allargar la tortura sense arribar a produir la mort.

lliure bavarès no està disposat a subvencionar els altres tan generosament. Segons Mas, el màxim que es podria admetre com a aportació és un 5 % del PIB.

Suggerim, però, que girem full per observar que del 93 fins al 96 CiU va donar suport al govern socialista i que des de l'*ABC*, la COPE i tota la caverna integrista i centralista es va engegar una campanya que presentava Catalunya com a destinatària de privilegis. Érem un país de fenicis, mercaders i avantatgistes que ens enriquíem a costa de la resta dels espanyols i ens emportàvem els diners dels «impostos de tots» en benefici propi i egoista. Abusàvem de la condició de frontissa que l'aritmètica parlamentària havia atorgat al Grup Català i en trèiem un profit abusiu. Ho recorden, oi? Doncs bé, al final d'aquell període Jordi Pujol, amb ganes de justificar el seu suport a un govern marcat per la corrupció i els escàndols, va pronunciar una conferència al Col·legi de Periodistes, luxosament editada i profusament distribuïda després, a fi de demostrar que, a canvi del suport de la governabilitat, havíem obtingut dividends (una expressió, per cert, ben desafortunada). I sabeu quin ens va dir que havia estat el rendiment de tres anys de suport incondicional? Doncs, agafem-nos fort: només 42.000 milions de pessetes de millora d'un finançament que, de tant insuficient i discriminatori, clama al cel. Per situar-nos, això vol dir una xifra molt inferior a la que d'una sola tacada aquell govern va destinar a un Campionat del Món d'Esquí celebrat a Sierra Nevada i que, en lloc de tres anys, només va durar una setmana.

Dèficit fiscal

Finalment, per encàrrec d'Òmnium Cultural, una sèrie de catedràtics i d'experts, encapçalats pel professor Antoni Castells, han publicat un estudi que valora i quantifica el dèficit fiscal de Catalunya. Castells és el pare de la fórmula del 15 % de l'IRPF i un destacat dirigent socialista.Certament que tota la discussió del 15 i després del 30, amb un immens desgast d'energies, ens va tenir lluitant durant tota una sèrie d'anys i creant-nos una imatge reivindicativa, mercantil i egoista i, al capdavall, no ens ha representat cap millora del finançament. És a dir que per a aquest viatge no calien pas alforges.

Segons l'estudi, en el qual participaven persones representatives d'un ventall polític ben ample, i les dades recollides, la diferència entre els diners que els catalans van aportar a les arques de l'Estat el 1994 i els que van retornar en forma de despesa pública arriba a un saldo negatiu d'1,2 bilions de pessetes. Pràcticament no hi ha casos similars als països del nostre entorn. Per exemple, Midi-Pyrenées i Escòcia tenen un saldo fiscal positiu de 5,5 i 5,4 % del PIB respectivament, mentre que a Catalunya es produeix un espectacular 9,76 % negatiu.

Per acabar-ho d'adobar, a aquesta fuita de 3.300 milions de pessetes diàries de Catalunya cap a l'Espanya subsidiada, cal afegir-hi la mala ubicació de cara a l'Europa comunitària. El fet que Espanya estigui considerat com a país pobre dins la UE i que Catalunya es trobi per sobre de la mitjana interna, fa que el Principat esdevingui contribuent net de les institucions comunitàries. Paga a la UE 30.000 milions de pessetes més dels que rep, és a dir, que per cada 100 pessetes aportades a Europa només en recupera 66. En canvi, el conjunt d'Espanya, per cada 100 pessetes en rep 199.

Diu l'estudi que si Catalunya pagués d'acord amb la seva riquesa real (i no com ara, per damunt del que és proporcional al seu PIB) i rebés inversió pública en proporció a la seva població, el dèficit fiscal baixaria a 746.614 milions de pessetes, una xifra equivalent al 6,05 % del PIB.

De tot plegat se'n desprèn que estem estrangulant el creixement de Catalunya i que s'està frenant el principal instrument de redistribució de reequilibri i de solidaritat de què gaudeix tot Espanya. No pot ser que de cada 124 pessetes de tributs en tornin 88 i que aquesta sangonera es vagi aplicant des de fa vint anys i amb voluntat de perpetuar la instal·lació dels receptors en la cultura assistencial. Cal, doncs, fer pedagogia i divulgar el fet que els qui mercadegen per la pela són sobretot els territoris administrats pels tres tenors (Chaves, Rodríguez Ibarra i Bono)[2] i no pas pels catalans, que han quedat reduïts a la condició de ciutadans de segona però contribuents de primera.

El president de Castella-la Manxa, Bono, entrevistat a TV3 per Jaume Barberà, va fugir d'estudi en traslladar el debat a la solidaritat entre persones i no acceptar que també es produeix entre territoris. Ningú no li va demanar per què els rics de la seva comunitat o d'Andalusia o d'Extremadura paguen proporcionalment menys impostos que la classe mitjana o els assalariats de Catalunya o per què en els territoris subven-

2. També anomenats Trío Calaveras.

cionats que són bossa de vots hi ha també la bossa de frau fiscal dels poderosos i dels latifundistes. Ningú anava preparat per preguntar-li com és possible que, a set de les vuit províncies andaluses, hi hagi més persones que cobren la pensió d'invalidesa que no pas jubilats sense que hi hagi hagut a la zona una epidèmia o una bomba atòmica com la d'Hiroshima. ¿És just que un frau d'aquest volum, que situa el nombre d'invàlids al triple dels nivells europeus, es carregui a les zones dinàmiques, productives, laborioses i creadores de riquesa fins al punt de llastrar el seu propi creixement? Digueu-li al senyor Bono que, com a bon jacobí, no reconeix els drets col·lectius i es limita a les relacions entre individus, que no té cap mena de justificació que un obrer alemany estigui subvencionant les finques de fer caceres d'uns espanyols escandalosament rics, absolutament insolidaris i grans defraudadors fiscals que van a fer l'escopeta nacional o els «*santos inocentes*» a la seva comunitat autònoma. I que no s'aguanta de cap manera un sistema en el qual un obrer andalús, extremeny o manxec que treballi a Catalunya pugui tenir una renda familiar disponible, després d'impostos, inferior a la dels seus propis germans que s'han quedat al lloc d'origen i viuen d'una falsa invalidesa, d'un PER, d'una ocupació comunitària o d'unes feines sense IVA.

Se'n recorden de quan Rodríguez Ibarra feia veure que volia expropiar finques de la duquessa d'Alba[3]

3. La duquessa d'Alba és la persona que més subsidis agraris rep de la Unió Europea i, per si no fos prou, l'alcalde de Madrid li ha concedit un ajut de 5,6 milions de pessetes per canviar la caldera de la calefacció del Palau de Liria. És la solidaritat que reclama Bono, de persona a persona.

i quan es parlava de reforma agrària als territoris dels tres tenors? Doncs ja ho veuen, ara no piula ni el SOC, aquell Sindicato de Obreros del Campo, ni l'alcalde de Marinaleda, ni ningú. Tothom s'ha instal·lat en la cultura assistencial subsidiada i permanent. Si hi ha llocs on la gent surt a manifestar-se contra els intents de deportació dels equatorians immigrats il·legalment, no és per raons humanitàries, sinó perquè no podrien rebre els diners que arriben de Brussel·les si desapareguessin els immigrats que fan la feina.

Com enlloc d'Europa

Jacint Ros Hombravella va comentar l'estudi *Catalunya i Espanya: una relació econòmica i fiscal a revisar* del qual és coautor i tot recordant que José María Aznar havia proclamat que «*es bueno que Catalunya siga siendo solidaria*», va posar en relleu que la situació actual i la dels darrers vint anys supera amb escreix allò que seria equitatiu, i les nostres possibilitats. Si no es corregeixen aquests excessos, no podrem respondre als reptes del futur i anirem perdent competitivitat. El drenatge actual és del 10 % del PIB de Catalunya, un nivell de succió sense parió a cap altre lloc d'Europa. Segons reitera el professor Mas Collell cal evitar que el pes de la fiscalitat sigui una amenaça per a la productivitat del territori i és indispensable que la màquina productiva de Catalunya es mantingui afinada. I, finalment, Josep Faulí subratlla que tant entre il·lustrats com entre no il·lustrats, la mentalitat espanyola dominant tendeix a considerar la singularitat catalana com un privilegi i remarca que hi ha tribunes com ara *El primer café* d'Antena 3 on es predica que les comunitats que insisteixen en la diferència ho fan «*para sacar tajada*».

Faulí descriu l'esforç sobrehumà d'una comunitat que, amb el 15 % de la població, aporta el 40 % de la renda que es redistribueix. Tot plegat provoca una triple oposició de cervell, cor i butxaca que fa por. Sobretot si tenim en compte, repetim-ho, que la pretesa aportació de Madrid és en part fictícia i que es basa principalment en el fet del domicili social de les empreses que fan la producció i els beneficis fora de la capital del Regne, però tributen en la seva qualitat de residents a Madrid. I així seguim comprovant que, malgrat l'ocultació estadística de la vertadera dimensió del problema (en direm espoli?), ja consta que paguem aproximadament 600.000 pessetes per cap contra les 480.000 de la resta d'espanyols i que rebem només inversions de 480.000 pessetes contra les 585.000 pessetes que s'emporten els altres. Hi ha, per tant, un flux solidari de sortida i, en canvi, un flux totalment insolidari d'entrada o de retorn. En d'altres paraules, Espanya és molt injusta i perfectament insolidària amb Catalunya.

Tant és així que el mateix Pasqual Maragall s'ha sentit obligat a replicar al govern central i fer costat a Jordi Pujol en la reivindicació d'un tracte fiscal i pressupostari més just. Benvingut a bord! Val més tard que no pas mai i és bo que en aquestes qüestions hi hagi, Catalunya endins, un bon consens i, Catalunya enfora, un front comú. Però no ens podem estar de preguntar-li a l'exalcalde allò que diuen els nord-americans: «*Hey, buddy, where were you when I needed you?*» (Ep, company, on eres quan et vaig necessitar?) És a dir, durant els 14 anys de govern socialista que va discriminar igualment contra Catalunya i que no ens va donar ni un glopet de la cantimplora que tan generosament li havíem omplert els contribuents catalans.

Gestió i deutes

De com evolucionen les coses en aquest gran debat del nacionalisme català hi ha interpretacions per a tots els gustos, molta sensació del *déjà vu* i una certa repetició cíclica. Per exemple la que ha denunciat Carles Bonet d'ERC. El *crescendo* de les declaracions de Pujol i de CDC sempre es produeix de cara a les vacances d'estiu i no s'atura fins a l'Onze de Setembre. Però, això sí, després, ni un minut més. Es comença en una escola d'estiu de la JNC, es demana la reforma de la Constitució, s'espera que l'alcalde de Solsona en digui alguna de gruixuda i es permet que l'excitació duri fins a les vint-i-quatre hores de la Diada Nacional de Catalunya. L'estiu del 98 Bonet hi ha vist, però, en aquesta tradicional representació un element nou: la reclamació d'un finançament que no sigui tan perjudicial ni discriminatori. I francament no s'acaba de creure que sigui sincera la queixa. Segons ell, el primer culpable del mal sistema que patim és la mateixa CDC i sobretot Miquel Roca, que va ser un pèssim negociador i no va reivindicar el concert econòmic dels bascos. Fins i tot va intentar convèncer el PNB que també ells ho deixessin córrer perquè seria mal negoci tal com el mateix Arzalluz s'encarrega de recordar sovint en to burleta. A part d'aquest error inicial, hi ha, però, una gestió de la Generalitat que no és únicament deplorable en la prevenció dels incendis forestals, sinó també per un deute acumulat astronòmic que per ell tot sol explica molts comportaments de cara a Madrid que altrament resultarien incomprensibles. I això fa que a l'hora de demanar als altres partits actituds unitàries de reivindicació, als bancs de l'oposició hi hagi dubtes. A ningú no li agrada que el facin servir de tapadora d'una mala gestió o de combustible electoral. I més encara quan hom té la sensació que el govern català no va més enllà d'una pura gesticulació estacional i reiterada de fer veure que ensenya les dents i tot plegat per acabar avenint-se a qualsevol petit pedaç que permeti de quadrar els comptes a final de mes.

Ernest Lluch va fer referència a aquesta transcendental qüestió en un article titulat «El taló d'Aquil·les de Pujol», la tesi del qual era que la major part de les coses que ha fet l'actual president donen fruits i resultats, però que mai no li acaben de sortir els comptes. Ara, per exemple, el deute de la Generalitat és de 2 bilions de pessetes, cosa que representa uns interessos mínims de 90.000 milions l'any. Com a panacea universal es va anunciar que el 30 % de l'IRPF ens donaria 250.000 milions en cinc anys i, finalment, tot s'ha reduït a una irrisòria millora de 10.000 milions. A tall de conclusió, deia Lluch que els trets diferencials nacionals de Catalunya ja no són únicament la llengua o la història. Ara també ho és el deute de la Generalitat. Que no pot tenir únicament l'explicació que el nostre govern és un mal negociador, tot i aquella ridícula retòrica del «plantarem cara, som decisius i tenim la clau de la governabilitat». Hi ha d'haver també forçosament alguna cosa més, com ara que la gestió de la despesa la porten polítics que tenen la mà foradada.

En un intent de justificar el seu pas per Sanitat i la seva gestió com a ministre, Lluch explica que quan ell denunciava un dèficit de la Sanitat catalana de 325.000 milions li deien de tot. I que ara, en canvi, és el mateix conseller d'Economia el qui reconeix una xifra de 300.000 milions als quals caldria afegir 104.000 milions dels hospitals concertats. En virtut del pacte amb el PP es rebran 57.000 milions més cada any, però com que el dèficit nou del mateix exercici s'incrementarà en 50.000 milions, en realitat, per eixugar el problema que s'arrossega només en quedaran 7.000. Cosa que tampoc ha estat certa, perquè, al final, de la xifra prevista només n'han arribat 35.000 milions. En fi, tot un ball de números, però la clara visió que si no fos per l'alleujement del problema que ha representat la baixada dels tipus d'interès, a hores d'ara, la Generalitat les estaria passant ben magres.

La reacció de Pere Esteve, secretari general de CDC, a l'article d'Ernest Lluch va ser la de saltar com una pantera. I molt encertadament li va fer notar que en els anys de govern socialista el deute espanyol es va multiplicar per 10 fins a arribar en termes absoluts a 40 bilions de pessetes. Potser se l'hauria entès millor, pensem, si hagués dit que cada nen espanyol que va néixer el 1982, quan Felipe González va formar govern, havia heretat un deute de 120.000 pessetes. I que cada nadó del 1996 quan el PSOE va perdre les eleccions es va trobar amb la càrrega d'1.200.000 pessetes. Déu n'hi do! Argumenta també Pere Esteve que l'endeutament de l'Ajuntament socialista de Barcelona supera el pressupost d'un any (mentre que el de la Generalitat només l'iguala) i que si el deute es calcula com a percentatge del PIB i no en valors absoluts és més elevat el que té Andalusia que no pas el de Catalunya. El Col·lectiu J. B. Boix ho escolta tot i pensa: «Ja la pujarem dreta, la paret!»

Lliçó de modèstia

Fins i tot Pujol es va sentir obligat a dir-hi la seva: tenim moltes excuses per justificar el que ha passat i molta culpa del mal finançament la tenen els socialistes. Possiblement va cometre l'error de voler lluir la minsa millora obtinguda com un mèrit de CiU i sobretot de quantificar-la per a l'any passat en 83.000 milions, xifra que francament resulta insignificant quan vas pel món fent el posat de gegant Atles que aguanta tot sol damunt les fortes espatlles la bola del món. Però hi pot més la necessitat d'exhibir rendiments susceptibles de ser comptabilitzats. Deu ser cosa del passat d'empresari i de banquer que per inèrcia t'inclina a fer les coses d'aquesta manera, perquè de vegades hi ha *dividendos*[4] que més val amagar-los, dissimular-los o deixar-los córrer. No fos cas que la gent es posés a fer comparances. Perquè llavors dirien els observadors: Felipe González se'ns va torejar durant

4. En declarar el novembre del 98 que CiU podria designar ministres per incorporar-los al govern central, Pujol va tornar a parlar que seria a canvi de «contrapartides».

tres anys per la mòdica suma de 42.000 milions i ara Aznar se'ns va traient del damunt amb una aportació graciable i discrecional una mica menys esquifida. Per entendre'ns, entre tots dos, cinc anys d'estabilitat i de tot el que amb grandiloqüència diem que ens ha portat a l'euro i a l'*«Espanya va bien»* té una cotització al mercat de Madrid com ara les obres del Teatro Real i un trosset de Barajas. Quina lliçó de modèstia per a tots nosaltres que vivíem convençuts de ser un dels quatre motors d'Europa i la locomotora que estira i arrossega la resta d'Espanya d'ençà que ara fa un segle, amb motiu del desastre del 98, vam encetar tot sols el regeneracionisme al crit d'«escolta, Espanya»! Ja ho veuen, doncs, hem d'estar cofois que segons el rànquing de les regions europees pel que fa a la creació de riquesa Catalunya figuri en el 9è lloc –segons la classificació de l'INSEE francès–, just darrere de Dinamarca i just abans que Roine-Alps. El que no ens ha explicat ningú, però, és que aquesta taula es refereix només al PIB generat en termes absoluts. I, és clar, si Dinamarca té menys població que Catalunya, vol dir que cada danès genera molta més riquesa que un català. O dit d'una altra manera, que si ens col·loquem per ordre d'importància en allò que abans se'n deia *renda per càpita*, ves quina pena, ens passa allò de Carles I d'Espanya que només era Vè d'Alemanya. Resulta, en efecte, que quan ens mesurem de debò, és a dir, com els toreros que fan un *mano a mano*, baixem al lloc 92è sobre les 196 regions existents a Europa i no cal dir que, naturalment, quedem per sota de Madrid i Balears. O si volen dir-ho diferent, els nostres èxits ens han situat al nivell que un català ingressi el 63 %

de la renda d'un alemany. Pensant en el Tercer Món, la cosa té presentació, però no crec que n'hi hagi per tirar coets ni per exhibir tanta autocomplaença. Entre d'altres raons, perquè la nostra renda per càpita ha crescut estadísticament (i no en termes reals) a causa de la pèrdua de població. És ben bé allò de l'informe a les autoritats sanitàries que deia: «S'ha acabat l'epidèmia per falta de personal.» L'estudi que descriu aquesta evolució l'ha dut a terme el banc públic Argentaria i com a aperitiu del contingut es titula *Convergència regional a Espanya. Fets, tendències i perspectives*. I ja se sap que sempre que des del sector públic de Madrid se saluda amb satisfacció la convergència o el reequilibri territorial, vol dir que ens estan igualant cap avall. I a partir d'aquí, si voleu, seguirem parlant del nostre eix de dinamisme, de la Mediterrània nord-occidental i del seu arc o de tot el que serveix per fer volar coloms. Però, al final, no hi ha més cera que la que crema i potser, un dia, almenys entre nosaltres ens podríem dir la crua veritat sense amagar-nos una realitat discreta, tronada i amb dimensions de relativa miniatura.

Atròfia i condescendència

Ai, la importància dels diners! Un autor que l'ha glossat és el professor ja citat Jacint Ros Hombravella, que es referia al conseller Artur Mas dient que li tocava fer de conseller «*menys*». Li reconeix que la negociació del finançament del 96 no l'ha portat ell i que, per tant, no és responsable del nyap que en va resultar. Comenta que el conseller s'ha vist obligat a dir que, malgrat tot, ha representat una minúscula millora (que ell mateix, per no dir-li insignificant, descriu com a minsa), que explica el deute acumulat en termes del que s'ha fet i que, finalment, dibuixa l'única sortida possible que és la d'un nou pacte fiscal. Mas és un gat escaldat que ha escarmentat en les aixecades de camisa que els van fer als seus predecessors i que ha patit sistemàticament el seu president i per això reclama una cistella de participacions a tots els impostos estatals i no només a l'IRPF (que ha resultat el *timo* de l'estampeta) o bé la recaptació total a Catalunya amb un acord previ d'aportació a les despeses generals i a un fons de solidaritat. Mas hi veu clar i va ben encaminat per a evitar que el tornin a fer víctima del joc dels *trileros*. Però Ros l'adverteix de les pedres que trobarà en el camí. Exactament les que li posaran el PP (no se'n pot parlar fins al 2001) i el PSOE (Pujol té la mà foradada i Rodríguez Ibarra té tota la raó). I, en conclusió, en dedueix que encara que li posin pals a la roda els grans partits sucursalistes, ell ja s'ha plantat com a conseller «*més*».

El mateix Ros Hombravella ha denunciat també que el futur de Catalunya perilla a causa del fet que el sector públic no li permet de mantenir-se en condicions de ser competitiva. En efecte, l'economia catalana pateix una atròfia pel cantó de la inversió i de la despesa pública. I dóna la xifra alarmant que encén el llum d'alerta. El finançament de serveis públics no passa de l'11 % del nostre PIB i, a més a més, no ha parat de baixar des del 1994. En canvi, a les altres comunitats la proporció és del 17 % i la mitjana espanyola del 16 %. En aquesta asimetria rau el dèficit fiscal de Catalunya (que genera més del 20 % de la renda espanyola), que puja fins a 1,3 bilions de pessetes l'any i que el 1996 representava un 10 % del nostre PIB transferit a la solidaritat de via única, direcció única i caràcter permanent. Insistim: la conseqüència és ben clara: si no es corregeix aquest estrangulament que esdevé un llast insuportable, Catalunya perdrà el tren de la globalització i de la competitivitat en el nou escenari de la Unió Europea i de la moneda única. Mai no s'ha vist segurament tanta miopia per part dels sectors parasitaris d'un país, per què algú s'ha preguntat què farem després d'haver mort la gallina dels ous d'or?

Els diagnòstics arriben de llocs ben diferents, però tots coincideixen en el fet que no els agrada el color del malalt. Per exemple, l'Institut d'Estadística va encarregar un estudi al sociòleg Salvador Giner per definir els reptes presents i futurs de la societat catalana. I la conclusió és idèntica. Malgrat la reestructuració autonòmica de l'Estat, la sobreexplotació de Catalunya s'ha incrementat a través del dèficit fiscal i del desajustament crònic de la inversió pública. Mentrestant, la capital de l'Estat ha anat guanyant pes –un pes importantíssim– en els sectors bancari, financer i industrial. La indústria petita i mitjana de Catalunya va sofrir amb una especial cruesa la crisi dels setanta. A Madrid, en canvi, el sector bancari va aguantar amb la tendència a la concentració i a la centralització i al mateix temps els antics monopolis de l'Estat, ara privatitzats, han esdevingut l'eix de la gran expansió econòmica espanyola. El dictamen de Giner és taxatiu. Hom constata, davant la tria de futur que cal fer, la progressiva pèrdua de control econòmic damunt el teixit productiu català, que es desplaça cap a Madrid i que és, a més, majoritàriament en mans d'interessos estrangers i multinacionals. Per falta d'un model i d'un autèntic impuls públic que l'Estat es reserva per a d'altres zones d'Espanya, és a Madrid on s'han anat concentrant les empreses fortes i els sectors amb potencial de creixement com ara el de les telecomunicacions i l'audiovisual.

Francesc Cabana rebla el clau i diu que el país que va fer la revolució industrial i va tenir una burgesia llavors inexistent a d'altres llocs, ara no pot ni tenir una Borsa de debò, perquè el mercat de capitals sempre se situa als centres de decisió, és a dir, allà on les grans empreses tenen el domicili social.

Condescendència selectiva

Un panorama desolador i una gran pregunta. Fins a quin punt no és la Caixa de Pensions la gran culpable d'aquest estat de coses que, almenys durant tota una generació, no es podrà rectificar? I com és que, sabent-ho, el president Pujol s'agafa a l'exemple de La Caixa per fer de la necessitat virtut o per adornar-se amb plomes de pretès liberalisme no intervencionista? Ens fa saber, en efecte, que són falses les imputacions que es fan al govern de ser absorbent, controlador i asfixiant. I per demostrar que no ho és, ens dóna tres il·lustracions ben eloqüents. La primera és que els mitjans de comunicació de Catalunya, en general, no són proconvergents. Se li podria replicar, naturalment, que no ho són llevat de TV3, Catalunya Ràdio i l'*Avui*. O que els restants, és a dir, principalment *La Vanguardia* i *El Periódico* no són pro-CiU, però sí que són ben clarament pro-Pujol quan vénen les autonòmiques encara que siguin descaradament pro-PSOE la resta del temps. Serà interessant en aquest sentit de comptabilitzar les quantitats que destinen Presidència, Indústria i Turisme, Cultura i d'altres organismes a publicitat genèrica o subvenció de quaderns i suplements en els dos grans diaris de Godó i Asensio. I veure si la gràfica d'increment d'aquesta despesa totalment inútil de cara al ciutadà es correspon amb la gràfica d'augment dels comentaris elogiosos o les informacions positives dedicades a Pujol.

El segon exemple de liberalisme que dóna Pujol és que el seu Reglament de caixes d'estalvis és el menys intervencionista de tot Espanya i que no s'ha dedicat com Zaplana a València o Lucas a Castella i Lleó a orientar les inversions cap als sectors que poden beneficiar el propi territori. Però aquest intent de fer gala d'una suposada actitud de *laissez faire*, al nostre entendre, només vol dir que el govern de Catalunya és consentit davant dels poderosos i ordenancista de cara als més febles. I encara pitjor, que el govern de la Generalitat no compleix amb la seva obligació ni amb els seus compromisos electorals en no fer el que encertadament intenten els seus col·legues Lucas i Zaplana, és a dir, fixar prioritats a l'hora d'orientar els recursos de les caixes cap al sector del sucre o del turisme, que són bàsics per a l'economia de Castella i València. Què els explicarem als impositors de La Caixa si les inversions que, a través de Telefònica, Repsol, Gas Natural i Aigües de Barcelona, s'han fet a Amèrica llatina fan un pet com una gla? Que el senyor Vilarasau es va llançar a l'aventura americana (l'últim lloc on es poden fer negocis internacionals de comissions, *mergers* i *acquisitions* sense necessitat de saber idiomes), perquè així servia els interessos dels ciutadans de Catalunya? Què hi fan els nostres diners destinats a millorar els monopolis i serveis públics del Brasil, l'Argentina, Xile, Perú o Mèxic quan aquí, si no ens afanyem, ens passarà de llarg el tren de la modernitat en tecnologies de la informació o telecomunicacions? Ja en fotrem bon tros a l'olla d'haver apalancat les gestes i epopeies transatlàntiques dels Villalonga, Cortina o Guzmán. Tot això suposant que no en surtin amb la cua entre cames després de perdre bous i esquelles.

Encara va aportar Pujol un tercer indicador de la seva actitud tolerant, oberta, esponjosa, integradora i dialogant, en un reguitzell de floretes a ell mateix que li haurien de fer pujar els colors a la cara. I aquesta definitiva prova de laboratori, aquest paper de tornassol que demostra la seva puresa democràtica és que ningú més no permetria que un home crític contra el govern com Francesc de Carreras cobri del Consell Consultiu de la Generalitat i segueixi ocupant un meravellós despatx al palau dels Ducs de Medinaceli des d'on es dedica a incordiar, atacar la política de normalització lingüística i a organitzar o impulsar el Foro Babel. A nosaltres ens queda, però, un gran dubte. No serà que a un Carreras, fill del president de la Caixa de Pensions en temps del règim franquista, se li permeten coses que a qualsevol altre fill de veí no se li tolerarien? És que no forma part aquesta condescendència individual i concreta d'una línia coherent de comprensió i mà estesa al que

La Caixa present i passada representa i, en general, de positiva receptivitat cap als descendents de les grans famílies de la burgesia franquista? Els encoratgem a fer la prova. Si són fills de família menestral, nacionalista, lluitadors contra la dictadura, republicans de tota la vida i tenen un bon càrrec a la Generalitat amb un sou elevadíssim, provin d'anar contra l'acció de govern i criticar obertament el president i ja m'explicaran quan de temps dura la broma. Potser descobriran que les desviacions de l'ortodòxia només es permeten als nois de casa bona i que per als altres segueix vigent la norma del «tots a terra que vénen els nostres».

J. B. Boix està preocupat pel finançament de Catalunya. Veu, en efecte, que en la llei de finançament de les comunitats autònomes, la LOFCA, es preveia un Fons de Compensació Interterritorial com a mecanisme de solidaritat i de transferència a les zones menys afavorides. Però no s'estipulava enlloc que aquest procediment de reequilibri s'anés repetint després a cada capítol dels pressupostos de l'Estat, a cada ministeri, a cada organisme autònom i a cada empresa estatal. De fet el model autonòmic ha estat el precursor de la nova maquineta d'afaitar Gillette de triple tall, capaç de rasurar millor la barba i, segons com, una mica de galta també.

Però encara entrava menys en els càlculs dels ciutadans de Catalunya que les caixes d'estalvis catalanes, i sobretot la de Pensions, seguirien fent en democràcia, per lliure voluntat i decisió dels seus dirigents, aquell mateix drenatge de capitals cap a Madrid que en la Dictadura franquista era obligatori per llei. Ara ja no tenim els coeficients d'inversió obligatòria per ajudar l'INI a sostenir l'autarquia o compensar les pèrdues de les empreses estatals, però segons el professor Ros Hombravella la sortida de l'estalvi català cap a valors mobiliaris estatals o cap al mercat interbancari se situava l'any 1994 en una xifra de 410.000 milions de pessetes, «cosa que deixa un poder econòmic molt limitat en mans de la societat catalana».

A la cua

Les operacions de compra de paquets importants de Telefònica, Repsol, Gas Natural, etc., per part de l'entitat que dirigeix des de fa vora trenta anys Josep Vilarasau, són ben il·lustratives en aquest sentit. No és estrany, per tant, que l'economista Xavier Sala, Premi Rei Joan Carles d'Economia, digui que la independència de Catalunya és absolutament factible des del punt de vista econòmic. O bé que el professor Ferran Requejo sostingui que «no és possible una bona articulació de Catalunya a l'Estat espanyol amb el marc constitucional actual». Pensem que cada ciutadà d'Euskadi rep del seu govern autonòmic uns serveis avaluats en 423.547 pessetes, mentre que, pel mateix concepte, cada català només rep 277.216 pessetes. Dit d'una altra manera, el govern de Vitòria-Gasteiz, per gestionar unes competències pràcticament idèntiques a les catalanes, disposa d'uns recursos que són un 53 % més elevats.

A més, però, de la perversitat del propi sistema, les coses encara empitjoren si analitzem els retorns que l'Administració central dedica a Catalunya en concepte d'inversions en infraestructures, és a dir, allò que abans anomenàvem obres públiques. Segons l'economista Marta Escardó, la inversió mitjana de l'Administració central a Catalunya durant el període 1987-1996 ha estat de 85.926 pessetes per càpita, una xifra que suposa un 36 % menys que la mitjana del conjunt de comunitats autònomes. Una discriminació que –si s'exclou Catalunya del quadre– encara seria, doncs, més gran. I unes dades que s'han elaborat sense comptar el que s'inverteix a Euskadi i Navarra a través del sistema del «*yo me lo guiso, yo me lo como*» que, en terminologia política, es designa amb el nom de *cupo* o concert. No cal dir que Madrid i Andalusia encapçalen el rànquing de despesa estatal per habitant amb el 17,9 i el 17,4 % del total, respectivament, en contrast amb el modest 9,8 % assignat a Catalunya, no en un exercici concret, cosa que podria tenir alguna explicació, sinó tot al llarg d'una sèrie d'anys, una trajectòria tan consistent i coherent que ja representa una política perseverant i no una distracció transitòria o momentània. Tinguem present que tot això passava amb el govern del PSOE i, després, com veurem, ha continuat passant amb el del PP. I també per habitant, les comunitats més beneficiades van ser Astúries, Aragó, Castella i Lleó i Extremadura.

Resulta, però, que de cara a les convocatòries electorals del 1999 ara toca presentar la situació des d'una perspectiva de redreçament, de millora, de correcció de tanta injustícia i de resultats obtinguts a través dels èxits de la negociació política. Bé, vaja, que tàcticament interessa presumir del fet que, després de vint anys d'incapacitat reivindicativa, finalment, en l'exercici que ve, obtindrem una inflexió de la tendència. Primer surt la Generalitat i ens dóna la bona notícia que l'any 99 encara ens tractaran malament, però menys que de costum. Segons els pressupostos elaborats, i suposant que es compleixin, rebrem 24.839 pessetes per habitant en concepte d'inversions reals, és a dir, una quantitat que és un 20 % inferior a la mitjana espanyola situada en 29.833 pessetes per càpita. És ben cert que en relació amb el 98, les inversions totals de l'Administració central podrien experimentar un creixement de 151.269 milions de pessetes, cosa que en termes relatius vol dir un 78 %. Nogenysmenys, la participació catalana encara queda clarament per sota del 16 % que representa la població catalana sobre el conjunt de l'Estat. De tal manera que si tot surt bé i no hi ha retards ni entrebancs, com a màxim pujarem al 12,8 % del total regionalitzat. I, per tant, anirem al darrere d'Aragó, Ceuta, Melilla, Balears, Astúries, Cantàbria, Castella i Lleó, La Rioja, Madrid (no faltaria més, oi?), Castella-la Manxa, Canàries, Múrcia, Extremadura i Galícia, i empatats amb Andalusia. En resum, que tampoc no n'hi ha per engegar coets.

«Primero hacen los enfermos...»

El segon que va fer pirotècnia en aquest tema va ser Joaquim Molins, cap del grup parlamentari de CiU al Congrés dels Diputats. Portat del seu natural optimisme, va obrir una guerra de xifres i va dir que, gràcies a uns jocs de mans d'estil màgia Borràs, durant la tramitació dels pressupostos al Senat encara s'havien millorat les coses i que sota la seva experta batuta les inversions estatals a Catalunya ja s'havien situat en un 15 % del total, és a dir, només un punt per sota del que hauria d'haver estat la norma durant tots aquests anys de pertinaç sequera. Dels *atrasos*, o del que a les zones meridionals en diuen *el deute històric*, ni una paraula, ans al contrari, tothom muts i a la gàbia. Només la prometença que possiblement de cara al futur els nostres veïns faran una mica més de bondat. Però sobre les seves afirmacions plana el dubte metòdic i cartesià que també a les últimes eleccions generals es presentés com a guanyador, tot i haver obtingut com a resultat una panadera de les que en castellà en diuen un *talegazo*, just a mans del candidat socialista, Narcís Serra, que tot i els problemes del CESID i del PSOE en general, el va derrotar per un marge tan escandalós com el de 24 a 16 diputats sense ni baixar de l'autocar, atès que el seu mal i els de la seva formació no volien soroll. I, per tant, si aquesta victòria pressupostària és com la que Molins va proclamar que havia obtingut a les urnes, valdrà que li apliquin la mateixa rebaixa proporcional, que és la diferència entre el que diu un polític professional i el que realment ha passat.

En aquest sentit, el PSC-PSOE no ha trigat gens a fer la seva rèplica. Ha dit que els pressupostos són un exemple de comptabilitat creativa que incorporen partides corresponents a d'altres exercicis. I afegeix el diputat socialista Lluís Pérez que la inversió real només serà de 20.091 milions de pessetes, perquè hi ha 74.000 milions que corresponen a altres anualitats. Cita, per exemple, els pressupostos del GIF (l'ens gestor de les infraestructures ferroviàries) per a l'AVE Madrid-Barcelona, que només aportaran 103 milions de pessetes l'any 1999. En conclusió, els socialistes denuncien que les inversions estatals a Catalunya tornaran a quedar reduïdes a un irrisori 7,42 % del total espanyol. Un avís ben oportú, no hi ha dubte, però una acusació que no van fer quan ells mateixos governaven a Madrid; no van protestar mai contra el tracte encara pitjor que Catalunya va rebre dels governs de Felipe González comparat amb l'actual. Tenen raó quan subratllen que les esmenes de la Minoria Catalana sumen aportacions epigrafiades per a una nova destinació, però que es fan en detriment d'una altra inversió ja concedida a Catalunya i que, en conseqüència, sumen zero. Però les piruetes socialistes al debat de pressupostos estan a mig camí entre el doble llenguatge i el cinisme. El candidat Borrell posa el crit al cel i diu que de sotamà s'han atorgat 40.000 milions de pessetes a Catalunya com a pagament per al suport de CiU al govern Aznar, i que no hi ha dret, i que això és un privilegi a costa dels més pobres que no es pot tolerar. Però just l'endemà, i un cop acontentats Bono, Chávez i Rodríguez Ibarra, presenta una esmena per reclamar casualment la mateixa xifra (exactament 42.000 milions de pessetes) per rectificar la injustícia de la qual és víctima Catalunya. I per a més gran inri, Borrell diu que ja no pot passar ni un dia més sense que s'executi el pla de les rieres del Maresme, que és precisament el que ell va deixar penjat, ajornat *sine die*, inacabat i burlat durant tots els anys en què va ocupar el Ministeri d'Obres Públiques. És ara, quan manen els altres, que reclamen la solució dels seus incompliments de promeses i de compromisos adquirits: finalització de la N-II, prolongació de la

B-30, inici del Quart Cinturó, autovia del Llobregat, Pota Sud, xarxa de les carreters nacionals (340, 240, 420 i 260), manteniment de les rondes de Barcelona, Pla Delta, canals de regadiu, tercera pista de l'Aeroport de Barcelona i prevenció de riuades a les rieres del Maresme. «*¡A buenas horas, mangas verdes!*» Tot aquest dèficit acumulat és culpa del govern socialista i de Borrell en concret. I ara no té sentit la discussió de si la Generalitat vol transvasar els diners disponibles a les partides que tapin els seus forats a l'Eix Transversal o a la variant de Mataró. L'únic que no té dret a protestar que els recursos vagin destinats a corregir els defectes del passat i a reclamar que vagin íntegrament a obra nova és el causant del desgavell anterior. I, per tant, quan el PSC-PSOE exigeix que «s'acabi la paràlisi inversora que incideix negativament en la qualitat de vida dels ciutadans» (Mercedes Aroz) o quan es lamenta que Pasqual Maragall haurà d'afrontar aquestes mancances quan li toqui governar, s'oblida de la cançó de Carlos Puebla –principal intèrpret de les *guarachas* socialistes de Fidel Castro– que diu: «*Eso está muy mal, primero hacen los enfermos y después el hospital.*» A partir d'aquí ja poden donar suport a les variants de Vallirana i de Santa Margarida i els Monjos, al desdoblament de Maçanet de la Selva, al túnel de Viella o al condicionament de l'A-7 entre Tarragona i Valls. Són només unes quantes de les moltes factures que tenen pendents amb la Catalunya solidària a la qual ells, des del poder, no van donar aquestes peremptòries, inajornables i merescudes contrapartides.

També és veritat, però, que resulta patètic veure els diputats de CiU traient pit i presumint d'haver aconseguit 500 milions de pessetes per a la variant de Cervelló, però amagant que la mateixa quantitat es restarà de la prolongació de l'autovia del Baix Llobregat. O presentant com un èxit els 480 milions destinats a la variant de Falset que seran automàticament reduïts de la de Castellfollit.

A J. B. Boix el preocupa igualment el deute de la Generalitat. Creu que, per culpa del mal finançament que es rep de Madrid, s'ha optat per la fugida endavant, la tàctica de diferir els problemes en el temps i, en definitiva, per l'endeutament. Segons l'informe del Banc d'Espanya, es pot deduir una conclusió que segur que és correcta: que l'actual sistema lesiona els interessos de Catalunya i posa en perill el seu futur equilibri financer. Però també una segona conclusió que sembla igualment demostrada: que la política pressupostària de la Generalitat no ha estat fins ara precisament un model d'ortodòxia. En efecte, el deute de la Generalitat que s'avalua en 1,47 bilions de pessetes seria raonable en relació amb el PIB català, però no ho és gens si es compara amb un pressupost del Govern de gairebé 2 bilions per a l'exercici vinent. I és que sovint oblidem que la major part del nostre PIB i de la nostra factura fiscal, se la queden els recaptadors majors del Regne. Com diuen a França: «*Les pommes de terre pour les cochons et les épluchures pour les bretons*.» O com comencen a dir els governants francesos al debat de la Unió Europea sobre fons de cohesió, fons estructurals i subvencions, dels quals Espanya és el principal beneficiari: cal dur a terme un *écrêtement des soldes,* que traduït a l'esperanto vol dir que, tan gradualment com es pugui, s'ha acabat el bròquil. Tornem, però, al deute de la Generalitat i ens produirà sorpresa una previsió pressupostària per al 99 d'un creixement de només 22.000 milions quan tan sols al primer semestre del 98 va pujar 90.000 milions.

Qüestió d'Estat i de consens

D'altra banda, té raó Duran Lleida quan diu que si de debò volen obtenir un bon pacte fiscal per a Catalunya no poden pas fer-ho amb arguments partidistes i amb una negociació d'un partit d'aquí amb un partit d'allà. És una qüestió d'estat i, com a tal, caldrà tractar-la d'aquesta manera. La Generalitat no pot renunciar a la força que representaria tenir tot el Parlament de Catalunya al darrere. I algú va cometre un error gravíssim en signar un acord escrit de finançament que ens impedeix de revisar el desastre actual abans del 2002. Perquè ara ens hem de sentir el que ens diu Álvarez Cascos a TV3: que Catalunya gaudeix del sistema de finançament que la Generalitat va demanar i que, amb la seva bondat infinita, el govern central del PP li va concedir. ¿Però és que en aquest nostre govern de grans polítics superdotats, viatjats i poliglotes, no tenim ni un comptable millor que els de Madrid? Amb raó també ens explica Mariano Rajoy que la qüestió està resolta i ben tancada (*zanjada*, diria ell) fins al 2002, una data en què ell no sap si encara serà ministre o quin govern hi haurà. En altres paraules, que tot queda ajornat *ad calendas graecas* i que, segons qui sigui l'interlocutor en aquell llunyà moment, potser els pactes seran paper mullat. D'aquesta forma de desmarcar-se val la pena de recordar un vell exemple: el de Federico Silva Muñoz, ministre franquista que va presentar a Barcelona un pla per reduir els embussos de les carreteres a través de tres anys d'actuacions; quan li van preguntar què es faria després, va respondre que llavors ell ja no seria ministre. Ben bé allò d'*après moi, le déluge*. O per situar-ho en el casticisme que fa més al cas, l'expressió *a reclamar, al maestro armero*.

Sobre la conveniència d'actuar des de la unitat de tots els ciutadans i en un marc de progressiva coincidència suprapartidista també s'ha pronunciat J. J. López Burniol. En comentar un estudi de la professora Esther Martínez sobre el dèficit fiscal de Catalunya, va dir que, en reclamar un tracte més just, la reacció de la societat serà molt viva, perquè s'haurà tocat el moll de l'os de l'Estat. I que la forma de contrarestar aquesta oposició és imprescindiblement la unitat. Ara fa noranta anys i referint-se a Solidaritat Catalana (formada per la Lliga, els republicans i els carlins), Antonio Maura digué que eren «*un montón*». I Joan Maragall li respongué que eren un «*alzamiento*» i que tenia raó Mañé i Flaquer quan deia que «el dia que Catalunya tingui al Parlament espanyol quaranta diputats ben seus ningú no podrà dictar-li la llei». D'altra banda, López Burniol també va dir que unitat, integració i obertura són idees necessàries per a la nova etapa que s'albira després de l'esgotament del model d'Estat sobirà. Creu que, a causa de la globalització i la redistribució del poder, el concepte de sobirania ha entrat en crisi i que la fita de l'autodeterminació pot haver quedat obsoleta. En conseqüència, cal que les reivindicacions quedin centrades en el control dels recursos propis i en l'autoregulació dels interessos propis. I no és indispensable associar els conceptes de nació i estat ni es pot considerar impossible la coexistència d'identitats múltiples. Qualsevol projecte estratègic de futur haurà de tenir present aquesta realitat complexa, perquè, si no, s'estavellarà contra ella.

A la necessària unitat de totes les forces polítiques catalanes també s'hi va referir Ernest Lluch. Primer, com ja hem assenyalat en començar el capítol, va subratllar que s'havia presentat com un gran èxit la cessió del 30 % de l'IRPF quan, en realitat, ha estat un gran fracàs. Aquells 400.000 milions que s'havien de produir mai no s'han materialitzat. Els nostres clarividents i savis experts no van saber anticipar que, per exemple, el primer semestre del 98 la recaptació per aquest concepte a Catalunya baixaria un 5,8 %. Tampoc es va adonar el *brain trust* de la Generalitat de l'impacte que tindrien la baixada dels tipus d'interès o la fugida de l'estalvi cap als fons d'inversió. De fet, tal com encertadament remarcava Andreu Missé, l'IRPF ha deixat de ser un impost sobre la renda per convertir-se en un impost sobre el producte que s'aplica només a un producte únic que és el treball. Va ser, doncs, una gravíssima equivocació la de confiar-ho tot en la recaptació d'un sol impost (Alavedra), i sobretot la de prometre que hi hauria guanys dels uns a costa dels altres (Pujol). Per a més inri, el ditxós IRPF va generar un gran malestar a altres zones d'Espanya que van tenir la impressió que algú s'emportava la «pasta». De manera que s'ha fet un pèssim negoci consistent a generar (potser millor reconfirmar) profundes antipaties i, a més a més, sense obtenir cap benefici. Segons Lluch, quan s'obté tan poca cosa malgrat el fet de ser una força decisiva per sostenir un govern, el més recomanable és actuar amb molta discreció. I pensar que mai no s'aconseguirà res pel que fa al finançament si no hi ha prèviament un consens català. El que s'ha fet fins ara és transitar per les vies de l'agitació i la propaganda i no pas pel camí de trobar les solucions. Amagar el fracàs del 96 es pot fer una vegada, però no sempre. O dit en altres paraules, pots enganyar alguna gent moltes vegades, però no pots enganyar sempre a tothom.

2

Les Obres Públiques i altres injustícies com a instrument de discriminació

Borrell

Parlem, un moment de l'exministre Borrell i recordem que durant el seu mandat es va comprometre a canalitzar les rieres del Maresme (Premià, Arenys, etc.), a fi d'evitar les desgràcies provocades cada any per les rierades. I que Borrell va plegar de titular de la cartera sense haver-ho fet. Igual que va deixar sense fer l'autovia Cervera-Igualada, l'ampliació de l'aeroport de Barcelona, el Pla Delta, el TGV o les millores de les infraestructures portuàries. Val a dir, però, que aquest destacat membre del clan de Majadahonda i de la Federació Socialista Madrilenya, en afiliar-se al PSC-PSOE va descobrir la rendibilitat i l'encant de venir a Catalunya els caps de setmana a treballar-se els vots. I es va guanyar a pols el rècord mundial d'inaugurar maquetes, plànols i projectes a falta de tallar la cinta d'unes obres que no havia dut a terme.[1]

1. Ell mateix va declarar a París (el 10 d'octubre de 1998), amb el cofoisme i l'autosatisfacció que el caracteritzen, que en tots els càrrecs ho havia fet tot molt bé i que com a ministre d'Obres Públiques havia fet 3.000 km de carreteres. Llàstima que els 600 km que aproximadament havien de correspondre a Catalunya es va descuidar de fer-los.

En una ocasió, amb motiu d'inaugurar-se el túnel de Pimorent, el president Mitterrand va invitar a l'acte les autoritats espanyoles i andorranes i Borrell va haver de desplaçar-se a França per la Manresa-Berga. Recordem que, en veure una carretera tan escarransida, no va reaccionar amb la indignació lògica davant d'unes infraestructures tan insuficients. Ans al contrari, ho va fer amb la petulància del nou ric i va declarar a la premsa que el seu Ministeri podria donar cursets a la Generalitat sobre la manera de construir carreteres ben fetes. El que es va callar és que si els consellers de PTOP de Catalunya tinguessin pressupost potser no serien tan ineptes con semblen. Però, en fi, aquest és el doble estàndard, el govern central neda en l'abundància i fa autovies gratuïtes a tot arreu. Algunes, per cert, no tan perfectes com Borrell pretenia. Vegin, si no, el que ha passat a Andalusia amb l'A-92, l'orgull de les autovies del Vè Centenari i dels *pelotazos* de l'EXPO, que s'ha ensorrat en diferents punts del traçat i que s'haurà de refer, amb un cost que triplica l'inicial i només sis anys després de la realització de l'obra. Tot perquè, amb les presses, el MOPU es va oblidar de fer els estudis geotècnics i la carretera es va fer tal com si s'anés desenrotllant una catifa pels relleus del paisatge.

Desplantes i nyaps

És clar que hi ha gent malpensada que creu que moltes obres públiques no es fan perquè siguin necessàries (de fet, la major part de les autovies «gratis total» són precisament allà on hi ha menys trànsit i menys demanda de transports). Posarem un exemple japonès: el pont que s'acaba d'inaugurar entre Kobe, la ciutat del terratrèmol a l'illa principal de Honshu, i l'illa de Shikoku, és el pont penjant més llarg del món (3,911 km), però fins al dia de posar-lo en servei, el transbordador que enllaçava les dues zones només transportava 200 cotxes el dia. I és que la finalitat de l'obra era pagar comissions als dirigents del Partit Liberal Demòcrata, que és al poder a Tòquio de manera permanent tal com les fulles perennes s'aguanten a determinades espècies d'arbres. Aquí, és clar, també hem actuat a la japonesa. Ho fem constar com a recordatori que Borrell digué, en prendre possessió del càrrec, que prohibia de manera terminant que les rans empreses d'obres públiques afiliades al SEOPAN tornessin a pagar comissions als partits polítics i especialment al seu, que era el que adjudicava els contractes. Fins i tot va convocar els presidents de les grans contructores a una reunió per dir-los: «Que no sàpiga jo que torneu a pagar ni el 3,5 % ni cap altre percentatge més alt de l'obra, que aquí els concursos es fan sense trampes.» I naturalment, després d'aquest *desplante* de tauromàquia, ja no es va preocupar mai més de verificar que, de la mateixa manera que totes les obres públiques, tal com diuen els enginyers de camins, tendeixen a no caure, també tendeixen sempre a proporcionar allò que a Mèxic en diuen *mordidas*. Ja va quedar prou lleig com a company de govern amb la implícita acusació de tolerància, complicitat i màniga ampla que va fer al seu antecessor en el càrrec. Però encara va ser pitjor, perquè no va fer, com ell, el despistat que fingia no saber el que passava, sinó que donant-se per al·ludit i reconeixent que estava informat de pràctiques existents, es va quedar encreuat de braços mentre el festí continuava. I, a fe, que encara segueix.

És veritat també que algunes de les obres de la Generalitat s'han fet de manera defectuosa. Tothom critica, per exemple, l'autopista Terrassa-Manresa-Rubí que juntament amb els túnels de Vallvidrera i del Cadí formen el conjunt de peatges més abusius del planeta. I des del govern central i dels mitjans de comunicació afins s'hi va fer molta brometa. Que si Ferrovial i el seu president, Rafael del Pino, van ser molt comprensius i amables amb l'Operació Reformista i que, per tant, se'ls podia adjudicar una autopista amb ondulacions d'estar per casa. Que si Cullell i Molins tenien la culpa dels talls de trànsit per esllavissades. Però també s'hauria de recordar que Borrell va patir una esllavissada de prestigi per culpa d'una esllavissada real que va deixar incomunicats el seu poble, la Pobla de Segur, i Sort, la capital del Pallars Sobirà. I és que hi ha fracassos diguem-ne emblemàtics. A Yáñez li naufraga a Sevilla la caravel·la del 92 i a Borrell se li ensorra la seva carretera vaixell insígnia davant tots els seus convilatans. Que una cosa simpàtica és tirar-se a la Noguera Pallaresa tot fent de raier vestit de disseny i una de ben diferent és caure en el ridícul de fer un nyap tan impresentable com els que havia atribuït als tècnics de la Generalitat.

Del cel a sota terra, passant pel peatge

Pel que fa a la intendència, i a les dures realitats materials, trobem en el llenguatge de les xifres les proves més esclatants de la discriminació de la qual és objecte Catalunya i també Barcelona, malgrat la millor sintonia que sempre ha tingut amb els governs centrals a causa de la seva vaporosa, cosmopolita i asexuada identitat de disseny, una mica hanseàtica i apàtrida. Per exemple, veurem que l'any 1997 AENA (l'organització d'Aeroports Nacionals i Navegació Aèria) va invertir 79.106 milions de pessetes dels quals només l'1,4 % es va destinar als aeroports de Barcelona, Girona i Reus. A Barcelona li van correspondre 1.126 milions i a Reus i Girona les fabuloses quantitats de 27 i 4 milions respectivament. No cal dir que a Madrid-Barajas li van tocar 48.579 milions, a Palma de Mallorca 9.779 milions i a Lanzarote 2.710 milions. Fins i tot Bilbao, amb 1.550 milions, i Tenerife-Sud, amb 1.699 milions, passaven naturalment al davant dels aeroports catalans.

Però si no volem fixar-nos en les enlairades qüestions de l'aviació civil, podem furgar a sota terra. I comprovar que el metro de Madrid té 121 quilòmetres, mentre que l'àrea metropolitana de Barcelona, amb la mateixa població, només en té 80,5. Una desigualtat que s'hauria de corregir, però que en realitat passa a ser corregida i augmentada, perquè ara mateix s'estan construint 35 quilòmetres i 35 estacions més a Madrid contra 600 irrisoris *metres* i una sola estació a Barcelona. A més, les subvencions del govern central per al manteniment diari del transport públic a Madrid són més altes que no pas a Barcelona. Prenguin nota també que l'any 97, en què «*España va bien*», l'obra pública a Catalunya va baixar cinc vegades més que al conjunt d'Espanya. Sí, ho han entès bé. No és un

5 % menys, és cinc vegades menys d'inversió en infraestructures.

A la vista d'aquest estrangulament de l'economia catalana, que més que negligent, a causa de la seva persistència, és clarament deliberat, al vicepresident del govern central, Álvarez Cascos, no se li va acudir altra cosa que proclamar que ara tot anirà millor, perquè amb totes les inversions que es fan a Barajas, podrem descongestionar l'aeroport del Prat. Naturalment, a base d'emportar-se encara més vols a Madrid.

I no serveix de res que de tant en tant surti algú tan poc sospitós de simpaties amb Catalunya com el president valencià, Zaplana, dient que una cosa que agermana el País Valencià amb Catalunya és que tots dos són els més solidaris amb la resta de l'Estat i els més maltractats, perquè són els qui més aporten i els qui reben menys com a contrapartida. Per què les veus que es troben a faltar de denúncia, indignació i reivindicació són les de la Generalitat, les de les organitzacions empresarials i les de les centrals sindicals? Algú pot explicar-nos uns silencis tan eloqüents?

Però el cert és que el nostre és un país de peatge. Segons Salvador Morera, diputat al Parlament, el 70 % dels peatges de les autopistes de tot Espanya es recapta a Catalunya, les inversions del govern central a casa nostra en els darrers vint anys han estat escandalosament baixes i l'autopista A-7 que ja està totalment amortitzada, a partir d'ara farà beneficis nets fins al final d'una concessió que es va allargant periòdicament *per in saecula saeculorum*. ¿És lícit, legal i correcte prorrogar la concessió a una empresa monopolista de tarifes abusives sense fer-ho per llei i sense un debat parlamentari? ¿És normal que l'allargament del vassallatge feudal dels catalans en relació amb l'empresa explotadora ACESA es faci mantenint les clàusules d'increment de les tarifes d'acord amb l'IPC, quan la filial de La Caixa ja no té els mateixos costos per repercutir-hi el cost de la vida? ¿Es pot consentir que, a més a més, ACESA faci el boicot i freni amb un recurs als tribunals la millora de la carretera alternativa i gratuïta de Torredembarra-Altafulla? ¿O que segons va declarar l'alcalde de Lleida sigui la mà negra que impedeix que tirin endavant les obres de l'autovia Cervera-Igualada? ¿Té algun sentit que l'empresa hagi de ser multada per inflar excessivament els seus fons de reversió i ocultar així beneficis a fi de pagar menys impostos? ¿Qui els ha donat i els manté la butlla per atropellar –expressió ben adequada per a una via de circulació– els seus usuaris a perpetuïtat i sense pal·liatius? ¿I com s'explica aquest tracte de favor si no és per alguna contrapartida no confessada?

Els proposem que s'adrecin als seus partits polítics preferits insinuant que demanin un referèndum sobre la necessitat de redimir els peatges i restituir així als catalans la igualtat amb els altres ciutadans de l'Estat davant la llei i davant la tarifa de peatge. I veuran segurament com tots els respondran amb vaguetats i fugiran d'estudi, tot i que es pot assegurar que un referèndum com aquest batria tots els rècords de participació i donaria una majoria absolutament a la búlgara. ¿No hi ha cap entitat que pugui presentar un recurs d'inconstitucionalitat contra la discriminació dels peatges de la qual són víctimes els ciutadans de Catalunya? Per què no ho fa el RACC, que té 420.000 socis afectats?

Quines són les complicitats i les *liaisons dangereuses* vigents al nostre país malgrat vint anys de democràcia i per què la transparència no arriba a uns àmbits determinats?

I així, aquí anem per l'autopista (pagant), en clar contrast amb l'autovia (de franc) que és naturalment la mateixa cosa quan la poses a Madrid. Un cas del nominalisme de Guillem d'Ockham, és a dir, un *flatus vocis* que permet regalar a uns allò que cobres als altres, només a base de canviar el nom de la cosa. Com allò de l'home ric begut, que és un senyoret alegre, o un de pobre, que és un borratxo fastigós. Ai, la semàntica![2]

Ens han confiscat els carros

Finalment, però, el ministre ara responsable de la discriminació que pateix Catalunya en les seves infraestructures, Rafael Arias Salgado, s'ha sincerat i ja sabem de què va la cosa. No solament ho va fer en un document intern dirigit al seu partit que assegurava als seus incondicionals que, un cop renovada la majoria absoluta de Fraga a Galícia, tots els recursos es destinarien a Madrid i 200 quilòmetres a la rodona, sinó que també ho va proclamar *urbi et orbi* en un article. Deia que la seva política estava inspirada en la teoria del professor Xavier Sala, un catedràtic català que en

2. Mentrestant, s'ha inaugurat la Madrid-València, totalment gratuïta i tan respectuosa amb la flora i la fauna de les gorges del Cabriel i plou sobre mullat.

un estudi reconeixia que la inversió de capital públic efectuada a Madrid té una taxa de retorn més alta que la que es duu a terme a Catalunya, en una proporció d'1,25 a 1, i que per aquest motiu els diners van allà on es maximitzen els rendiments. Es calla, però, el ministre Arias Salgado,[3] que després de Madrid és a Catalunya, a Balears i a València on les inversions són més rendibles. I no pas a Navarra, La Rioja, Extremadura i Castella-la Manxa, on no aplica, evidentment, el criteri del rendiment. Diguem-ho clar: aquest ministre juga com tots els seus antecessors d'UCD o PSOE a la regla habitual de discriminar contra el de sempre. I de res serveix que el professor Sala li contesti que si el capital públic rendeix més en territori madrileny és perquè hi ha hagut una més gran concentració dc capital privat. I que l'origen d'aquesta acumulació és degut al fet importantíssim que a Madrid resideix el poder i que, per comprar i vendre favors polítics, s'ha de residir a la capital del Regne.

Segons el catedràtic Sala, si les empreses catalanes (verbigràcia La Caixa) invertissin a Catalunya i no a Madrid com ho fan ara de forma tan abrumadora, es crearia més riquesa a Catalunya i ens farien pujar la nostra taxa de retorn. Ho arrodonia amb una imatge ben esclaridora. És com si el xèrif de Nottingham (el de Robin Hood) confisqués els carros de la població del nord-est i en fes donació als habitants del centre del

3. Fill del qui ho fou també de Propaganda del règim franquista i autor d'aquelles immortals declaracions en què es deia que, gràcies al seu rigor en la censura, havia augmentat molt el percentatge dels espanyols que anaven al cel.

bosc. I que després vingués el ministre de Foment de Sherwood i decidís els camins que calia construir tenint com a criteri el nombre de carros privats de cada comunitat. El ministre amaga, és clar, que si no ens haguessin confiscat prèviament els carros, la inversió al centre ja no seria tan atractiva. La política del ministre Arias Salgado no té, doncs, cap base científica, ni cap criteri de rigor intel·lectual. És com sempre, com de costum, una pura discriminació injustificable. Ho diu la veu de l'acadèmic contra la falsa justificació del polític centralista.

És clar que en el cantó del PSOE tampoc es pot dir que hi hagi una actitud més positiva. Joaquín Almunia, per exemple, va declarar que ell no és anticatalanista, però que l'acord de millora del finançament de la sanitat de tot Espanya només beneficia Catalunya sense cap raó objectiva que ho justifiqui. Caldria recordar-li aquell debat que van tenir a la televisió Marcelino Camacho i Nicolás Redondo en què va sortir la frase contundent de «*mientes y tú lo sabes*». Doncs bé, Almunia està perfectament assabentat que el primer beneficiat de la millora financera ha estat Andalusia i que l'única concessió que, finalment, s'ha reconegut a Catalunya és que li compensin els desplaçats, és a dir, el cost de l'assistència prestada a ciutadans procedents de les altres comunitats. De totes maneres, Almunia encara no ha dit de CiU el que ha afirmat sobre el PNB: que als nacionalistes bascos se'ls ha de quadrar.

I per reblar el clau tornem a Europa: només tímidament ERC denuncia que Catalunya, tot i tenir una renda per càpita inferior a la mitjana de la UE, té un saldo negatiu amb la Comunitat. Madrid, per exemple, va rebre del 1986 al 1993 una xifra de 94.779 pessetes per habitant i Catalunya només 38.875. Això sense parlar de Castella-la Manxa, que, de fet, és com l'àrea metropolitana de Madrid, que en va rebre 231.401. O un altre exemple ben il·lustratiu de la Cerdanya: la meitat de França és pobra i cobra; l'altra meitat és rica i no cobra. Dit d'una altra manera, Catalunya també pateix la discriminació d'un dèficit fiscal amb la Unió Europea.

Que no ens parlin de proteccionisme

Surten, però, algunes veus per consolar-nos. És el cas d'Ernest Lluch, que proclama que Catalunya paga i també rep. Ho justifica introduint el concepte de balança comercial i diu que Baden-Württemberg aporta un 1 % del seu PIB a la República Federal Alemanya, però ho compensa amb un 0,59 % d'exportacions netes. Llombardia contribueix amb un 1 % de la seva renda en impostos i assoleix un 2,1 % per la via comercial. I Catalunya, diu, obté per aquest procediment un 1,55 %, segons es desprèn dels estudis dels professors Ezequiel Baró i Carles Munlló.

Tenim, doncs, una balança comercial positiva d'un 12,4 % amb la resta d'Espanya i negativa d'un 8,2 % amb la resta del món. En turisme som positius d'un 4,2 % amb l'estranger i negatius amb la resta d'Espanya per valor d'un 0,4 %, perquè els viatgers catalans som més visitants de les altres comunitats. Seguint aquesta línia argumental, trobarem que la Seguretat Social ens dóna un saldo favorable d'un 3,9 %, és a dir, 0,5 bilions a restar del dèficit fiscal d'1,2 bilions l'any 94. Però, és clar que es barregen conceptes heterogenis. Si tenim més gent treballadora i cotitzant, és lògic que tinguem més prestacions, cosa que no representa cap benefici ni privilegi. Només faltaria que ni això es tingués present!

Allà on falla, però, aquesta línia argumental és en el fet que avui Espanya forma part de la Unió Europea i que el règim de lliure circulació de les mercaderies implica que tot allò que la resta d'Espanya compra a Catalunya és senzillament perquè li dóna la gana de fer-ho. No en té cap obligació ni existeix ja cap mercat captiu ni cap proteccionisme. Per tant, tot el que es ven és gràcies a un millor preu, una millor qualitat o un servei més competitiu. Si no és així, qualsevol comprador pot, sense necessitat de pagar aranzels de duanes, adquirir un producte equivalent a França, Alemanya, Itàlia o Gran Bretanya. En conseqüència, es desprèn que tota compra d'un producte català és derivada del fet elemental que a la resta dels espanyols els surt a compte triar el «made in Catalonia». No és el resultat d'una imposició legal o d'un handicap que gravi els productes d'importació de l'estranger. És simplement una derivada de la llei de l'oferta i la demanda i, per consegüent, no es pot posar a la balança com un benefici que aporti dividends a l'economia catalana ni un gest que hàgim d'agrair. En resum, les exportacions catalanes a l'estranger s'han multiplicat per 4 en els darrers deu anys deu la seva competitivitat o de vegades a causa del joc de les multinacionals entre les seves diferents filials. Però no es pot dir que a Catalunya li toca pagar encara més a zones deprimides, pel fet que els seus habitants ens comprin coses. A nosaltres i a la resta dels països europeus, que també aporten a l'Espanya subsidiada els fons estructurals i els de cohesió, no se'ns pot fer aquest retret que, gràcies al poder de compra dels territoris receptors d'ajuts, els productius i laboriosos s'enriqueixen.

Vergonyes diverses

El que resulta inadmissible, repetim-ho, és que surti més a compte, en termes de benestar i de qualitat de vida, instal·lar-se en la cultura de la subvenció, amb laxitud fiscal i feines sense IVA a l'economia submergida, que no pas treballar com a obrer, empresari autònom o professional a Catalunya sota una pressió fiscal molt forta. Això és exactament el que els passa a centenars de milers d'assalariats i propietaris de PIME d'origen andalús o extremeny a casa nostra. Perquè els desincentiva i els fa perdre l'estímul de crear riquesa i llocs de treball o bé de participar d'uns valors de responsabilitat el fet de veure, quan tornen als seus llocs d'origen, com es pot gaudir d'un nivell d'ingressos equivalent sense cap esforç semblant al que ells han dut a terme sota la penalització d'una Hisenda que actua amb diferents graus d'exigència o tolerància segons els territoris.

El doble estàndard és visible en matèria tributària, però també en altres aspectes. L'empresari Puigneró, fabricant de filats de la plana de Vic, per exemple, va anar a la presó per delicte ecològic i és ben cert i censurable que el va cometre. Igual com no sembla gaire encertat que, a petició del PP (Puigneró havia format part de l'Ajuntament franquista), l'administració penitenciària de la Generalitat el deixi anar a casa sense complir la pena. Però el contrast del seu cas és ben notori amb els vessaments d'Aznalcóllar que han fet malbé el Coto de Doñana. Allà no s'ha processat ningú i, naturalment, ningú no anirà a la presó. Ans al contrari, els ministres Piqué i Arenas van ser filmats *in situ* fent abraçades als directius de l'empresa, la sueca Boliden, perquè mantenen 400 llocs de treball i això a Andalusia és sagrat. No importa que en Puigneró en tingués més del doble, d'empleats. Aquí els criteris són uns altres i ens han enviat un fiscal de medi ambient, Pérez de Gregorio, que és com Àtila en un jutjat.

En fi, que la teoria de Lluch podia servir quan els cerealistes de Castella, els latifundistes andalusos, els miners i metal·lúrgics bascos i els tèxtils catalans van pactar de repartir-se el mercat interior tancat i barrat. Però això ja no té cap sentit en règim de mercat lliure i obert com l'actual. I no serveix tampoc l'argument emprat per dir que els fluxs de capital privat també són positius per a Catalunya. A part que el diner no té pàtria i va allà on li convé en funció de la remuneració, les últimes dades de què disposem pel que fa al passiu captat a la resta d'Espanya i invertit a Catalunya, parlaven de només 50.000 milions de pessetes, que ja és ben poca cosa.

Pagar: un vici secret?

A l'hora de fer pedagogia, el govern de la Generalitat ha d'exigir que en aquestes qüestions siguin els màxims líders dels partits d'àmbit estatal i els grans mitjans de comunicació madrilenys els qui s'encarreguin de la funció didàctica. Ja van dues votacions al Congrés dels Diputats a favor de fer públiques les dades del que aporta i rep a canvi cada autonomia. I encara no s'ha aconseguit que l'Administració central publiqui unes dades que em temo que es retenen i guarden en secret, perquè resultarien encara més escandaloses del que ens imaginem. Caldria que les dades es fessin públiques per deixar en evidència el que tots coneixem, però ningú reconeix: que en aquest país paguen IRPF els assalariats i les classes mitjanes i no en paguen, en canvi, les grans fortunes. Quina vergonya, per cert, que en plena recaptació de les declaracions positives del 98 es donés a conèixer la venda de Fomento de Construcciones y Contratas d'una germana Koplowitz a l'altra per valor de 136.000 milions *lliures d'impostos* a causa d'un obscur reglament que ho permet! I quin recordatori de com les empreses catalanes, per exemple, FOCSA, que és l'antecedent de l'actual FCC, si es fan grans, acaben indefectiblement en mans del capitalisme madrileny empeltat de financers bascos, latifundistes andalusos, grans famílies militars,[4] famílies d'alts funcionaris de l'Estat i del poder judicial i descendents dels dirigents del règim de la Dictadura!

La conclusió és clara. Catalunya paga més que proporcionalment perquè té més assalariats i botiguers i, en canvi, va curta de classes dominants com les anterior-

4. ¿Ho sabien que a la marina de guerra espanyola hi ha 90 oficials descendents de l'almirall Cervera, el que fa cent anys va perdre la flota a Cuba?

ment esmentades. Però, a més a més, les grans bosses de frau (com les que acabem d'esmentar) i d'insolidaritat fiscal són a Madrid, junt amb la gran riquesa acaparada a recer de l'Estat i amb avarícia i entre les classes poderoses de les zones deprimides, per exemple, Andalusia i sobretot Extremadura. ¿No trobeu que aquesta gent que tant s'omplen la boca per parlar amb orgull de l'espanyolisme patriòtic i visceral no haurian de veure amb bons ulls que siguem els catalans els qui tinguem el privilegi d'omplir de manera tan preferent les arques de l'Estat? Potser si es publiquessin les respectives aportacions, tots ells rectificarien i demostrarien el seu *acendrado* amor a Espanya venint ràpidament a disputar-nos l'honor de sostenir l'Estat que és l'encarnació de les seves essències i aspiracions. ¿O hem de creure que es farien els distrets i seguirien permetent que uns altres fessin de cornut que paga el beure?

Un polític que ho ha expressat de manera ben clara és en Josep Lluís Carod-Rovira en referir-se a la deixadesa del govern de l'Estat, que castiga Catalunya discriminant-la en la seva inversió d'obra pública. Un tracte que contrasta amb certs territoris espanyols que reben recursos sobredimensionats per a la migradesa del parc automobilístic de què disposen i per a la modèstia de l'esforç emprat per al seu desenvolupament general. I que demostra la nul·la capacitat de decisió a Madrid demostrada pel govern català. Perquè, si no es tracta d'això, ja només pot parlar-se de desinterès per les prioritats del país, de complicitat sospitosa amb la discriminació de Catalunya o de la simple incompetència governamental. ¿De què serveix ser un element clau o decisiu a la capital del Regne si, posem per cas, davant la urgència de satisfer les necessitats de l'aeroport barceloní i situar-lo a l'altura de gran capital del sud d'Europa, CiU és capaç de votar uns pressupostos que inverteixen vuit vegades més a Barajas que a l'aeroport del Prat? ¿Quin benefici n'ha tret aquest país, en temps recents, de tenir ministres i vicepresidents del PSC, de cos present al govern espanyol, si han callat dòcilment mentre es maltractava la població de Catalunya, amb una inversió molt per sota del que ens correspondria per nombre d'habitants? Segons el secretari general d'ERC, l'Espanya que es proclama solidària hauria de posar fi al fet diferencial que consisteix, ara com ara, que Catalunya paga per allò que Espanya té de franc.

Les autopistes de la humiliació

Cada vegada es fan més evidents als ciutadans els abusos de les empreses monopolistes dels serveis públics que, sota la protecció i complicitat de les diferents administracions, utilitzen les seves exclusives, el seu mercat captiu i les seves tarifes regulades per maltractar els consumidors i usuaris, és a dir, els ciutadans. El problema és general: aigua, gas, electricitat, telèfon, pàrquings, benzina i un llarg etcètera que desemboca inexorablement a les pompes fúnebres. Però el més escandalós de tots és el cas d'ACESA, hem de tornar a parlar-ne, l'empresa concessionària de les autopistes que ja tothom anomena *de pillatge*. Creades els anys seixanta per Bankunion, una entitat financera de l'òrbita Opus Dei encapçalada per Ferrer Bonsoms, van tenir a la direcció Joaquín Garrigues Walker (segurament l'enllaç amb el Chase Manhattan, que hi va aportar una part minoritària del capital) i com a membre del consell d'administració des del 67 fins al 78, Jordi Pujol i Soley. Com a conseqüència de la crisi bancària que va afectar una vuitantena d'establiments i concretament Bankunion, es va fer càrrec de l'autopista el Fons de Garantia de Dipòsits, és a dir, l'Estat. Per tant, la insolvència dels promotors hauria permès de rescatar la concessió d'uns peatges discriminatoris contra Catalunya. Però, inexplicablement, el govern socialista va decidir l'any 87 de privatitzar ACESA. La Caixa de Pensions en va adquirir el paquet principal per la mòdica i ben irrisòria xifra de 47.000 milions de pessetes. Això vol dir que, si en aquell moment el govern hagués volgut redimir el 100 % del negoci, el cost total de l'operació hauria estat només de 70.000 milions de pessetes. Una xifra equivalent als beneficis que genera l'empresa en tan sols tres anys, sense comptar els fons de reversió i totes les martingales de cosmètica comptable creativa que ACESA practica amb addicció i que han motivat una multa de 5.000 milions, rebaixada després a 1.800 milions, per camuflar beneficis.

Per què no es va quedar en mans de l'Estat en un moment en què el govern ja estava omplint la resta d'Espanya d'autopistes gratuïtes amb uns costos molt superiors? Per fer quedar bé els directius de Bankunion i dissimular una mica el forat de la seva gestió i el cost del seu sanejament? Per permetre que el governador del Banc d'Espanya s'apuntés la medalla de fingir que els contribuents espanyols s'havien estalviat aquells diners? Atès que Mariano Rubio, com a Summe Sacerdot de la moneda, va afavorir les activitats delictives dels seus amics d'Ibercorp i va cometre evasió fiscal a través de dipòsits amb nom fals, qualsevol explicació resulta plausible. Especialment en un país en el qual la comptabilitat dels diners públics ha passat a incloure's en l'art del maquillatge refinat. Per tant, de cara a la galeria figura que ACESA va ser venuda per reduir els costos de la repercussió del desastre d'un banc privat sobre les butxaques dels contribuents. Però, en realitat, l'opció va ser la de seguir castigant amb cadena perpètua de peatges la present generació de catalans adults de forma deliberadament discriminatòria. I ni un sol líder polític català va posar el crit al cel contra l'allargament de les concessions ni contra els injustificats increments de tarifes, en un negoci que pràcticament no té costos, que està protegit contra qualsevol risc i contra les pèrdues per la garantia estatal o l'assegurança de canvi que vam pagar entre tots, i al qual se li permet que no alci les barreres quan el cobrament provoca els embussos. Com és que les forces de seguretat i ordre públic no restableixen la fluïdesa del trànsit cada vegada que es forma una cua? De quina protecció gaudeix l'empresa? Perquè, evidentment, la concessió autoritza el cobrament, però no la formació de retencions, congestió i embussos de la circulació per incapacitat de cobrar ràpidament. Algú ha calculat el cost en carburant o temps perdut de les cues de Martorell? O algú s'ha demanat per què una vegada dins de l'autopista no tens escapatòria possible fins molts quilòmetres més lluny, després que ningú t'hagi advertit a l'entrada que et ficaves en el parany d'un col·lapse? No és, doncs, gens estrany que els ciutadans vegin aquesta empresa com una moderna versió dels saltejadors de camins amb l'agreujant de la injustificable empara i complicitat dels poders públics que els legalitzen.

En aquest sentit no va estar gens afortunat el conseller Macias quan va dir que a ell el preocupaven més els beneficis que l'Estat treia de les autopistes que no pas els d'ACESA i de la Caixa de Pensions. És ben cert que la pressió tributària (IVA i societats especialment) és molt significativa i que ningú ha estat capaç de negociar que aquests diners reverteixin íntegrament a Catalunya i epigrafiats de manera finalista i exclusiva per a la nostra redempció del vassallatge circulatori. Ja és trist que els nostres diputats a Madrid no hagin sabut fer entendre que hem de ser iguals davant la llei, davant el peatge i davant la tarifa. I que mentre això no s'hagi aconseguit és una burla sagnant i una humiliació intolerable que, a sobre, ens facin tributar pel volum de la nostra desgràcia i pel sobrecost de viure en aquest territori. Però el tema no és aquest. La gran qüestió és el benefici d'ACESA. O també el que preguntava a Macias el diputat Fabregat del PP: per què el preu del quilòmetre és de 10,6 pessetes a les autopistes catalanes que depenen de l'administració central de l'Estat i, en canvi, de 19,43 pessetes a les que depenen de la Generalitat. Hàbil argument del portaveu popular quan, en veure criticada la política de peatges, s'adreça a CiU per a dir allò de «la teva encara més», o bé, «doncs mira que tu». Però és una esgrima que no pot ocultar la responsabilitat de tots dos governs en la situació creada. Aquí ningú no pot fugir d'estudi ni dir-nos, com va fer

Macias,[5] que és una sort que el túnel de Vallvidrera sigui tan car, perquè si no tingués aquest peatge dissuasiu, la Via Augusta de Barcelona quedaria col·lapsada. Ben bé com en els ordes religiosos que troben efectes positius en la flagel·lació o en els qui recomanen dutxes d'aigua freda per calmar les apetències sexuals.

Alguna cosa fa aigües

Les autopistes ja s'han convertit en un tema bàsic de campanya electoral. Encara més que l'aigua, que ja ha mobilitzat 85.000 famílies (uns 250.000 usuaris) que han deixat de pagar els tributs que surten en forma de recàrrec als rebuts d'AGBAR. Fem un incís: AGBAR és una altra empresa de l'òrbita de La Caixa que també fa uns beneficis extraordinaris i els inverteix a Amèrica del Sud, en la companyia d'empreses d'ITV

5. De totes maneres, l'exalcalde d'Olot ha representat una gran millora en relació amb l'anterior representant del «comarcal power» gironí al govern, en Vidal Gaiolà, famós per la seva principal aportació a l'acció política en favor de la seguretat, que va consistir a dissenyar i fabricar un maletí blindat per protegir els seus col·legues de qualsevol atemptat. La cosa era ben senzilla: només calia endevinar d'on venia el projectil i cobrir-se amb la cartera. Ara ha tornat al cotxe oficial com a promotor de la cultura popular i subvenciona colles de geganters, balls de bastons i campionats del joc de cartes anomenat *botifarra*. El següent que sembla cridat a ocupar aquest *cupo* és en Grau, president de la Diputació de Lleida, que fins ara també ha demostrat unes capacitats de polític i de gestor perfectament descriptibles. L'important, com a la boxa, és seguir buscant a les comarques la gran esperança blanca malgrat els fracassos anteriors.

(inspecció tècnica de vehicles, un altre monopoli), en l'adquisició de mútues sanitàries, en operacions conjuntes amb la Lyonnaise des Eaux, en negocis de floristeria i jardineria, etc.

El soci francès de la companyia d'aigües va quedar molt tocat i qüestionat quan l'alcalde de Grenoble, que havia privatitzat el subministrament de la ciutat, va ser empresonat. El mateix Tribunal de Comptes va haver de fer un dictamen sobre els perills dels monopolis de l'aigua. A França, són quatre les grans empreses que es reparteixen el pastís: la Génerale, la Lyonnaise, la SAUR (grup Bouygues) i la CISE (grup Saint Golbain). Totes elles, a part de l'aigua, es dediquen a la recollida d'escombraries, al tractament de residus, a la calefacció urbana, al transport escolar, a les pompes fúnebres, a la gestió de parcs de lleure, a la televisió per cable, a la construcció i obres públiques i, en general, a la prestació de serveis a les col·lectivitats. Això, segons el Tribunal de Comptes, els permet de crear confusió i de barrejar els diferents apartats de les relacions contractuals amb els ajuntaments. L'òrgan supervisor va denunciar la gestió financera, mancada de rigor, i l'aplicació molt parcial del principi de la veritat en la presentació dels costos i dels preus per part de les societats del ram de l'aigua. I també el recurs sistemàtic a les subvencions d'explotació sense cap justificació possible des del punt de vista de l'interès general i purament en benefici de les empreses privades. O bé la pròrroga dels contractes de 20 anys fins a 40 o el finançament públic d'obres de infraestructura que, per a més gran inri, solen encarregar-se a les filials o matrius constructores de les societats d'aigües. O igualment els beneficis indeguts de tresoreria que els produeixen els retards en el pagament, a les administracions públiques, de les taxes i tributs que van incorporats al rebut del subministrament. O la disparitat dels preus de l'aigua, que varien de manera molt substancial d'un lloc a l'altre sense cap motiu que ho justifiqui. Finalment, la repercussió de les despeses generals de les societats privades invocades com a factor excessiu per elevar les tarifes.

¿Serà que paguem al nostre rebut de l'aigua les dietes dels membres del consell i els sous multimilionaris d'uns directius dedicats a la sanitària ADESLAS, a les compres de concessions sud-americanes, a la gestió de la ITV o a l'ornamentació floral ben patrocinada? Perquè la gestió de l'aigua *stricto sensu* podríem dir que raja sola i que consisteix a obrir l'aixeta del líquid element, a vetllar per la depuració i a tenir un servei de manteniment per tal de reparar les canonades que rebenten. Si no fem el transvasament del Roine, els ben pagats gestors privats no caldrà que s'hi tornin a escarrassar gaire. I si el fem, passarà probablement com en el cas del minitransvasament de l'Ebre, que va córrer a càrrec dels poders públics. En fi, que com a resultat dels escàndols de finançament de partits polítics i de suborn d'alcaldes, el Tribunal francès denunciava unes pràctiques inacceptables amb vulneració de la competència i uns abusos de poder d'empreses gegantines sobre municipis febles. Per aquest motiu es va promulgar la llei Sapin, que prohibia la tàcita reconducció, sense debat, dels contractes de concessió.

La pregunta referida a casa nostra és qui vigila aquestes coses: la Comissió de Preus de Catalunya o potser l'Agència Catalana de l'Aigua que ara es diu que crearem? Ah, ah, ah! No ens facin riure. De moment, l'aigua a Catalunya és un 38 % més cara que la resta d'Espanya.

És, per tant, motiu de preocupació la trama i l'ordit de connexions i d'interessos creats entre administracions i monopolis de serveis públics, però també la falta d'*imperium* de la Generalitat quan li toca exigir el compliment de la legislació, tant si és la Virgin, la Sirena o les grans superfícies pel que fa als horaris comercials, com si es tracta del doblatge en el cinema.

L'avís que ve d'Europa

Al Col·lectiu J. B. Boix li sap greu d'observar com a possible explicació d'alguns capteniments l'aparició d'uns visibles i creixents indicis de cleptocràcia, més petita en volum que la implantada a Madrid, però de semblant nivell en termes proporcionals i relatius. I troba a faltar una capacitat de comunicació que desvetlli la consciència ciutadana. Encara ressonen a Bèlgica els eslògans flamencs que deien que cada família d'expressió neerlandesa regalava cada quatre anys un cotxe a una família valona. Aquí, si fem números i ens referim a un SEAT, ens donaria el resultat d'un automòbil transferit solidàriament cada dos anys. Però ningú no en fa la pedagogia convenient, sense acritud, és clar, però amb la transparència dels comptes clars i la xocolata espessa.

Els europeus, en canvi, ja han començat a dir-hi la seva a escala comunitària. Primer Waigel i el govern de Baviera, i ara Schroeder, ja van avisar que no pot ser que totes les crisis de la UE s'hagin de resoldre a base que paguin els alemanys, fins al punt que més de la meitat de les contribucions que es polvoritzen a Europa surtin de la seva caixa. Només li devia faltar al nou canceller l'estada a Marbella pel Nadal del 98 i comprovar la qualitat de vida d'una Costa del Sol subsidiada pels obrers alemanys per reafirmar-se en la seva idea d'anar reduint uns ajuts que, en el cas dels fons de cohesió, van destinats en més d'un 50 % del total europeu a Espanya.

A continuació, el ministre d'Hisenda francès, Strauss-Kahn, es va referir als països que gaudeixen d'una situació privilegiada i a la necessitat d'anar corregint el nivell de les aportacions netes dels països més rics. I és que els països més avançats també tenen problemes interiors. A Alemanya, per exemple, s'han revoltat contra el seu dèficit fiscal dos grans *länder* de signe conservador (Baviera i Baden-Württemberg), però també dos de socialistes (Renània del Nord-Westfalia i Hesse). Entre els qui protesten, el president bavarès Stoiber ja ha presentat un recurs al Tribunal Constitucional contra l'actual sistema de redistribució. I això que Alemanya és el país que té els més grans desequilibris regionals de tot Europa, amb un coeficient del 32,7, seguida de França (27,7), Itàlia (24,8), Gran Bretanya (19) i Espanya (15). De manera que no té cap raó Rodrigo Rato quan diu que això del saldo net entre autonomies és perniciós i que a Europa no es porta. I tant que se'n parla, a nivell intern dels estats i també en el conjunt de la comunitat! Més valdrà, doncs, que en prenguin nota, perquè no podem estar cada vegada i en cada episodi fent la mobilització de l'oli contra el comissari Fischler i sembla evident que, tan gradualment com calgui, ens aplicaran les retallades corresponents. O ben aviat quan vingui l'ampliació de la UE als països d'Europa central, tots ells més pobres que Espanya, tindrem ocasió de comprovar fins a quin punt són sincers tots els qui avui reivindiquen la solidaritat europea o catalana. Quan hagin de convertir-se en donants en favor de Polònia, Hongria, Txèquia, Eslovènia, etc., veurem si mantenen la coherència del discurs.

Figures de pessebre

I Catalunya endins quedarem pendents de comprovar si persisteix sense atenuants el contuberni del govern i la majoria dels partits amb les poderoses i abusives empreses monopolistes. En vam tenir un parell de proves més a primers del 99 quan es van fer públiques les dades sobre les multes que imposa la Conselleria d'Agricultura a les empreses elèctriques, quan es demostra que han comès infraccions en matèria de prevenció d'incendis. El diputat Víctor Gimeno d'IC-EV va informar que els agents forestals –arran dels incendis del 98– havien denunciat que a les xarxes elèctriques no es neteja la vegetació que hi ha sota dels cables i que sovint les branques dels arbres arriben a tocar les línies d'alta tensió. Doncs bé, els 306 expedients corresponents a l'exercici 97 es van saldar amb 5,9 milions de pessetes de multes, és a dir, amb la mòdica suma de 20.000 pessetes per infracció. És a dir, que posar en perill d'incendi el patrimoni natural surt més barat que no pas aparcar damunt de la vorera i que t'enxampi la màquina recaptadora que l'alcalde disfressa amb el nom de *grua*. Segons el diputat economista, l'inefable però infal·lible conseller Marimon li va negar l'accés a les dades dels infractors amb l'argument pintoresc que la llei protegeix les dades personals[6] com si les sancions penals o administratives fossin dignes de protecció. D'altra banda, la subtilesa i esquiva del titular d'Agricultura podrien haver trobat terrenys més favorables al camuflatge, atès que, com passa amb els vins de La Campiña de Còrdova –«*la elección es muy sencilla, o Moriles o Montilla*»–, les empreses al·ludides només poden ser Enher o Fecsa. Sembla que la Conselleria les ha renyat molt enèrgicament i les ha amenaçat, en cas de reincidència piròmana, amb la severa sanció de deixar-les sense postres.

Una demostració suplementària del tropisme positiu dels nostres dirigents és el cas tan recurrent de les autopistes. En unes primeres declaracions de Jordi Pujol, just després de posar-se la medalla de l'euro, ens va fer saber que ha trobat la pedra filosofal i que fa seves les conclusions d'un estudi que a corre-cuita, en esclatar les protestes, ha dut a terme la Delegació de la Generalitat a les concessionàries d'autopistes, un càrrec que tan dignament ocupa Josep A. Grau i Reinés. Vostès n'havien sentit a parlar mai, d'aquest organisme, o del titular d'aquest càrrec? Se sap alguna actuació seva en favor dels usuaris? O bé les seves funcions eren fins ara

6. Un criteri que no ha tingut gens en compte la Generalitat a l'hora de privatitzar CIGESA, la seva empresa pública informàtica que té acumulades les dades personals de tots nosaltres i que s'ha venut a un grup alemany patrocinat per Carles Vilarrubí. Això sí que pot ser violació de la intimitat.

més aviat a la inversa, la defensa dels interessos de les empreses i no pas dels ciutadans dels quals, com de l'inferior a l'exèrcit, es pot dir allò que només pel fet de ser-ho, serà severament castigat? En tot cas el que es proposa actualment com a alternatives és que l'Administració central renunciï als impostos (IVA i societats) que recapta sobre la facturació dels peatges i que aquests 24.000 milions anuals reverteixin no a la redempció de la concessió ni al pressupost de carreteres de la Generalitat, com semblaria normal, sinó –a veure si ho endevinen– a la caixa d'ACESA a fi que es digni a estovar-nos una miqueta les tarifes. Pujol va ser contundent quan va dir que el rescat és inviable. Però no va ser gens convincent en silenciar els motius d'aquesta categòrica afirmació. La seva argumentació es va limitar a la coneguda dita: «*Lo que no pué ser no pué ser, y además, es imposible.*»

El coordinador del govern amb ACESA, Josep Grau, es veu que es va passar quan va proposar la gratuïtat dels trams en què es produeixen situacions injustes com ara el de Tarragona, i es va pronunciar a favor de la gratuïtat del pas de camions i d'autocars. Al final, s'ha aigualit la proposta i tot ha quedat en una rebaixa del 66 % només mentre durin les obres de la carretera alternativa, que, per cert, no s'havia construït per culpa del recurs que ACESA va presentar als tribunals amb l'argument rapinyaire que la millora de la via gratuïta li reduiria els beneficis. Es veu que els guanys d'aquesta gent són tan sagrats que fins i tot la reducció convinguda serà compensada en diners pel Ministeri de Foment. Molt fort, oi? S'ha de reconèixer, però, que com a prova de generositat ACESA ha acceptat finalment d'aplicar el descompte també a les ambulàncies. No fos cas que la gent es recordi d'aquella emergència en què els que fugien d'un incendi o havien d'anar a l'hospital eren retinguts pel preceptiu cobrament de dret diví.

El president Pujol també ens va informar que el procediment de subvencionar les concessionàries amb diner públic, no fos cas que se'ls constipés el compte de resultats, ja l'havia posat en pràctica el seu govern en relació amb el tram Sitges-el Vendrell d'AUCAT (l'empresa que presideix Macià Alavedra). En efecte, aquesta autopista ha rebut 5.000 milions de pessetes d'ajut a fi que no hagi d'abusar excessivament amb la tarifa. De moment, el trajecte és la meitat de llarg i molt més car que l'itinerari anterior per l'A-7. Ara imaginin, doncs, a quin preu ens ho haurien d'haver posat si no hi hagués intervingut la clarividència dels governants (concretament el conseller Cullell) amb la seva aportació material que ens va salvar de perjudicis encara més grans. Corríem el risc de destronar el túnel del Cadí com a peatge més car del món, però pel que fa a l'autopista Pau Casals ho hem evitat, tot i que a molts usuaris, no sé per què, ens ve a la memòria que l'obra mestra del genial intèrpret i compositor s'anomena *El Pessebre*.

3

Barcelona, decadència de *qualité*

Les contradiccions de Maragall

L'estudi del cas Pasqual Maragall no forma part d'aquest llibre, perquè com a alcalde de Barcelona no ha exercit, tristament, com a polític significativament nacional. Però, de tota manera, es mereix sens dubte el reconeixement com a millor alcalde de Barcelona d'aquest segle. Va presidir l'etapa brillant i espectacular dels Jocs Olímpics. Però, al mateix temps, va transformar la ciutat més en la direcció de la imatge, l'estètica, la cosmètica i la publicitat que no pas en el terreny dels continguts. El despertar postolímpic acredita que darrere del disseny i del posa't guapa s'ha produït una pèrdua de capacitat d'iniciativa i d'importància relativa. Rehabilitem més façanes que mai, però ja no som capdavanters en creació de riquesa i llocs de treball. Madrid ens ha superat en una gran escapada, mentre aquí no ens treien de sobre la «*pájara*» del ciclista. Hem perdut població, degut a l'èxode dels joves emprenedors que troben molt cars els habitatges barcelonins i la pressió fiscal massa elevada. Hem assistit a un retorn dels especuladors immobiliaris i espongem el Raval i Ciutat Vella mentre massifiquem Sarrià-Bonanova-Pedralbes amb volums d'edificació clarament exagerats. A part del cas ben criticable del camp de l'Espanyol, hi ha molts altres exemples de zones on els carrers no podran absorbir el trànsit que generin els nous habitatges; els actual propietaris ja instal·lats veuran reduït el valor dels seus pisos a mesura que es vagi congestionant el veïnatge. Es privilegien, doncs, els interessos dels edificadors dels grans blocs per damunt del que haurien de ser drets adquirits dels ciutadans-contribuents preexistents. I quan vegin rebaixat el valor dels seus pisos, ningú no els corregirà el valor cadastral ni l'IBI tan fort que suporten.

D'una manera semblant s'han afavorit les grans superfícies comercials, amb una política de clara preferència en relació al comerç tradicional i familiar de proximitat. ¿Saben què paga d'impostos una gran superfície per metre quadrat del local, per persona que hi treballi o per milió de pessetes facturat, comparant-ho amb els impostos que graven els botiguers de la mateixa zona? És lògic que la policia municipal actuï als voltants de les grans superfícies, no per afavorir la fluïdesa del trànsit, sinó per facilitar l'entrada i sortida dels compradors d'un establiment concret? Es permet a un comerciant petit que instal·li pancartes publicitàries permanents (amb material d'obra fixa) com les catorze que se li toleren a l'Illa Diagonal a les voreres? Té sentit que es doni llicència d'apertura a un supermercat que no disposa de moll de descàrrega? O que qualsevol cadena de distribució alimentària ocupi en doble i triple filera, amb camions de fins a 25 tones, els carrils de carrers estrets on la guàrdia urbana, mentrestant, s'enduu amb la grua o posa multes als vehicles que causen molèsties semblants i fan infraccions més lleus? Bravo, Caprabo!

El llegat de Maragall és, per tant, una barreja de clars i d'obscurs amb una trajectòria presonera de la pròpia propaganda. Com que ens hem de creure el nostre missatge, és a dir, que som els millors, ja no cal analitzar les causes dels problemes que tenim i molt menys encara tractar de posar-los-hi remei. De fet, en renunciar a l'alcaldia, possiblement Maragall volgué alliberar-se d'aquestes contradiccions i de la incomoditat d'haver de recuperar l'empenta de la ciutat.

Barcelona i Catalunya i més discriminació

L'autonomia, de fet, s'ha convertit en una auditoria interterritorial. I les xifres no fallen mai. Sempre indiquen el mateix. Per exemple, que l'aeroport del Prat ha perdut en els primers quatre mesos del 98 un 9 % del tràfic de càrrega aèria. Segons la Generalitat, que ho diu amb la boca petita i sense esbombar-ho adequadament, la causa de la davallada en un moment de creixement espectacular del comerç exterior és l'actuació d'AENA (Aeropuertos Nacionales y Navegación Aérea), un nefast organisme causant del caos dels aeroports i de la pèrdua de 15.000 maletes diàries de mitjana a finals del juny del 98, que com ja hem dit es dedica a potenciar Barajas i Vitòria en detriment de Barcelona. (La filial d'AENA que s'encarrega de les mercaderies és CLASA.) Algú ha sentit mai a la Generalitat una protesta per aquesta discriminació? Com és que no s'ha reclamat amb prou energia el traspàs de l'aeroport? No serà que igual que sembla que passa als paradors de Turisme, algú ben connectat es guanya molt bé la vida en els múltiples negocis existents? Ho saben que el querosè comprat a Barajas costa el triple que a l'aeroport de Frankfurt? Ho va denunciar el mateix president d'Iberia, Xabier de Irala. I a sobre ens temem que no arreglaríem res si en aquest *panal de rica miel* entrés la Cambra de Comerç de Barcelona com a gestor. Tinguem present que la presideix Antoni Negre, expresident d'Ibercorp Catalunya, S. A., filial de la delictiva empresa de Manuel de la Concha, protegida com a *xiringuito* financer pel delinqüent fiscal i exgovernador destituït del Banc d'Espanya, Mariano Rubio, i refugi de comptes corrents d'evasió fiscal dels quals un anava a nom d'A. N. Vilavecchia (en Negre precisament) o bé un altre al de M. B. Salvador, és a dir, Miguel Boyer, tal com sona. Amb un gestor com la Cambra, la situació encara seria pitjor.[1]

Ens trobem, doncs, amb una capital, Barcelona, que ha anat perdent gas, empenta i pes específic. El cert és que hi ha símptomes preocupants. Un indicador són les façanes encrostonades i les diverses morts causades per

1. Qui defensava A. Negre quan declarava que les autopistes de peatge no es poden redimir ni rescatar? Els seus afiliats que paguen la quota obligatòria o les filials de La Caixa que l'han collocat de titular de la Cambra, sempre que serveixi els seus interessos i no pas els dels empresaris que són víctimes dels peatges? El mateix es pot preguntar també al Foment, al Círculo de Economía i, sobretot, al RACC que, contra natura, no defensa l'alliberament del seus socis sinó la perpetuïtat del greuge del peatge. Al RACC li hem de demanar allò del «*What side are you on, brother, what side are you on?*» És a dir: A quina banda jugues? A la dels teus afiliats i de l'interès general o bé a la de protegir els interessos de La Caixa, que comparteix amb el Club el mateix president honorari, el mundialment criticat J. A. Samaranch?

les «esllavissades» de trossos de balcons. És a dir, pel fracàs del «Barcelona posa't guapa» dels Jocs Olímpics i la incapacitat de manteniment de les obres realitzades ara fa només sis anys. La ronda de Dalt, per exemple, és denunciada constantment pel seu estat d'abandonament, les palmeres mortes (per cert, qui s'hi deu guanyar la vida en el subministrament desmesurat de tanta flora no autòctona?), les tanques trencades, la brutícia acumulada i, en general, una visible degradació, només superada per la deixadesa del túnel de la Rovira.

Fa riure, en aquest sentit, el cofoisme de Turisme de Barcelona que ens vol fer creure que som la Meca del turisme del món mundial. Joan Gaspart i Raimon Martínez Fraile parlen de la insuperable marxa de l'ocupació hotelera a la ciutat. I és ben cert que en aquest país de macrocefàlia barcelonina s'ha corregit molt l'absència de la capital en el moviment turístic que fins al 92 va ser totalment irrisori. Però tampoc no es poden llançar ara les campanes al vol. De fet, la capacitat hotelera de Barcelona és de 34.000 places, una mica menys que Amsterdam, molt menys que Madrid (53.000 places), la meitat de Berlín, molt per sota de Roma i ben lluny de les 130.000 places de Londres o París.

El parc d'atraccions de Montjuïc s'ha convertit ràpidament en runes i ferralla inservible. El del Tibidabo, tocat per la mà providencial de Javier de la Rosa, també trontolla i ha hagut de tancar «per reformes». Bé, vaja, com deia Víctor Hugo, en aquell poema dedicat a Kio, l'illa dels vins, «*tout est ruine et deuil*». Les rondes ja no donen l'abast per absorbir el trànsit i l'escarransida part del litoral, amb els seus dos carrilets, és un col·lapse permanent. Tot un exemple de visió de futur! Afegim-hi l'error de càlcul de l'arquitecte que va fer el tram del Moll de la Fusta sense haver mesurat allò que se'n diu el gàlib dels camions, cosa que naturalment (6.000 milions de pessetes més tard) va obligar a refer les obres a l'escala que permet el pas dels vehicles industrials. De manera que, poca broma i gens de rialleta quan l'autovia del 92 a Andalusia s'ha de refer tota nova per haver calculat malament els estudis geotècnics. Que «*en todas partes cuecen habas*».

Estem ben bé allò que se'n diu de *mala pata*. Almenys amb la inacabada Pota Sud, per l'Eix del Llobregat, pels impracticables accessos a la Costa Brava, pel desviament del riu en el Pla Delta o per aquest Eix Transversal que just després de la inauguració ja comença a patir d'estrangulament. I sobretot comencem a ser testimonis de la insubmissió dels habitants de Vallirana i de Cervelló que tallen la N-240 per a protestar que els costi una hora i mitja fer un recorregut de 16 quilòmetres fins a Barcelona qualsevol dia feiner. Han provat de passar a primera hora del matí el pont per damunt de l'autopista per anar a Sant Joan Despí, com ara per exemple, a TV3? Déu sempre dóna faves a qui no té queixals, però no sembla que l'Estat hagi de fer primer les autovies allà on no hi ha circulació i que negui, en canvi, les inajornables obres públiques de les zones creadores de la riquesa que permet de finançar les carreteres de la resta del país.

Hi ha qui diu que la vitalitat s'ha desplaçat, com els habitants i els contribuents, a l'àrea metropolitana. Òpera a Sabadell; jazz, teatre, hoquei i castellers a Terrassa, pallassos a Cornellà, Tecla Sala a l'Hospitalet, etc. Però la trista realitat és que Madrid s'ha aprofitat d'aquella distribució de papers entre «*Roma la magna* (la *mangia*, és a dir, s'ho menja, en pronunciació napolitana), *ma Milano la paga*». Perquè ja és clarament i de forma aclaparadora la capital política, cultural, mediàtica, econòmica, industrial i financera de l'Estat. És Roma i Milà a la vegada, mentre que a nosaltres ens queda el consol de constatar que als països decadents es pot trobar una bona qualitat de vida. Almenys, de moment. Resignem-nos doncs a tenir una ciutat barreja d'Inserso, i balneari que ni tan sols pot naufragar per culpa de l'estancament generalitzat. Igual com la pau dels cementiris no és pas la més aconsellable, tampoc la bassa d'oli de la paràlisi no interessa gaire.

Això sí, Barcelona té una qualitat de vida ben envejable i un clima tan agradable com la nostra gastronomia. Vegi'n, si no, el que ens diuen els amics de Madrid quan ens visiten per motius turístics: «*Barcelona os ha quedado preciosa. ¡Qué bonita está la zona del puerto, oye! ¡Qué agradable todo para venir de compras y hacer un poco de gastronomía!*»

Els barcelonins són perdedors

Barcelona ha perdut més de 200.000 habitants des dels Jocs Olímpics del 92. La gent toca el dos cap a refugis de més fàcil defensa. Això que fa que, en virtut del principi que som menys a repartir, encara se'ns incrementi més una pressió fiscal que ja era excessiva. Ho sabien que la previsió per al 99 és que a Madrid, amb 3 milions d'habitants, es recaptaran 164.000 milions de pessetes, mentre que a Barcelona, amb només

1,5 milions d'habitants, els ingressos fiscals seran de 115,495 milions? O bé que el percentatge dels ingressos impositius sobre el valor afegit brut ha estat a Barcelona l'any 98 d'un 2,46, mentre que a Madrid es va limitar a un 1,49 i a Bilbao a un 1,70? Per acabar-ho d'adobar, el tipus impositiu de l'impost sobre béns immobles (IBI) va ser en el mateix any d'un 0,890 contra només un 0,512 a Madrid. I ja per irritar encara més el lector que tingui alguna modesta propietat, convé que sàpiguen que la quota sobre una base imposable (valor cadastral) de 5 milions de pessetes és a Barcelona de 44.500 pessetes, contra les 25.600 de Madrid. En cas que la base sigui de 15 milions, la quota corresponent a Barcelona és de 133.500 pessetes contra les 76.800 de Madrid.

Un barceloní paga al seu Ajuntament una mitjana de 76.880 pessetes l'any, mentre que un sevillà n'aporta 40.840; un valencià, 45.645; un madrileny, 48.708, i un saragossà, 57.358. I, a canvi, hem de patir els ruixats i els aiguats de finals del 98 que van paralitzar la ciutat. Inundacions a l'autovia de Castelldefels, a la Pota Sud i a la ronda de Dalt, talls de subministrament elèctric, avaries dels telèfons d'emergències com ara les ambulàncies (061) i els bombers (080), etc. I tot això sense que ens hagués afectat El Niño o l'huracà Mitch. Simplement perquè havia plogut d'una manera perfectament previsible i naturalment imprevista.

Al mateix temps, l'aeroport de Barcelona va perdent terreny en importància relativa pel que fa al moviment de càrrega i el que és més greu encara, l'any 98, fins i tot ha baixat en termes absoluts. Amb una capacitat de 600.000 tones anuals, només en mou 58.000. Si volen comparar, Schiphol (Holanda) arriba a 1,2 milions de tones; París CDG (és a dir, un sol aeroport) en fa 866.000, i sumant-li Orly passaria d'1 milió; Heathrow en fa 654.000 i Zuric 472.000. Les culpes són d'AENA i d'un servei duaner insuficient, però també d'unes administracions que han estat incapaces de corregir aquest estat de coses en uns moments en que el mercat europeu de nòlits (allò que abans en deien *fletes*) de càrrega aèria creix al 44 % interanual acumulatiu.

L'aeroport del Prat també perd diàriament uns 1.500 passatgers de vols internacionals. Durant els primers nou mesos del 98 el nombre de viatgers que es van veure obligats a agafar vols de llarga distància passant per Frankfurt, París, Schiphol, Londres i Zuric va ser de 170.000 amb destinació a Amèrica Llatina, 186.000 als EUA. i 55.000 als països asiàtics. Ibèria i AENA han jugat a saturar Barcelona de vols regionals i a no tenir *slots* (drets de vol) transoceànics amb origen a Barcelona. És a dir, que amb un silenci consentit ens hem deixat arraconar cap a la condició marginal d'aeroport complementari i despenjat de les grans rutes internacionals. El nostre paper és finalment el de reagrupar petits contingents de passatgers locals i facturar-los cap a Madrid-Barajas, que sí que té tots els enllaços amb el món exterior. El Col·lectiu J. B. Boix tem que quan arribi la tercera pista ja no serem a temps de recuperar la finestra aeronàutica per treure el cap a l'exterior i no quedar fora dels grans circuits a través dels quals es pot estar present en el món globalitzat del dinamisme i del progrés. D'això que ens ha passat sí que se'n diu *deixar-se tallar les ales*, sobretot les que duia als turmells Mercuri o Hermes, el déu del comerç.

El port, importa?

Al port també es va tancar l'exercici del 98 amb una reculada del tràfic de mercaderies del 0,69 %. Una part de l'explicació rau en el fet que ningú no es va ocupar de consolidar la Llotja de Cereals de Barcelona quan Ronald Reagan va declarar la guerra de la soja i del blat de moro a la Comunitat Europea. Ens vam deixar portar mansament a l'escorxador en benefici dels interessos francesos quan, en realitat, els nostres interessos consistien a anar de bracet amb els americans. Però se'ns va convertir en moneda de canvi per obtenir determinats suports de França en d'altres esferes ben allunyades dels cereals i dels pinsos. Així, doncs, pel que fa al transport de mercaderies per via marítima, anem fent la viu-viu per darrere d'Algeciras[2] en containers, de Bilbao i Tarragona en petrolis, frec a frec amb València, que ja ens està enxampant com a port que és de Madrid.

Cal reconèixer, però, que el nou equip de gestió portuària ha donat impuls al tràfic de passatgers, als creuers (que no són gaire negoci per al port encara que sí que ho són per al turisme de la ciutat), al Maremàgnum, a l'Aquàrium, al World Trade Center i a tot allò que el fan un element important d'atracció de forasters i de visitants locals. Una mica com el Fisherman's Wharf de San Francisco. De totes maneres no és un motor de rellançament econòmic, malgrat els lloables esforços de la Zona d'Activitats Logístiques

2. I de Gènova, 45 milions de tones l'any passat, el doble que Barcelona.

i d'altres iniciatives semblants. Amb 12 milions de visitants l'any, el Port Vell s'ha convertit en un gran atractiu turístic, una mena de parc temàtic, una zona de lleure i un centre comercial. Ara s'hi afegiran instal·lacions hoteleres i blocs d'oficines i tot això està molt bé, però no ens pot fer oblidar l'assignatura pendent de potenciar el transport marítim i de liderar projectes que tinguin efectes multiplicadors sobre el creixement econòmic. El que no podem fer, per tant, és plànyer-nos que s'hagin reduït les exportacions de ciment o de potasses sense esforçar-nos per obrir alternatives a fi que quan arribi el TGV ens trobi en disposició de reaccionar i ben preparats per assumir els reptes del futur. Del binomi port-aeroport depèn en gran manera el nostre desenvolupament immediat. *Mutatis mutandis* i en petit, hauríem d'inspirar-nos en el model holandès, basat en el port de Rotterdam i l'aeroport de Schiphol, a part d'una xarxa d'autopistes que vertebren els nuclis de la conurbació central amb la resta del territori. Si no aconseguim de fer quelcom que s'hi assembli, haurem de rebaixar les nostres ambicions. Jugarem a segona divisió o a la Copa de la UEFA, en lloc de la Champion's League, cosa que, segons com es miri, és una pena, però tampoc necessàriament una desgràcia irreparable. Ja se sap que els pobles feliços no tenen història i que, amb santa resignació, als països mitjanets també es pot anar tirant de la rifeta i viure-hi de manera raonable.

Vestits a mida

A l'hostaleria de Barcelona li passa una mica com al port. Es consolida com a destí de vacances, però perd, en canvi, terreny pel que fa a visitants en viatge de negocis o a participants de fires i congressos. Dels 7,4 milions de pernoctacions del 98, un total de 4,7 milions eren de turistes purs que no venien per feina. El nombre total de visitants va quedar per sota dels 3 milions. En termes relatius, els visitants per negocis van baixar un 15 % en relació amb el nivell de l'any anterior. Total, que es va perdent pistonada.

En aquest mateix sentit es va pronunciar el director de Telefònica a Catalunya, el senyor Canals, quan va indicar que l'any 96 la ciutat de Barcelona va batre tots els rècords de telèfons donats de baixa per falta de pagament amb 65.000 cancel·lacions. Era també un exercici en el qual hi havia al terme municipal més de 2 milions de metres quadrats d'espai d'oficines sense llogar. Dos indicadors del panorama previsible que ens espera de cara a un futur que passa necessàriament pel sector de serveis. I dues motivacions per a les requalificacions urbanístiques que s'han concedit a tot un seguit de promotors a fi que en lloc de les oficines inicialment previstes puguin optar per encara més centres comercials, grans superfícies i habitatges. Un exemple ben llampant d'aquestes reconversions és el cas de Diagonal Mar.[3] De vestits a mida, però, se n'han fet molts més.

3. Les peripècies del projecte Diagonal Mar que, a finals del seu mandat com a alcalde, Pasqual Maragall mostrava als visitants com a iniciativa prioritària, emblemàtica i estel·lar, han estat

I potser el més espectacular és el que es va ajustar als interessos de Gooch Ware Travelstead a expenses del grup Sogo del Japó, que va pagar els plats trencats per haver confiat en les autoritats locals i haver-se llançat ingènuament a la piscina o al pou sense fons de les pèrdues de l'hotel Arts i de les galeries comercials. Uns números vermells que caldrà compensar parcialment amb el trasllat del Gran Casino de Sant Pere de Ribes al Port Olímpic.

---

múltiples i diverses. Ja van començar amb la compra dels terrenys. Primer els de MACOSA que va pilotar Eduardo Santos, exsubsecretari d'Indústria i home de confiança de Carlos Solchaga, que quan el reclamava la justícia com a imputat deia que no li anava bé d'anar a declarar, perquè havia traslladat la seva residència a Miami. L'afer va esquitxar el banc Central i el seu president Alfonso Escámez i va fer ric el polític transformat en *broker*. Amb aquesta operació i d'altres de semblants, Santos aplicava la seva expe-riència ministerial a reconversions industrials i reestructuracions d'empreses, i exercia la seva influència en la solució més rendible de casos particulars. En demanar-li un periodista si era veritat que havia sortit de l'Administració sense ni un ral i que poc temps després ja havia acumulat un patrimoni de 2.000 milions de pessetes, respongué que sí, que no es podia queixar, i que efectivament havia tingut un bon any.

El segon episodi va ser la venda de la resta dels terrenys propietat de la família Vidal, en la qual van intervenir els germans Alfredo i Ricardo Saenger. En totes aquestes operacions, els canvis de titularitat solen anar acompanyats de requalificacions o enriquiments sobtats, però el cas que comentem va ser un frau immobiliari i fiscal ben peculiar. En efecte, els processats van utilitzar com a tapadora un disminuït mental i, a part de cometre la baixesa de fer-li signar uns papers, el van enviar a Caracas amb falses promeses i convençuts que no en sortiria viu, atès que l'havien adreçat a la barriada més delictiva i violenta de la capital

Fer Fira o fer figa

Un altre capítol en el qual Barcelona havia exercit el lideratge en el passat i que ara s'ha perdut és el de la Fira de Mostres. L'any 79, els certàmens de Montjuïc encara tenien una autèntica projecció internacional i no havien de competir amb cap rival significatiu a la resta d'Espanya. L'equip presidit per Josep Riba Ortínez havia creat Alimentària i Construmat, i la Fira Internacional del mes de juny FIB encara era la més gran, amb més espai ocupat, més expositors, més pavellons oficials i més visitants de tot l'Estat. Però els especuladors encapçalats per Figueras Bassols van aconseguir totes les complicitats necessàries per apoderar-se de la Cambra de Comerç i de la Fira en una d'aquestes farses electorals que s'organitzen els empresaris amb votacions

---

veneçolana. El pobre home va ser víctima d'un atracament i va deambular perdut i sense diners durant vint-i-cinc dies fins que, en veure una sucursal del banc Exterior de España, va decidir d'entrar-hi a demanar ajut. D'allà al Consolat i a la repatriació de la víctima d'una maniobra tan abjecta, tot va anar molt ràpid. I fins a la seva mort en data recent es convertí en l'acusació vivent contra la mena de desaprensius que cometen sense escrúpols aquests delictes de coll blanc.

La resta de la història ja és més coneguda. Se'n va fer càrrec Kepro (filial de l'asseguradora Kemper de Chicago) i es va confiar la promoció a la pintoresca figura de John Rosillo. Després la companyia Zürich va comprar la Kemper i va desistir de tirar endavant el conjunt d'oficines, habitatges i l'inevitable centre comercial que, a costa dels botiguers d'empresa familiar, sempre assegura els guanys i els beneficis. I, finalment, amb els corresponents retocs de requalificacions i nous permisos, es va fer càrrec del negoci l'empresa nord-americana Hines. Tant de bo que hi hagi un final feliç.

del 0,5 % del cens d'afiliats. I en fer-se càrrec de la Fira, els nouvinguts van destruir i dispersar l'equip directiu amb la mala fortuna que algun dels més destacats dirigents de l'entitat, quan va ser foragitat, fitxés per la llavors inexistent Fira de Madrid, amb l'encàrrec de fundar-la i posar-la en marxa.

El resultat és ben visible. Fa vint anys, la Fira de Madrid no existia, però actualment IFEMA ha superat Barcelona en tots els sentits. Ha construït un recinte amb pavellons d'alta tecnologia que és molt millor i més gran que el nostre. A més a més, disposa com a annex d'un Palau de Congressos que també és competitiu amb els capdavanters d'Europa. Tot i haver arrancat de zero, ja organitza més salons que Barcelona, l'ha superat en facturació, nombre d'expositors o visitants i qualsevol altra magnitud comparable. I aquí, entre nosaltres, volem fer veure que no ha passat res i que, naturalment, som els millors. Caldrà, doncs, sentint-ho molt, trobar el nen que digui, amb tota innocència, que el Rei va despullat encara que, pobret, l'acusin després de ser un mal català, un barceloní deslleial o, com diu Josep Lluís Núñez dels socis del Barça que el critiquen, unes persones febles i uns pecadors desviats (*sic*). I caldrà ferho, perquè sense un diagnòstic correcte no hi ha curació possible i perquè el cofoisme i l'autocomplaença que tracta de desvirtuar la tossuda realitat només poden conduir al fracàs i al ridícul més absolut.

Per si tot això no fos prou, ara la Fira s'ha embarcat en una operació absurda. En lloc de posar al dia, restaurar i modernitzar allò que en deien *el marc incomparable* de Montjuïc o de trobar un emplaçament alternatiu, s'ha optat per la solució esquizofrènica del doble recinte i d'una pretesa expansió al polígon Pedrosa de l'Hospitalet. Per què no s'ha refet el conjunt de l'Exposició Universal del 1929 tot seguint els models que han funcionat amb èxit a Milà o Basilea? No se li ha acudit a ningú que tenir unes instal·lacions al costat d'un tren de rodalies, una parada de metro, l'estació de Sants i un servei d'autobusos és un privilegi extraordinari? No s'han adonat els experts que uns edificis de cartró pedra que van ser construïts només per durar el temps d'una manifestació irrepetible no poden seguir essent utilitzats setanta anys més tard a base de simples retocs i de tapar les goteres? Que no ho van veure clar quan els aiguats del desembre del 98 van fer caure el voladís del Palau d'Alfons XIII, obra de Puig i Cadafalch, que va ferir un ciutadà que passava pel carrer? Amb quina autoritat moral pot ara l'Ajuntament multar els propietaris de finques urbanes perquè els desperfectes de les façanes han causat la mort de vianants? Qui vigila l'inspector? Qui ha de castigar l'Ajuntament que en uns edificis de la seva titularitat i que, a més a més, són patrimoni arquitectònic catalogat, no s'ha preocupat mai de revisar l'embús de la sortida d'aigües de la teulada ni d'apuntalar uns elements decoratius tan deteriorats com visibles des de fa gairebé tres quarts de segle? De totes maneres, la façana escrostada i l'accident el que fan és posar en relleu la passivitat dels responsables pel que fa al desgast, l'erosió, l'obsolescència i la caducitat d'unes infraestructures creades amb caràcter efímer i provisional i, després, durant molts anys, només apedaçades per anar sortint del pas amb la ficció d'uns decorats estil Samuel Bronston.

Ara ens diran que hi ha un pla financer per valor de 17.000 milions de pessetes per fer que l'espai de Pedrosa (suficient només per a una fira regional) pugui arribar als 35.000 m^2. Al mateix temps, els informes de la mateixa Fira reconeixen que, per sota de 60.000 m^2 nets i homogenis, no s'hi pot fer res que tingui cap sentit. Vol dir que en uns anys crucials en què Madrid s'amplia encara amb dos pavellons suplementaris, la capacitat de reacció consisteix a diferir indefinidament unes obres que no tenen el finançament assegurat i que per la seva lentitud d'execució són la millor prova de resignació dels qui se senten incapaços de redreçar l'actual situació d'inferioritat.

Curiosament, als òrgans de govern de la Fira de Madrid hi participa la Caja Madrid, que també hi aporta una part del capital i un finançament privilegiat. Aquí, en canvi, l'apàtrida Caixa de Pensions no s'ha solidaritzat mai amb el projecte, excepte per col·locar-hi encàrrecs directius algun empleat distingit de la seva constel·lació empresarial. I més curiosament encara, Jordi Pujol va aprovar uns estatuts de la Fira que feien expressa renúncia dels poders que l'Administració central havia tingut abans a la Fira, com el dret de veto, i ha concedit, en canvi, totes les facultats a l'Ajuntament. Per què se li va permetre, a Figueras Bassols, una subversió com aquesta, que ha tingut lògicament la conseqüència que la Generalitat s'hagi desinteressat pel tema i s'hagi distanciat d'una operació monopolitzada per l'Ajuntament i una Cambra de Comerç hipotecada pels negocis privats o els problemes dels seus dos últims presidents?

Per cert, posats a preguntar pels motius d'unes decisions inexplicables, també podríem demanar: per què

Pujol va signar igualment un decret que autoritzava Figueras a destituir el secretari general de la Cambra de Comerç (un càrrec regulat per llei) que, a més a més, era un home competent i honest? Era en Josep M. Calpe, que va ser apartat amb aquesta explicació: la Cambra havia perdut empenta i dinamisme en relació amb l'etapa anterior, sense afegir, però, que en la brillant etapa precedent en Calpe ja era secretari general. I, per tant, que l'únic canvi al qual es podia atribuir la decadència era la designació de Figueras com a nou president. Josep M. Calpe va ser víctima de la seva incorruptible honestedat i segurament ha recordat moltes vegades allò que diuen a Itàlia: «*Quando nel mondo la canaglia impera, la patria degli onesti è la galera.*»

En tot cas, el fet és que la FIB, que ocupava el primer lloc del rànquing firal espanyol l'any 79, va desaparèixer dos anys més tard. I que des del 79 hem passat vint anys de pertinaç sequera. No s'ha creat ni una sola fira nova realment important, mentre que Madrid n'organitzava una cinquantena. En època franquista es van fer el Saló de l'Automòbil i el Nàutic. La transició va propiciar Construmat i Alimentària. I, després, la paràlisi, l'administració de l'herència rebuda, la rutina, la inèrcia i la gestió sense imaginació. Burocràcia de victòria en victòria, a la derrota final.

Alguna cosa més que «pipicans»

Constatem, doncs, que hem passat de líders a furgons de cua. Per exemple, en el temps que es triga a muntar i desmuntar una fira, que és de setze dies a Barcelona i només dotze a Madrid. Això fa pensar en el rècord de Don Juan Tenorio, que presumia de dedicar cinc dies a cada dona: un per descobrir-la, un per seduir-la, un per posseir-la, un per abondonar-la i un per substituir-la. Però ara i aquí, el Tenorio o el «*speedy* González» és Madrid i no pas Barcelona.

En fi, temps era temps que un editorial de *La Vanguardia* feia caure un ministre de Madrid. I ara, amb prou feines se'l llegeixen. Hi havia també el Liceu, però es va cremar. El Barça era més que un club i ara intenta ser un negoci. Les indústries culturals marcaven la pauta, mentre que ara només les editorials resisteixen, tot i que l'aparició de la multimèdia de fora podria descol·locar-les. I, finalment, la Borsa de Barcelona ens diu que va creixent, i és cert que ha passat d'una quota del mercat espanyol del 5,6 % el 93 a un 16,6 % l'any 98. Però el cas és que bancs, caixes i societats de valors segueixen menystenint la Borsa de Barcelona en favor de la de Madrid. Les entitats catalanes només tramiten l'11,5 % de les seves ordres a través de Barcelona, fins al punt que una Caixa catalana (saben quina?) té la seu central de la seva societat de valors a Madrid, on va arribar en un moment donat a situar-hi la seva tresoreria. Era, naturalment, la de sempre. Vol dir, per tant, que la petita expansió enregistrada és senzillament coseqüència que la Conselleria d'Economia i Finances hagi fet servir el deute de la Generalitat per impulsar una borsa que ni amb aquestes crosses acaba d'aixecar el vol. De res no van servir els discursos de l'Associació Barcelona Centre Financer Europeu. Deia un editorial del diari *Avui* que, abans de la seva mort clínica, aquesta entitat va veure com els seus propis fundadors anteposaven els criteris de rendibilitat i fugien cap a l'abeurador madrileny, com a prova definitiva que el nacionalisme disgregador que tant espanta a Madrid té uns límits ben clars, que no coincideixen amb les raons que haurien de motivar realment els recels.

En resum: en contra del que, en un nou episodi de la ciutat del disseny, ens ha dit l'alcalde, el principal problema de Barcelona no és la recollida i el control de la caca dels gossos. En el terreny de l'anècdota trobaríem qüestions molt més greus que els «pipicans» dels jardins públics. Per exemple, la mendicitat coactiva dels semàfors que provoquen perill d'atropellar els qui practiquen l'abordatge, retenció del trànsit, por de les dones que circulen soles o incomoditat, irritació, crispació i molèstia a tothom. Què vol la guàrdia urbana, que deixa els automobilistes indefensos davant d'aquesta agressió psicològica i de vegades física? Que passem de llarg i no ens aturem als llums vermells o que parem a la cantonada anterior fins que no es posi verd el de la cruïlla següent, per poder passar tranquils? Si el que pretén és que ens defensem individualment en règim de llei de la selva, primer que ens deixin de cobrar l'impost de circulació i, a més a més, que s'atengui a les conseqüències del caos que es pot provocar. Facin-nos cas, toquin el clàxon a cada semàfor ocupat. I protestin i presentin recurs quan la grua municipal se'ls emporti el cotxe que no dificulta la circulació i no acceptin de pagar les hores de dipòsit al pàrquing privat de SABA, que un altre cop és una filial de La Caixa. Podríem seguir, però no cal. Que cadascú faci memòria de tants abusos i privilegis, de tantes diferències de tracte en favor dels pode-rosos o dels permisos per fer negocis a la via pública (autoescoles, ambulàncies de centres privats, camions de supermercats, atraccions de fira per a infants, ocupació de carrers per posar-hi carpes com la del Tennis Barcelona per al Trofeu Godó, bloqueig diari del carrer Bergara per treure les escombraries del centre comercial El Triangle, aparcament «oficial» reservat per als estudiants que tenen la sort de ser fills de militar i viure a la residència Muñoz Grandes, etc., etc.).

Barcelona descapitalitzada

Desgraciadament, però, no és aquesta la qüestió. El que ens hauria de fer reflexionar és l'aterratge suau i tou d'una ciutat abans emprenedora i creativa, que ara gradualment va perdent pes, dinamisme i empenta. Això sí que potser ens ho hauríem de fer mirar.

Hi ha encara més indicadors que Barcelona pot estar perdent pistonada. En primer lloc, la reducció del trànsit de vehicles que l'any 98 va baixar un 3,7 %, cosa que significa uns 20.000 cotxes menys cada dia als 18 punts d'entrada a la ciutat i uns 25.000 menys al centre urbà. Mentrestant, al conjunt de Catalunya passa exactament el contrari: el parc d'automòbils creix un 16 % i el consum de carburants un 7 %. En canvi, a Barcelona el punt de màxima circulació és Diagonal-Rambla Catalunya-Via Augusta, amb 97.839 vehicles (baixa un 10,1 %), seguit de Meridiana-Mallorca-València, amb 95.983 (–3,6 %) i Aragó-passeig de Gràcia, amb 91.107 (–5,7 %). D'altra banda, el trànsit de les vuit del matí a les vuit del vespre és regular i estable sense hores punta, és a dir, té un capteniment propi d'una ciutat de serveis que ha deixat de ser industrial.

I, en segon lloc, la Confederació Catalana de la Construcció ens fa saber que, d'ençà dels anys setanta, Barcelona ha anat perdent poder decisori. Un estudi de les 250 primeres empreses espanyoles pel seu volum de facturació (deixant de banda les del sector financer) indica que l'any '71, a Barcelona n'hi havia 82 i que l'any 95 només en quedaven 50. En canvi, en el mateix període, Madrid va passar de tenir-ne 57 a 137 domiciliades a la capital. Pel que fa a la construcció, s'ha passat de comptar amb 3 de les 10 primeres empreses (1971) al fet que totes s'hagin traslladat a Madrid (1995). Segons l'estudi, les causes de la situació són la falta de pragmatisme polític, el creixement del sistema universitari a Madrid, la superior creativitat madrilenya, la fiscalitat adversa de Catalunya, els errors comesos en matèria d'infraestructures (aeroport, ferrocarrils, port, etc.) i la pèrdua de competitivitat de la Fira de Barcelona. Si volem creure'ns les nostres pròpies mentides, podem dir que l'any 96 es van crear a Catalunya 24.277 empreses contra 22.866 a Madrid, però el capital social de les primeres era de 611.000 milions de pessetes i el de les madrilenyes, d'1,4 bilions de pessetes. Tot això sense comptar els bancs i les entitats finaceres que encara farien més desfavorable la comparança.

L'autor del treball, Santiago Montero, arriba a la conclusió que hem traspassat la capitalitat industrial i econòmica a Madrid. El capital invertit a Madrid triplica el de Catalunya i seria injust de dir que la culpa és del centralisme, perquè Madrid ha experimentat un procés de creixement formidable, il·luminat i valent.

Segur que també els catalans haurem comès algun error perquè les coses hagin evolucionat d'aquesta manera. Possiblement el de no saber conjugar la reclamació d'un tracte diferencial amb la conservació de centres de decisió a escala espanyola. Ja ho va dir aquell general insurrecte: de Madrid en farem una capital, de Bilbao una fàbrica i de Barcelona un solar. Doncs vet-ho aquí, ja no som la terra promesa. Només ens ha quedat una administració pública que ha reproduït tots els defectes de la central estatal i que serveix d'agència de col·locació per a joves de Sarrià, amb localitats al Teatre del Liceu, tribuna del Barça, que hagin fet la mili a Castillejos i hagin estiuejat de joves a Sitges o a Caldetes. Un procediment infal·lible per fer perdre l'esperit emprenedor. Bé, vaja, que mentre ens volen presentar com a un dels quatre motors d'Europa (cosa també absolutament falsa), resulta que hem deixat de ser locomotora d'Espanya per passar a ser vagons remolcats. I que en aquests vint anys només han crescut significativament dues empreses: CIRSA i Planeta. Tot un panorama!

4

La mala imatge de Catalunya

Potser cal demanar-se qui és el responsable de la imatge negativa que té Catalunya a la resta d'Espanya. ¿És la COPE amb la seva sistemàtica campanya gens evangèlica de predicar la confrontació interterritorial, el prejudici anticatalà, les visceralitats de l'integrisme fonamentalista espanyolista i les falsetats deliberades que la presenten com el prepotent explotador dels altres? ¿Era l'*ABC* d'Ansón que va passar de declarar Pujol *español del año* a crucificar-lo cada dia d'ençà que, segons ens ha referit el mateix Anson, es van posar d'acord amb en Pedro J. Ramírez i els altres membres de la conspiració per fer caure Felipe González, i que funcionaven sota el nom d'Associació de Periodistes Independents i amb el pretext de defensar la llibertat d'expressió? ¿És el PP, que en la tasca d'oposició, va optar per clavar les puntades de peu al govern felipista en el cul dels catalans? ¿És la mateixa Generalitat, que ha estat incapaç de projectar una visió més ajustada a la realitat, sobretot en els darrers cinc anys?

L'Església

Segurament ha estat culpa de tothom. Però especialment d'unes actituds hostils que, larvades i profundes, surten a la superfície amb qualsevol motiu, per insignificant que sigui. No fa gaire temps, per exemple, que el president de la Conferència Episcopal, Elías Yanes, declarava que els bisbes d'Euskadi no eren dubtosos pel que fa als plantejaments antiterroristes i que fonamentalment les diferències amb els seus germans bascos –que, recordem-ho, a proposta del Consell presbiterial, es plantegen de no acudir als funerals de les víctimes d'ETA– només són petites qüestions de matís. En canvi, afegia a continuació, amb els bisbes catalans sí que tenen diferències i conflictes importants, perquè els prelats de la Tarraconense estan sotmesos a les pressions nacionalistes i això, pel que sembla, els porta pel mal camí. Déu n'hi do!

Errors de negociació

De la mateixa manera, que en el tema Ultrasur o Boixos Nois, Catalunya no pot tirar la primera pedra, també hi ha altres culpes repartides. Per exemple: quan el president Pujol es demana, en una mena d'*Escolta, Espanya* de Joan Maragall revisitat, que quanta gent han de deixar de matar els catalans per ser més estimats a la resta d'Espanya, potser s'oblida de preguntar-se si ell mateix no ha comès algun error en aquest sentit. Els prejudicis, el rebuig, l'animadversió i el recel hi són, i tant que hi són. Però un fenomen tan generalitzat i tan profund no pot ser només culpa exclusiva d'una sola de les parts. Algun error de màrqueting, de presentació, de relacions públiques, o de plantejament s'ha d'haver comès també des d'aquí. Per exemple, quan Pujol justifica i defensa, per al consum interior, el pacte amb el govern central de fora en termes de *dividendos* potser guanyi algun vot a casa, però està contribuint, i de quina manera, a escampar una imatge dels catalans egoistes que abusen dels ciutadans dels altres territoris. Més valdria segurament perdre una mica de clientela i reconèixer la trista realitat: finalment, els pactes de governabilitat s'han fet pràcticament de franc i amb unes contrapartides tan perfectament descriptibles que resulten irrisòries. Quina oportunitat perduda per mostrar la imatge d'una Catalunya solidària i generosa fins a l'extenuació que sacrifica les seves reivindicacions pel bé de la transició, ajorna les seves exigències en honor de la bona marxa de l'economia o aparca la plena aplicació de l'Estatut per facilitar l'entrada d'Espanya a l'euro!

Algú s'ha preocupat d'explicar que l'Estatut va durar del 8 de maig del 80 fins al 23-F del 81? És a dir, fins al dia en què Tejero se'l va carregar mentre obria la porta a la LOAPA i a la lectura restrictiva d'una llei orgànica aprovada en referèndum i signada pel Rei, un Estatut que ha quedat en una epístola moral de bones intencions d'autogovern, en grau de temptativa frustrada. ¿Algú ha fet saber que de cada deu sentències del Tribunal Constitucional sobre conflictes competencials, nou es dicten a favor del govern central en una sèrie que, en divuit anys, com a màxim hauria de quedar en un 51-49 %? ¿S'ha pres la Generalitat la molèstia de comunicar a l'opinió pública que les seves competències exclusives han passat amb una mica de sort a ser compartides, cooperatives, encreuades o coordinades? ¿S'ha fet un balanç de totes les competències d'aquell «peix al cove» inicial que calia fer a corre-cuita i de qualsevol manera (per exemple, amb un finançament insuficient) abans que no es glacés la Bàltica i el vaixell quedés atrapat a port per tot l'hivern, i que han estat després hàbilment recuperades per l'Administració central?

Pensem només en la maniobra de traspassar el Benestar Social i també el Turisme i després crear un nou organisme anomenat INSERSO que s'ocupa del turisme de la gent gran i que, per tant, vulnera d'una sola tacada dues competències exclusives.

El contrast amb l'eficàcia negociadora del País Basc és tan evident que produeix una sana enveja. El concert econòmic, el *cupo* i el traspàs dels impostos especials representen un cost pràcticament zero per a Euskadi. A més a més, el seu model policial amb l'Ertzantza desplegada arrodoneix el model que sovint evocava el president Tarradellas quan deia que l'autogovern consisteix bàsicament a cobrar els impostos i tenir policia pròpia. Totes les altres sobiranies compartides francament es redueixen a son de la llarga.

Interessos privats

És ben injust que, malgrat tot, Catalunya tingui aquesta imatge de comunitat insaciable que aplica *el tornillo sin fin* de la reivindicació permanent. I és un gran fracàs del govern de la Generalitat que justament el donant de sang quedi, a més, com a vampir. Però és que sovint tots els esforços que caldria esmerçar en la defensa i la promoció dels interessos generals del país es dediquen de manera preferent a la protecció d'interessos particulars, privats i sectorials. En dates recents, hem assistit, per exemple, al cas del *medicamentazo,* derivat de les insuficiències de finançament de la Sanitat. El govern de la Generalitat ha plantejat diverses fórmules que van des del copagament, és a dir, els vint duros per recepta, fins a la llista de 800 productes farmacèutics exclosos de la llista de la Seguretat Social, allò que en temps d'en Franco se'n deia el *petitorio*. Ingènuament, els polítics de CiU van sortir davant l'opinió pública, i especialment dels jubilats i pensionistes com els qui propugnaven les retallades amb tota la càrrega d'impopularitat que això comporta. Finalment, però, van acabar fent l'aferrissada defensa dels laboratoris farmacèutics catalans que fonamentalment produeixen especialitats de baix nivell terapèutic.

El resultat és que Laboratoris Ferrer, Uriach, Esteve, Almirall, Prodesfarma, etc., es van salvar dels perills que els amenaçaven, però que els altres membres de la patronal Farmaindustria, i molt especialment les multinacionals instal·lades a Espanya, es van queixar amargament del fet que per protegir mitja dotzena d'empreses familiars catalanes que fan una recerca diguem-ne que no és de primera divisió, a tots els hagi caigut una rebaixa dels preus generalitzada. Un motiu d'antipatia, no hi ha dubte, però sobretot una prioritat que afebleix qualsevol altra reivindicació que per a la millora de la sanitat es pugui fer des de la Generalitat. Perquè és evident que si cremes els cartutxos en defensa d'uns particulars, després ja no els pots fer servir davant el mateix interlocutor per lluitar en favor de l'interès general.

¿Serà, potser, que aquestes empreses privades donen un gran suport al nacionalisme català, al finançament de CiU o a nobles causes del catalanisme polític? Potser n'hi ha un parell que voten Pujol a les autonòmiques, però la cosa no va més enllà. És un estil de govern, un tarannà i una manera de fer que consisteix a deixar córrer les grans reivindicacions nacionals a canvi d'actuar de gestoria de petits interessos privats urgents i peremptoris.

Ferrers i caixers

Curiosament, el més beneficiat de tots els «nostres» farmacèutics va ser Carles Ferrer Salat, un home que al seu pas per la presidència de la CEOE es va caracteritzar per la seva bel·ligerant actuació en favor de la retallada autonòmica i la constant invocació del principi de la unitat de mercat en contra de les transferències a la Generalitat. De fet, a Madrid ja saben perfectament el que es fan cada vegada que nomenen un català per presidir un sector d'àmbit estatal. És la fórmula més hàbil, barata i senzilla de treure l'espoleta a la Generalitat i de diferir en el temps o aigualir les competències de l'Estatut. D'altres exemples d'aquesta utilització han estat els casos ben notoris de Figueras Bassols a les Cambres de Comerç, de Pedrol Rius amb els advocats, de Duró amb els arquitectes, etc., etc. I a casa nostra són molts els qui cauen al parany per vanitat, per convicció o senzillament per interès, vist que és al centre on es continuen remenant les cireres de la manera habitual, en la direcció tradicional i a favor d'uns territoris i en contra d'uns altres.

Per cert, el senyor Ferrer Salat va col·locar el Banc d'Europa que presidia ben bé a la vora de la fallida, que s'hauria produït inexorablement si el seu estimat cosí Josep Vilarasau Salat, director de La Caixa, no hagués comprat l'entitat financera a fi d'evitar una situació familiar tan enutjosa i de mantenir el seu consanguini en segon grau com a president del Banc que s'havia ensorrat sota el seu propi lideratge. És clar que tots dos anaven molt ben avinguts i que compartien el privilegi de ser nebots del difunt Lluís Salat, Gran Mestre de la Lògia Maçònica d'Espanya, que sempre els va donar un cop de mà en el moment oportú. La carrera d'en Josep Vilarasau és ben il·lustrativa d'una versatilitat envejable i d'una camaleònica capacitat d'adaptació als temps nous. Director general del Tresor, de CAMPSA, de Telefònica i de Política Financera durant la Dictadura franquista, va aterrar a La Caixa en el moment oportú i s'hi ha mantingut malgrat la transició i el restabliment de la democràcia. D'aquesta manera controla el principal nucli de poder fàctic, polític i real de Catalunya sense passar per les urnes, sense respondre davant de ningú, sense estar subjecte a cap mena de control i sense banyar-se en les aigües de cap Jordà de purificació democràtica.

Doncs bé, ell també ha estat el beneficiari d'algunes actuacions de la Generalitat en favor d'uns interessos privats i en detriment de les aspiracions més generals del conjunt dels ciutadans de Catalunya. Només cal evocar l'afer de les primes úniques, aquell gran engany de La Caixa als seus impositors (abans anomenats *imponents*) quan els va prometre opacitat fiscal i, després de col·locar-ne 2,6 bilions de pessetes entre els petits estalviadors i aquestes tietes nostres que són l'equivalent de les

Matildes madrilenyes, els comunicà que tot era mentida i que havien de pagar a Hisenda. Al BBV, per exemple, a través de la seva filial Euroseguros, li va caure pel mateix concepte una multa de 45.000 milions de pessetes. Vol dir que si a La Caixa li hagués passat el mateix, el resultat hauria estat de més de 200.000 milions, és a dir, la ruïna de l'entitat. Així doncs, es van haver de mobilitzar totes les energies a fi d'impedir i evitar el desastre. Un Samaranch preolímpic, en condicions de fer favors, i un Pujol raonable i disposat a moltes renúncies, van fer el miracle. Després, també el Banc de Santander s'escapava del tema equivalent de les cessions de crèdits i posava en evidència que el missatge justicier del recaptador Borrell era de cara a la galeria i prou. Una vegada més, doncs, a Madrid van apreciar que les forces polítiques catalanes es posen en marxa molt més pels interessos concrets que no pas pels del conjunt del país. I això a ells ja els va bé, perquè els surt molt més barat, els evita d'haver de corregir les discriminacions, i, a més a més, els dóna arguments per criticar els fenicis insaciables que no paren de demanar favors sectorials.

Un cas més recent ens confirma aquesta manera de fer. Es tracta de la liberalització del gas que el govern central volia tirar endavant, en benefici de les empreses que volien trencar el monopoli, però també per la mateixa regla de tres en benefici dels usuaris i consumidors. I és clar, ha resultat ser la gestió de CiU i del govern de la Generalitat la causant de que ens quedin quinze anys més de moratòria, és a dir, de monopoli a favor de Gas Natural. I ja hi tornem a ser amb l'odi i la reacció negativa d'ENDESA, CEPSA i *tutti quanti*, i la dels ciutadans de la resta de l'Estat que se senten mercat captiu d'uns catalans que els exploten. Mentrestant, el govern de Madrid es frega les mans, perquè en realitat la participació de La Caixa en el negoci del gas és només la meitat de la que hi té Repsol amb Alfonso Cortina, íntim amic de José María Aznar, a la presidència. Conseqüència: la mala imatge per als catalans, els beneficis per als madrilenys.

Una vegada més fallen les explicacions i hom es demana com és possible que una entitat de tanta altivesa i menyspreu pel poder polític català rebi uns ajuts tan inequívocs i tan decidits. ¿Com és que en el túnel del temps i la moviola, la mateixa gent del franquisme segueix al front de la peça clau d'un país mancat de poder econòmic propi i de centres de decisió situats a casa nostra? Descartat el component maçònic de l'oncle de l'incombustible titular, no ens serveix tampoc la incorporació de gent de l'Opus Dei entre els adjunts i aspirants a hereus. Curiosa barreja, per cert, de blaus del Movimiento i tecnòcrates de l'Obra com en els millors temps del Pla d'Estabilització, oi? Ni tampoc ens val que La Caixa vagi concedint crèdits als partits polítics i després els condoni (i perdonin l'expressió). L'últim cas que es va fer públic eren uns 1.800 milions al PSC-PSOE que no caldrà tornar. Sí que té, en canvi, algun sentit que des de Madrid es doni suport a la permanència dels actuals dirigents, atès que s'han prestat a ser disciplinats instruments del drenatge de capitals catalans al servei del centralisme.

És que som tan mesells que ara ja fem tots sols allò que abans era forçat. Ens han ensinistrat tan bé que en sentir la campaneta de Madrid a La Caixa ja fan salivera i se'n van corrents a fer de membres del consell d'administració de la capital amb els nostres calers, mentre aquí fem més badalls que rots.

Ai, COI!

I potser és el moment de repassar breument una de les més remarcables carreres polítiques, la de J. A. Samaranch. Essent un home compromès amb el règim anterior, la dictadura, ningú no hauria apostat per la seva supervivència com a dirigent o per la seva reconversió ajustada als paràmetres de la nova situació. Però ell ja havia fet una travessa del desert en plegar de delegat nacional d'Esports i reciclar-se des de la presidència del Saló Nàutic de la Fira de Barcelona i després de la Diputació (on va tenir el gest de tornar a col·locar el rètol de Palau de la Generalitat). I sabia marcar-se objectius a llarg termini. Ja quan es parlava en temps de l'alcalde Porcioles de fer una EXPO a Barcelona, Samaranch va dir a Jordi Pujol que allò era una pèrdua de temps i que ell aconseguiria situar-se al Comitè Olímpic i portar uns Jocs a la nostra ciutat. Amb aquesta idea al cap va obtenir que el fessin ambaixador a Moscou i des d'allà es va treballar els vots dels països de l'Est i amb aquest suport va arribar, ara fa vint anys, a la presidència del COI. Val a dir que en aquell temps els Jocs Olímpics estaven molt devaluats. Però Samaranch, home d'escassa formació acadèmica i minsa preparació cultural, però molt llest i dotat de grans intuïcions i molt capaç de treballar en equip, va ressuscitar els Jocs pel mateix procediment que havia emprat per enlairar-se ell mateix: a través d'una sàvia utilització dels mitjans de comunicació. Personalment havia demostrat una habilitat magistral per a la seva promoció gràcies a la premsa esportiva i sobretot dels reporters gràfics, és a dir, els fotògrafs. I de cara al rellançament dels Jocs va fer *mutatis mutandis* el mateix amb la Televisió. Va reunir, per tant, l'esport amb el *show business*.

A partir de Los Ángeles, l'invent va funcionar i tot eren empentes per pujar a bord. Els drets de televisió eren un pastís multimilionari i els països competien entre ells per presentar la candidatura de les seves seus. Samaranch s'havia convertit en el català més universal de tots els temps. Va aconseguir que el rebessin els caps d'Estat i primers ministres, va complir la seva promesa de portar els Jocs a Barcelona i així es va reconciliar amb molta gent. Amb el Rei, per exemple, que no tenia gaire bon record del coqueteig de Samaranch amb el duque de Cádiz, les aspiracions del qual havia recolzat Samaranch impulsat pel seu amic Mariano Calviño de Sabucedo y Gras (l'home que portava el millor abric de tota la llotja presidencial a la tribuna del Barça, amb uns faldons tan grans que, segons explica el professor Fabià Estapé, alguns veïns de seient els feien servir de manta per protegir-se les cames si feia fred). També es va relacionar amb franquistes de l'entorn de Jaume Castells (Banc de Madrid) i es va congraciar amb la Generalitat (medalla d'or), l'Ajuntament i el govern central del partit socialista. Fins al punt que, en trobar-se La Caixa amb el problema de les primes úniques i el perill de rebre sancions gravíssimes el va nomenar president per obtenir el seu suport i el seu blidatge de cara a Madrid, en un moment ben delicat i en què ell tenia la paella de la influència pel mànec. Així, doncs, a dintre i a fora era el rei. Passaport diplomàtic, sales VIP dels aeroports i presència constant a totes les manifestacions esportives del món sencer.

Fins que va esclatar l'escàndol. Va ser a Salt Lake City, la capital de l'estat de Utah i de la religió dels mormons, és a dir, l'Església de Jesucrist i dels Sants de l'Últim Dia. És allà on es va fer públic que hi havia membres del COI que eren corruptes i que es deixaven comprar el vot a l'hora de designar una seu a canvi de regals o favors sexuals, beques, tractaments mèdics o terrenys per especular i fer negocis. I a partir d'aquí es va aixecar la veda i les ciutats que no havien resultat escollides van reclamar que els retornessin els diners que havien esmerçat per presentar-se pensant que hi havia joc net. Al món sencer l'opinió pública va adonar-se que tot allò que l'única cosa important és participar, els ideals de la família olímpica, el *fair play*, la *mens sana in corpore sano*, la pau entre els pobles a través de l'esport, la confraternitat interracial, els himnes, les banderes, les medalles, el pòdium, la flama, la torxa i el jurament se n'anaven en orri. De sobte, tothom va descobrir que el dopatge i la professionalització remunerada havien alterat la presumpta puresa dels atletes. I sobretot, que els espònsors han convertit els Jocs en un negoci tan gran que no podia passar inadvertit ni als corruptors ni als corruptibles del mercat global.

Samaranch ha estat, doncs, víctima de la seva pròpia criatura. Ha muntat un *panal de rica miel* al qual s'hi han abocat els seus propis col·laboradors i al qual no pensen renunciar els qui aporten els diners (Xerox,

Kodak, McDonald's, Hancock, IBM, etc.). Els Estats es demanen per quina raó s'ha de permetre que un grupet d'amics aprofitats que es reprodueixen i nomenen entre ells per insaculació i cooptació portin de manera irregular i tèrbola la gestió d'un tema tan important. Són ja moltes les veus que reclamen que se'n faci càrrec una agència especialitzada de l'ONU. Per què no la UNESCO (Cultura i Esport)? I d'altres com el senador Mitchell (el mateix que va designar Clinton per a la mediació del procés de pau de l'Ulster) recomanen que els governs retirin l'exempció fiscal que tenen concedida al COI. Curiosament, Suïssa, país on té la seu l'organisme, encara no havia perdonat els impostos que corresponien pagar al COI, però es va oferir a fer-ho perquè ha presentat la candidatura pels Jocs d'Hivern a favor de Sion, això sí, amb la condició que es pogués auditar la comptabilitat del COI. La resposta va ser immediata: no, gràcies, preferim pagar impostos.

De fet, el problema de Samaranch ha estat el de no saber retirar-se a temps i d'aferrar-se a la poltrona. Quin contrast amb el que va passar els mateixos dies amb Jacques Santer i tota la comissió de la Unió Europea a causa d'unes irregularitats força més petites! És clar que l'un és un organisme amb un cert control parlamentari i amb presència dels Estats, mentre que l'altre és un cercle tancat que funciona amb la més estricta opacitat i sense respondre dels seus actes a cap instància externa o superior. I és curiós adonar-se que Samaranch és també president honorari del RACC, del qual tots nosaltres en som socis i cotitzants, però no recordem que ens hagin cridat mai a votar junt amb els altres socis per designar la junta directiva. I ben mirat, potser ens agradaria ser consultats a l'hora de dir qui ha de dirigir l'entitat que és, sens dubte, el primer negoci de corredoria d'assegurances d'Espanya i tantes coses més en el camp de les agències de viatge, gestoria, etc.

A tot arreu convé, doncs, la màxima transparència i no les actituds que es van adoptar a l'assemblea extraordinària del COI i que van consistir a enrocar-se en un inútil intent de rentar la roba bruta en família. Massa poc i massa tard! Mentrestant, la Daimler-Chrysler, és a dir, la Mercedes, ja ha trencat el seu acord de patrocini i ja no seguirà regalant els seus automòbils a l'entitat de les cinc anelles. Ho sentiran alguns destinataris de cotxes de segona mà a preu de ganga i amb molt poc quilometratge, que fins ara podien fruir d'uns vehicles gairebé acabats d'estrenar. En temps de la dictadura franquista i de l'autarquia, dels «haigas» d'importació (els grans cotxes americans), els beneficiats en deien un «*gracias, Manolo*»! Ves a saber si d'aquests Mercedes també en diuen «*gracias, Juan Antonio*»!

Els vicis de gestió descontrolada són probablement inevitables en organismes de direcció unipersonal d'excessiva durada. El nepotisme, l'afany de lucre, un entorn de llagoters aprofitats i un concepte patrimonial de la cosa pública vista com a finca privada, no poden conduir enlloc més. Els líders vitalicis consideren inexorablement que tenen dret de propietat sobre l'ens que venen com a obra seva. I així van les coses a l'atletisme amb Primo Nebiolo, al futbol fins fa ben poc amb Havelange o a les competicions de Fòrmula I amb Brian Ecclestone. Fan i desfan sense encomanar-se a ningú i manipulen tot el que convingui. Recordem com Tony Blair hagué d'autoritzar la publicitat del tabac –prohibida per llei– als circuits de curses automobilístiques per la senzilla raó que Ecclestone havia finançat ben generosament la campanya electoral del partit laborista. Una contrapartida que va suposar la primera esquerda del missatge ètic i regeneracionista del New Labour i de la Tercera Via que presumia de voler conciliar empresa i joc net.

No és únicament Blair qui, en els temes abans esportius i ara de negocis, ha tingut males companyies. El COI, per exemple, va servir de pretext perquè les candidatures de Sant Petersburg i Tashkent fessin transferències de diners a comptes privats de països tercers. Els terrenys i el xalet on ara hi ha el Museu Olímpic van ser comprats a André Guelfi, que a la fitxa de la policia francesa figura amb l'àlies de «Dedé el Sardina». A més a més, aquest ciutadà va fer tres viatges acompanyant el president del COI com a membre del sèquit i de la comitiva oficial a l'Uzbekistan. Va ser naturalment rebut per les màximes autoritats, i mentre els prometia suport per obtenir els Jocs aconseguia a canvi un contracte de prospecció petroliera a favor de la tristament famosa empresa Elf-Aquitaine (la que surt denunciada al llibre de l'amant de Roland-Dumas, Christiane Denviers-Jonca, que porta el títol ben suggerent de *La putain de la République*).

El qui llavors era ministre d'Afers Estrangers de Mitterrand, i actual president del Tribunal Constitucional, és acusat per la seva companya sentimental d'haver autoritzat la venda de fragates a la marina de Taiwan a canvi d'uns suborns ben convincents. Segons el llibre, Elf-Aquitaine, que no té res a veure amb el comerç d'armament, fa negocis en aquest camp perquè en el que de debò és experta és en pagar comissions a governs o empresaris estrangers. A Espanya, per cert, després d'un *passing shot* a una societat-pantalla de Luxemburg, van ser els compradors d'Ertoil, filial d'Ercros, de la qual, ves per on, eren consellers Samaranch i el seu fill. Tractant-se de Javier de la Rosa, el fill no podia fallar, ja que formava part de tots i cadascun dels consells d'administració de les empreses del grup Torras sota la direcció de l'empresari model J. R. Allà on també se'l troba fàcilment, el noi, és relacionat amb els *chaebol* de Corea –país, com recordareu, que va obtenir els Jocs Olímpcs de Seúl– i concretament al consell de la Samsung d'Espanya.

Al mateix temps, la policia suïssa està interrogant Goran Takatch, president de l'empresa de relacions públiques MS/Studio 6, amb domicili a Lausanne i especialitzada a dur a terme campanyes de màrqueting a favor de les ciutats candidates. És una sort que Barcelona no n'hagi estat un dels clients, perquè ara s'acusa aquesta empresa de tràfic d'armes, blanqueig de diner procedent del crim organitzat de Rússia i de vendre vots del COI descaradament. Ja que parlem del Comitè Olímpic de Rússia, és interessant de fer constar que fins i tot en un país de corrupció generalitzada, el primer ministre Primakov s'ha vist obligar a parar-los els peus i limitar l'exclusiva que se'ls havia concedit de venda de begudes alcohòliques, a la vista que, a més a més, feien contraban i d'altres activitats *non sanctas*. El president del comitè es diu Smirnoff. Tractant-se de comerç il·legal de destil·lats i de vodka, més que un nom és una premonició. En resum, sembla que als comitès nacionals s'hi pot trobar el bo i millor de cada casa. Com a exemple, més lluny, el representant d'Indonèsia al COI és Bob Hassan, l'íntim amic i soci del dictador Suharto, acusat avui davant la justícia d'haver desviat els diners d'ajut del Fons Monetari Internacional cap el seu banc privat i a la seva butxaca. I també de ser causant dels grans incendis que van representar una catàstrofe a tots els països de l'àrea indonèsica. No oblidem que el principal negoci de Hassan (ell és xinès, però s'ha rebatejat de musulmà) són les explotacions forestals.

A la inversa, Samaranch va intentar també captar gent vinculada a les grans multinacionals. I així, per exemple, va reclutar dos repreentants de la Coca-Cola, el francès Jean-Claude Killy i el kenià Mukora (un dels actuals imputats). Cosa que no ha impedit que l'empresa de begudes d'Atlanta s'hagi afegit a la llista dels espònsors que reclamen un cop de timó. Per altra banda, també va treballar-se la captació de membres de les famílies reials. Va incorporar la princesa Anna d'Anglaterra, Henri de Luxemburg, Nora de Liechtenstein, la infanta Pilar de Borbó i l'esportiu i viril Albert de Mónaco. També tenia en Wilhelm d'Holanda, però Sa Majestat la mare l'ha fet renunciar, en veure que als metges no els agrada l'orina del malalt. I, finalment, va intentar captar l'hereu de la corona espanyola quan ja sabia que estava a punt de produir-se una crisi que estava cantada. Però a la Zarzuela es van adonar que hi havia un intent d'instrumentalització i van declinar una tan «amable» invitació enverinada. De manera que fa ben bé l'efecte que cap de les línies d'apuntalament que s'han intentat, ni cap de les propostes de regeneració des de dintre, es veuen com a viables per falta de credibilitat. I, en conseqüència, les cartes segueixen damunt la taula i la partida continua. Les actuals estructures són anacròniques, estan sota fundada sospita i resulten inservibles, segons proclamen les televisions i els espònsors que aporten els diners i els duríssims editorials de tota la premsa més solvent del món sencer. Sembla, per tant, que ja no s'hi és a temps de fer petits retocs, *liftings* o cosmètica. La refundació o la renovació s'haurà de fer, doncs, de dalt a baix. *Sic transit gloria mundi.*

Per acabar-ho d'adobar, el ministre de l'Interior d'Alemanya, Otto Sehily, va proposar el nom de l'expresident de la República, Richard von Weiszaecker, com a substitut de Samaranch, amb l'argument que cal una personalitat de la màxima intregritat per treure el COI de l'atzucac en què es troba. Segons el ministre, l'assemblea de Lausanne no ha estat més que un petit maquillatge i en cas que els canvis no siguin radicals va proposar que la Unió Europea boicotegés els Jocs. Mentrestant, el *New York Times* deia que Salt Lake City serà per sempre més la Mònica Lewinsky de Samaranch. En resum, que hi ha mala peça al teler.

Quan es té butlla

El *dimicessament* de J. A. Samaranch com a president de la Caixa de Pensions ha posat en evidència els autèntics poders fàctics del nostre país. Tot aprofitant el clam generalitzat als mitjans de comunicació del món sencer contra la corrupció del Comitè Olímpic Internacional, Vilarasau va anticipar la jugada que tenia prevista per a més endavant i va agafar per sorpresa Pujol i la Generalitat. La jugada consistí a foragitar Samaranch sense que la decisió constés a l'ordre del dia. Per fer la feina ben feta, en la mateixa sessió, el director es va fer votar com a president i va entronitzar Fainé i Brufau com a directors generals de l'entitat pròpiament dita i del grup d'empreses participades respectivament.

Un parell de trucades unes hores abans van ser tot el preavís al poder polític constituït democràticament, que figura que hauria de ser el supervisor de qui administra 11 bilions de pessetes d'estalvi de la Comunitat.

Finalment, però, sembla que el conseller Artur Mas, que Vilarasau volia marginar amb la seva oportunista jugada, s'ha formulat algunes de les preguntes que ens hem fet molts dels mortals: com és que la llei fa que no totes les caixes siguin iguals davant la norma?

Primer, per què tots els presidents han de cessar en arribar a l'edat reglamentària i, en canvi, el de la Caixa de Pensions és vitalici? Quina justificació té que se li faci un vestit a mida al més poderós, i que se'l tracti de manera privilegiada?

En segon lloc, cal demanar-se quina és l'explicació del fet que Vilarasau es permeti situar-se per damunt del bé i del mal, mentre que Serra Ramoneda (el seu collega de la Caixa de Catalunya) declara amb humilitat que ell depèn de la Diputació de Barcelona (ara sota administració socialista). Quina butlla li han atorgat per sostraure's a l'obligació de retre comptes a alguna mena de Superioritat?

En tercer lloc, li serà aplicat el que mana la llei, i el que estableixen els Estatuts, en el sentit que la presidència ha de ser honorífica, no remunerada i sense facultats executives? Tampoc no veiem que hagi renunciat als consells d'administració de les societats participades, que no és que siguin remunerats, sinó que són superfastuosament retribuïts.

Encara una quarta observació, i és que a més a més s'ha saltat les regles en nomenar dos directors en lloc d'un, com és preceptiu. Com es pot fer una designació contra llei i col·locar no un membre del propi equip, sinó dos? Com se'ls pot designar de dos en dos per a un càrrec que al consell d'administració només té un vot? Ara sembla que el tàndem deixarà de ser una especialitat del ciclisme i que el veurem inscrit al Registre Mercantil com a fet extraordinari de vot mancomunat de dos amics triats pel mètode dactilar, i que, abans de prendre cap decisió, s'hauran de deixar posar d'acord pel propietari del dit que els va seleccionar i ascendir. I si no, ja ho veurem.

Gastant diners

I mentrestant, la Generalitat bevent a galet i publicant per Sant Jordi un anunci als principals diaris del món que ensenya el mapa d'Europa cap per avall i que diu que som el nord del sud i el sud del nord i no sé quantes coses més. És clar que ja és un cert progrés en relació amb la cèlebre campanya «som sis milions» o a la de l'Ajuntament del «Barcelona, posa't guapa», perquè almenys això de proclamar que no som «*ni chicha ni limoná*» pot cridar una mica l'atenció, suposant que es tractés d'això, mentre que d'altres malbarataments tiren més al dret. ¿Recorden allò de «quan es crema un bosc, es crema alguna cosa seva» o actualment aquests anuncis que, per advertir-nos dels perills del trànsit, fan sortir uns actors a fer la «v» de la victòria en uns espots que costen 2.000 milions de pessetes? I no troben que ni que fos amb l'excusa de les restriccions de Maastricht ens ho podríem estalviar, tot això? Potser fent que algun diputat presentés un dia una proposició de prohibir tota la publicitat estatal amb l'argument que ja ho hem entès que no són campanyes didàctiques que es podrien fer de franc des dels mitjans públics, sinó pur finançament filesià i que ja els hem vist el *plumero*.

És clar que qui no es consola és perquè no vol. Vegin, si no, el que ha passat a Itàlia amb el diari *Avvenire* de la Conferència Episcopal i el mateix *Osservatore Romano*, òrgan oficial del Vaticà, que han sortit a la palestra en contra de l'Olivera, la coalició progressista i del PPI, el partit popular hereu de la Democràcia Cristiana. Tot per afavorir el Forza Italia del multiprocessat Berlusconi i especialment per venjança clerical contra la llei de l'avortament, per coaccionar el govern en les subvencions a les escoles religioses i posar obstacles al projecte de llei de fecundació assistida. I per muntar un nou conglomerat de dretes que inspira descaradament el president de la Conferència Episcopal Camillo Ruini i executa com a delegat seu el capellà Gianni Baget Brazzi, que ja va ser assessor del primer ministre socialista Bettino Craxi, avui amagat a Tunísia, pròfug de la justícia i corrupte deshonorat. Prenguem-ne nota: ara no hi ha remor de sabres, però sí fru-fru de sotanes. I aquestes campanes sonen contra el catalanisme polític, malgrat que Jordi Pujol sigui un creient que s'ha d'empassar amargament les agressions dels qui figura que haurien de donar-li suport. Podria sens dubte repetir aquella frase de Cambó en una reunió de dirigents de la Lliga: «Ja n'estic fins als collons de tots nosaltres.»[1] Això sense necessitat de recordar el tracte que la Conferència Episcopal Espanyola ha dispensat a Catalunya a través de la COPE i del difunt presentador Antonio Herrero.

Com són vistos els catalans

Un dels grans èxits esportius de Catalunya es va produir el juny del 98. El TDK-Manresa guanyà la Lliga ACB de bàsquet sota el lideratge de Joan «Txitxi» Creus, que, amb 42 anys, segueix de líder de l'equip, igual com ho feia el Beckenbauer d'aquella mítica selecció alemanya de futbol. I ho va fer des d'una ciutat petita, des d'un pressupost modest i deixant a la cuneta els multimilionaris del Barça i del Real Madrid. Per cert, cal felicitar els manresans pel bon to i el magnífic estil de les seves celebracions. Cap discurs lacrimogen

1. Ara fa uns anys circulava una classificació una mica anticlerical que dividia els catòlics, tal com va fer Linné amb les classes, ordres, famílies i espècies, en dues grans categories: els *curánganos* i els fidels. Dels primers en formaven part els *sotanosaurios*, *púlpitodontes* i *obispículos*. I del segon apartat, els *meapilas* i els *zampahostias*. Doncs bé, de totes aquestes espècies n'està plena la llista de persones que es mouen en l'òrbita de CDC i sobretot la nòmina de la Generalitat. Això fa incomprensible que Jordi Pujol (tan ben assessorat, figura, en aquestes matèries) se n'anés a Roma a participar en un seminari sobre la família organitzat pel Vaticà sense saber que seria rebut amb un moc pontifici i cardenalici per haver aprovat la Llei de parelles de fet.

model Casaus. Cap escenari per forçar les autoritats a fer ridículs saltirons al balcó de l'Ajuntament. Un sentit de la mesura i de la correcció del qual n'haurà de prendre nota aquest FC Barcelona, S. A. que a molts ens fa sentir vergonya. I s'ha de reconèixer també que Jordi Pujol va estar molt hàbil en rebre el TDK al Palau de la Generalitat. S'ho va fer venir bé per felicitar el veterà Creus i proclamar que l'edat més o menys avançada no és cap obstacle de cara a jugar bé quan es tracta d'un superclasse. Tot un manifest de Pujol contra els qui l'acusen d'estar una mica vell, d'haver esgotat el seu model i de necessitar urgentment la designació d'un hereu i successor de cara al postpujolisme.

Aquest saludable efecte de veure com a les ciutats petites hi pot haver excel·lents resultats no és cap raresa en les competicions espanyoles. Granollers va ser bressol de l'handbol, Terrassa de l'hoquei, Reus de l'hoquei sobre patins, Badalona del bàsquet, Sabadell de la natació, etc. És una cosa admirable, però també el Mèrida, l'Extremadura d'Almendralejo, el Vilarreal i el Numància de Sòria són capaços d'assolir victòries relatives. La cosa només es complica quan es guanya en competicions internacionals. I llavors sí que es posen en marxa els clixés. Arantxa Sánchez Vicario, Carles Moyà, Àlex Corretja i Fèlix Mantilla són «l'Armada Invencible» i la més genuïna expressió de les virtuts racials espanyoles. Ni un sol esment a l'escola catalana de tennis, al RCT Barcelona, al Club de la Salut, al Centre d'Alt Rendiment de Sant Cugat i al Club de Teià. Si és català el qui viu i treballa a Catalunya, ho són al 100 % el mallorquí Moyà, el basc Berasategui i tantes altres estrelles. Però en el sistema teòric de

Madrid mai no s'acompanya el nom dels jugadors amb l'adjectiu *català*. Sí que surt, en canvi, inevitablement en esmentar la pirotècnia financera o el processament i l'empresonament de Javier de la Rosa, «*el financiero catalán*». Ell que precisament no ha volgut mai formar part de la comunitat on es va instal·lar com a fill del funcionari franquista designat secretari general del Consorci de la Zona Franca, on va protagonitzar una sonora estafa de molts milers de milions dels de fa 25 anys, una fuga, una fingida defunció, una prescripció dels seus delictes i un *ritorna vincitore* a Barcelona per fruir dels guanys acumulats.

A Mario Conde, per exemple, ningú no l'ha designat mai com a *financiero gallego*. La cosa és tan subtil que fins i tot a les eleccions primàries del PSOE, quan l'aparell del partit i el seu suport mediàtic volien que guanyés Almunia, el candidat felipista, sempre es publicava que Josep Borrell era català. En canvi, no deia ningú que Joaquín Almunia fos basc. No importa que Borrell sigui jacobí, estatalista, centralista o lerrouxista. El que compta és la connotació de l'adjectiu *català* i la intenció amb la qual s'aplica. Recordin el resultat de l'Operació Reformista. N'hi hagué ben bé prou de fer sortir Miquel Roca a TVE fent discursos en català junt amb el karaoke del subtítol per aconseguir que no guanyés ni un sol diputat a tot Espanya. Una magistral operació dels informatius de TVE i dels mitjans públics de suport mediàtic i afinitat absoluta amb el poder.

Així doncs, els catalans segueixen essent vistos com una plaga bíblica que els espanyols no tenen més remei que suportar amb infinita paciència, cristiana resignació i indiferència ignasiana.

5

Prejudicis de campionat

Un exemple d'actitud

Un episodi força revelador de les actituds vigents va ser la final del campionat d'Espanya de tennis de taula que tingué lloc l'abril del 98 a Valladolid. És ben sabut que els clubs de Bagà i de Vic són capdavanters en aquesta especialitat, els primers amb algun xinès catalanoparlant com a reforç i els d'Osona amb alguna jugadora de cognom amb arrels germàniques, concretament Mònica Weisz, que jugava la final. Doncs bé, el senyor Muñiz, l'àrbitre gallec que dirigia el matx, va expulsar el segon entrenador del Vic, Enric Aparicio, perquè animava la seva jugadora en un idioma que ell no entenia, segons va declarar. En realitat, pel que sembla, el tècnic no deia altra cosa que «vinga, Mònica, vinga, va!». Segurament empipat per aquest càstig fora de lloc, al primer entrenador, Miquel Duran,[1] se li escapà algun gest massa expressiu. I naturalment també fou expulsat,

1. Res a veure, per cert, amb l'exdirector general de l'ONCE, aquell que el jutge Garzón ha deixat en llibertat sota fiança com a imputat per delicte fiscal i apropiació indeguda de 4.200 milions de pessetes en l'operació Tele-5 per compte de Berlusconi. Actualment treballa per als germans Franco en l'operació de màquines escurabutxaques

amb la lògica conseqüència que la campiona perdés la concentració i fos derrotada.

Per dret de conquesta

No gaire lluny del Pisuerga hi ha la ciutat de Salamanca, ja sabeu, aquella antiga seu universitària del *quod natura non dat, Salmantica no praestat* que té, a més a més, la imponent i meravellosa plaça Major que va forçar Napoleó a preguntar: «Però on és la ciutat d'aquesta plaça?» I allà on encara ressonen el «*decíamos ayer*» de fray Luis de León o el «*venceréis, pero no convenceréis*» de Unamuno contra el «*muera la inteligencia*» de Millán Astray, hi ha també un famós arxiu. Justament el lloc on les tropes del general Franco van dipositar la documentació que van confiscar a la Generalitat republicana durant la guerra civil, no pas per facilitar l'estudi dels historiadors, sinó com a material de suport als Tribunals de Repressió que havia muntat la Dictadura, responsables dels afusellaments i condemnes que els vencedors del règim feixista van aplicar als vençuts republicans.

Vet aquí, però, que 56 anys després d'aquella guerra entre germans, un cop recuperada la Generalitat com a govern de Catalunya, amb una parsimònia absoluta i sense cap element de revengisme, es va demanar el retorn dels lligalls que s'havien arrabassat per la força de les armes. I la reacció dels habitants d'una ciutat que és un far de la cultura hispànica i equivalència d'Oxford, París o Bologna, no va consistir a dir: «Ai, sí!, perdonin les molèsties i dispensin que no se'ns hagués acudit a nosaltres mateixos de retornar aquest botí de guerra i de demanar disculpes. Rebin, junt amb les excuses, aquest patrimoni com a mostra d'un esperit de reconciliació i d'una voluntat d'esborrar l'ús indigne que se'n va fer com a instrument de persecució d'un poble oprimit.» No, no. Res de res. Ans al contrari. Ells es van dirigir a la magnífica plaça ja esmentada. Allà hi era tothom, els del PP, els del PSOE, les autoritats... (o atrocitats), mudats, en una fusió interclassista i transversal d'afirmació de les essències. Al crit «*de aquí no saldrá ni un legajo si no es por encima de mi cadáver*», la multitud corejava «per collons» i exhibia pancartes insultants sense cap fissura en una presència massiva i monolítica. I al balcó, com a orador que els representés a tots, la glòria local, l'escriptor Gonzalo Torrente Ballester,[2] ja una mica gagà a causa de la seva avançada edat. Exaltat per les aclamacions d'aquell «*Fuenteovejuna, todos a una*», no es va poder contenir i ens va dedicar la seva frase lapidària. Digué allò que convé tenir present, prenguem-ne nota: que no ens tornarien mai ni un sol document, perquè els pertanyen a «ells» per dret de conquesta. Però als de la meva generació ens hauran de tornar a conquerir. Ja ho deia Manuel Azaña, en un dels seus períodes intermitents d'anticatalanisme: cal bombardejar Barcelona cada quaranta anys.

2. Va morir pocs dies després de lliurar aquest text als editors.

La cara fosca del futbol

Fa talment la impressió que Espanya, com que és un país massa feble per fer-se un enemic exterior, necessita aglutinar-se en el sentiment compartit i les emocions col·lectives d'hostilitat cap a una minoria interior que ha tingut l'agosarament de defensar la pròpia identitat, el seu fet diferencial i sobretot la llengua pròpia. Tot això és el que sura en les congregacions militants, com ara quan els Ultrasur de l'estadi Bernabeu saluden el Barça amb aquell sonor «*Puta Cataluña*». És clar que tampoc no ens ho hem de prendre malament, atès que quan van a jugar al camp de l'aspirina Bayer de Leverkusen, la policia de Renània del Nord-Westfàlia ja no els deixa passar de l'aeroport de Colònia i els repatria forçosament en el xàrter de tornada amb tota la seva simbologia nazi, les seves banderes anticonstitucionals i els seus crits agressius i violents. Sembla mentida que la junta del club els permeti ocupar locals dins l'estadi, els doni entrades per a la revenda lucrativa i els financi els desplaçaments. Potser perquè el president Lorenzo Sanz va començar la seva carrera d'especulador immobiliari com a director de publicitat de la revista *Fuerza Nueva* de Blas Piñar? O simplement perquè tots els grans clubs s'han convertit avui en negocis purs i durs a base dels drets de televisió, del *merchandising* i dels espònsors?

Tinguem present que al Barça també hi ha els violents dels Boixos Nois amb el suport incondicional del president Núñez i l'entusiasme histèric del vicepresident Joan Gaspart. Que també disposen de magatzems propis per guardar banderes, bufandes o objectes contundents (quina diferència hi ha entre un pal de bandera i una porra?) i que els té organitzats a l'estil esquadrista un excomissari de policia (Iglesias, sembla que es diu) que els proporciona passis de lliure circulació per anar d'una banda a l'altra del Camp Nou, si convé per agredir els grups d'animadors més catalanistes i no inspirats en l'estètica nazi, com ara, per exemple, els Almogàvers i els Sang Culé. Però per si quedava algun dubte de la pecaminosa relació de la junta actual amb aquests *hooligans* només cal recordar la pàgina més vergonyosa de la història blaugrana en tots aquests cent anys de trajectòria. M'estic referint, naturalment, al minut de silenci que es va guardar amb motiu de la mort d'un dels agitadors dels Boixos Nois, condemnat a presó per agressions amb arma blanca i pals de bèisbol a transvestits, immigrants i altra gent «mereixedora» d'atacs en nom de la ideologia racista, xenòfoba i hitleriana. Honorar un personatge d'aquesta estofa és un fet tan greu que hauria d'haver significat la immediata dimissió dels polítics que es proclamen demòcrates i formen part de la junta; però a l'hora de la veritat van optar per aferrar-se a la seva cadira de la llotja i per convertir-se, per silenci culpable i omissió del deure de denúncia, en còmplices d'un muntatge sòrdid i preocupant. Ho sabien que alguns membres de l'Elefant Blau van rebre abans de la moció de censura contra Núñez amenaces telefòniques d'aquelles de dir «vés amb compte que sabem on vius»?

Vocació d'enterrador

En fi, aparquem el «nostre Barça» i diguem que tenia molta raó Carles Sentís quan deia que no pot ser que Espanya consideri Catalunya a estones com una cosa aliena i a estones com una cosa pròpia. I que no resulta gratificant que José María Aznar se'n vagi a la presentació d'una revista d'història i es despengi amb un discurs despectiu amb els nacionalismes, els quals acusa de ser uns errors del segle XIX que volen perdurar encara a les portes del segle XX. En aquell acte, lògicament Aznar es va preguntar si els partits nacionalistes han evolucionat tant com les forces d'àmbit estatal i, naturalment, la resposta va ser que no. Cal tenir present que en mentalitat centralista la paraula *evolucionat* equival a la distinció que els francesos del període colonial feien entre africans *évolués* (els que sabien llegir i escriure) i els altres més primitius i pendents de civilitzar. Una vegada llançat i deixat anar, el president del Govern també va fer l'obligada afirmació que no es defineix com a nacionalista espanyol, i ara, ni pensar-ho! Però sí que va reconèixer que se sent un espanyol amb sentit autocrític (no els recorda allò que «*amamos a España porque no nos gusta*»[3]?) I va reblar el clau dient que n'hi ha prou de passar el Pirineu per adonar-se del paper nítid que li correspon a Espanya en això que s'anomena l'*aldea global*. En firmar el certificat de defunció dels nacionalismes periclitats i decimonònics, Aznar es va oblidar segurament de donar un cop d'ull als atles que ara circulen per les escoles amb

3. José Antonio Primo de Rivera.

Estònia, Letònia, Lituània, Eslovènia, Croàcia, Eslovàquia, la República Txeca, etc. I potser no es va entretenir tampoc a comparar el nombre de països que van participar als darrers Jocs Olímpics amb la llista de l'anterior edició o a comptar les noves incorporacions d'estats membres de l'ONU. Potser és per això que la ignorància és tan agosarada.

Al voltant d'una llei de l'esport

Segur que els grans líders i fars de la intel·lectualitat que de fa vint anys porten el timó del Barça es van equivocar en pronunciar-se a favor de la Juventus, de Torí, i en contra del Real Madrid abans de la final de la Copa d'Europa. Perquè així van propiciar una gran reacció que va convertir l'equip del Bernabeu també en «més que un club» i en exponent de l'espanyolisme més militant per damunt fins i tot de la selecció espanyola. La cosa és d'una lògica aclaparadora: atès que Catalunya no té selecció nacional, la representa el Barça i, per tant, el seu adversari no és l'equip de la Federació Espanyola, sinó el que presideix Lorenzo Sanz. Però cal prendre bona nota de la relació simètrica que la reacció dels vàndals de la celebració de la Cibeles significa contra els errors provocadors dels dirigents blaugranes. La setena copa del Madrid, 32 anys després de l'anterior (que es va retransmetre en blanc i negre a la televisió), ha estat, doncs, un esdeveniment important de cara a la reencarnació moral dels qui senten hostilitat pels fets diferencials. Vol dir que potser ha arribat l'hora de fer com els bascos, que han aprovat una Llei de l'esport que els obre la possibilitat de donar-se de baixa a les federacions espanyoles i tenir les pròpies seleccions nacionals. No com aquí, entre nosaltres, que fem una mica de xerinola amb un pretès Comitè Olímpic Català o amb uns tímids i prudents comentaris sobre la possibilitat d'imitar Gal·les, Escòcia o Irlanda del Nord en futbol o Puerto Rico, que tot i formar part dels EUA participa als Jocs Olímpics pel seu compte. Total per obtenir la resposta del portaveu del govern central, Miguel Ángel Rodríguez, que tot rient amb la seva gràcia habitual digué que els catalans només podrien fer equips nacionals de *canicas*, és a dir, de bales i flendi. Ja ho veuran que als bascos no els farà cap brometa semblant ni referida als pilotaris ni a cap altre acudit que s'hi assembli.[4]

Bé, deixem-ho així, però remarquem que un comentarista tan poc sensible a la realitat plurinacional de l'Estat com Francisco Umbral va comentar la gran aportació del Real Madrid a la cohesió nacional espanyolista en termes d'una correcció inesperada atesos els seus antecedents. I digué: «Com que no tenim altres símbols que El Corte Inglés o Iberia i no sabem on posar el nostre orgull, el col·loquem en els noms impronunciables dels jugadors estrangers del Madrid. La capital ha perdut tota la seva autoritat i modernitat com a integradora dels nacionalismes perifèrics. Això ha estat la setena copa franquista.» Ho va dir ell, no pas nosaltres, que consti!

No és gens estrany, doncs, que s'hagi reaccionat de forma virulenta contra la Llei de l'esport aprovada al

4. D'ençà que es va escriure aquest paràgraf sembla que les coses han començat a canviar o que al menys es belluguen..

Parlament basc. Alguns, amb astúcia, la critiquen pel seu vici de naixement d'haver tingut el vot favorable d'Herri Batasuna (per exemple Josep Borrell), però la majoria van al fons de la qüestió i consideren sacrílega la possibilitat que bascos o catalans facin com els escocesos, gal·lesos, nord-irlandesos o els simpàtics jugadors de les Illes Feroe que, amb permís del govern central de Dinamarca, es presenten a totes les competicions.

Ja ho saben?

A la inauguració del Mundial-98 al flamant Stade de France, abans del partit Escòcia-Brasil, ens va semblar veure a la llotja presidencial, en respectuosa actitud d'escoltar l'himne escocès, el duc d'Edimburg en representació de la Corona britànica, sense que per això trontollessin les estructures de l'Estat. Aquí, però, les coses són diferents. Sembla com si l'Estat quedés involucrat al concurs de cançons d'Eurovisió o a l'elecció de Miss Univers. O per què a la samarreta dels 22 ganàpies que juguen a pilota a canvi de diners enquadrats per una entitat privada i ben lucrativa, hi ha d'anar l'escut de l'Estat espanyol? Són jutges, militars, policies o diputats, aquests xicots? Doncs per què no es limiten a fer de maniquins de la Nike, la Reebock o l'Adidas amb els logotips dels espònsors o l'escut federatiu? Que l'Estat és una cosa massa seriosa per donar-ne la representació a uns joves milionaris i mercenaris que formen part d'un *carroussel* i d'un circ transnacional, corrupte (vegin els processaments a Anglaterra per venda de partits o les dimissions de directius del Newcastle pels excessos verbals que van cometre entre alcohol i prostitució, quan explicaven com es feien rics a costa dels pobres socis i seguidors) i adulterat. ¿Ho saben que al Mundial de futbol hi havia, en les diverses seleccions, 76 jugadors expatriats que es guanyaven la vida a Anglaterra, 70 que ho feien a Espanya, 70 més a Itàlia, 54 a Alemanya i 50 a França? ¿Ho saben que l'equip de Nigèria que va derrotar Espanya està format exclusivament per expatriats de la diàspora que ni viuen, ni treballen, ni donen puntades de peu al seu país d'origen, a part que dos d'ells (Okacha i Uche) tenen el passaport i la nacionalitat de Turquia? ¿Ho saben que només Anglaterra, Mèxic, Aràbia Saudita, Japó i Espanya fan la selecció nacional amb jugadors que intervenen a les competicions interiors? Els nigerians, per exemple, només s'han pogut congregar quinze vegades en quatre anys per entrenar-se de cara al negoci de la competició. Però se'ls ha de veure amb la mà damunt el cor quan els interpreten l'himne nacional! I com reaccionen, víctimes del *panem et circenses*, els ciutadans més desvalguts dels països més pobres d'entre els participants! De fet, entre les seleccions i els Harlem Globe Trotters o aquesta immensa farsa del Barcelona Dragons no hi ha cap diferència. És pur *show business* agreujat en el cas de l'American Football de Montjuïc pel fet de consistir en una importació temporal de jugadors USA rebutjats als grans equips, arbitrats per nord-americans que viuen a l'hotel i que practiquen una competició trasplantada sense que hi hagi aquí cap més equip, ni una fictícia federació ni res de res.

¿Per què s'alarma, doncs, tothom en el camp de l'espanyolisme essencialista i militant quan es parla de la possibilitat de tenir seleccions que s'ajustin a la competència exclusiva en esports que els estatuts atorguen a les nacionalitats històriques? ¿Que no ho veuen que Puerto Rico, estat lliure associat dels EUA, té comitè olímpic propi, cosa que a Madrid els encanta amb un clara incongruència entre el que pensen portes enfora o cap endins? Igual com fa J. A. Samaranch quan nega el dret a comitè olímpic a l'autonomia catalana i just l'endemà autoritza el de l'autonomia palestina, que és bastant menys estat que la Generalitat.[5]

Quina tropa!

En resum, no sembla pas que l'honor i el patriotisme hagin de quedar en mans d'aquest personal. Com deia Romanones dels seus propis coreligionaris que li havien promès el vot i que després, en el secret de les urnes, no ho van fer: «*¡Joder, qué tropa!*» I això sense entrar a jutjar ara i aquí els directius, els intermediaris i els representants que han descobert Xauxa, El Dorado i les mines del rei Salomó en la compravenda de jugadors, el *merchandising* de les bufandes i *souvenirs*, les comissions, els drets de televisió i la sortida a Borsa d'uns clubs en els quals segueixen creient els socis beneits que conserven les emocions, les adhesions i les

5. Molt hàbil, per cert, la Junta d'Andalusia en demanar també les seleccions pròpies i igualar un cop més el tema en un «*café para todos*».

passions per uns colors manipulats al servei d'interessos materials molt concrets i ja no gaire tèrbols, sinó d'una diàfana característica.

Queda clar, doncs, que les objeccions a la Llei basca de l'esport en el sentit que per disposar de selecció pròpia haurien de jugar lliga pròpia el Bilbao, la Reial Societat, l'Alabés, el Barakaldo, l'Eibar, etc., és una solemne falsedat. Són 22 les seleccions que es nodreixen majoritàriament de jugadors que militen a països estrangers i que fins i tot utilitzen jugadors amb passaports de països diferents. Una cosa que hauria d'esgrimir Andorra[6] (que tan bon paper va fer la vigília del Mundial en perdre només per 3-0 amb el potentíssim Brasil) quan la volen limitar que juguin només els ciutadans del Principat que participin en la lliga interior. Això exclou naturalment els jugadors del FC Andorra perquè juguen a la lliga espanyola o bé només són residents. Unes exigències que no s'apliquen, per exemple, a la República d'Irlanda, que va fer jugar al darrer mundial una selecció íntegrament formada per jugadors que actuen a l'estranger. És clar que Irlanda (3,5 milions d'habitants) té 44 milions de compatriotes als EUA o el 35 % de la població australiana com a pròpia. Però, en tot cas, les regles han de ser flexibles per a tothom. I la vida mateixa ja ho és prou. Caldria recordar que Ladislau Kubala va ser internacional amb Txecoslovàquia, Hongria i després aquí entre nosaltres? O que

6. Posteriorment, ha tornat a fer molt bon paper en perdre en competició oficial per 0-2 davant Ucraïna i per 2-0 davant França, flamant campiona mundial.

molts iugoslaus són ara internacionals amb Eslovènia, Croàcia i Bòsnia?

L'únic que hi ha inalterable són tres coses: una, que la reacció espanyolista és unànime contra qualsevol tímid intent de simbolitzar el que diuen la Constitució i l'Estatut sobre la plurinacionalitat de l'Estat fent-ho visible socialment als estadis; dues, que com sempre a Catalunya, la Generalitat passa de puntetes amb una actitud de prudència claudicant i es va limitar a fer un petit decret que després, en veure les reaccions, es va arxivar a les golfes o al bagul dels records tot esperant uns temps millors per quan vingui un Messies, suposem;[7] i tres, finalment, el que ens fa traïdors al capdavall sempre resulta que és l'interès econòmic d'alguns protagonistes. Començant per uns directius que tenen el sospitós aspecte d'haver-se professionalitzat als clubs atès que s'hi dediquen 24 hores al dia mentre que tenen abandonats els seus negocis particulars, que per cert són de molt inferior volum i en molts casos no van bé. I seguint per uns jugadors que, posats en la situació d'haver de triar entre la selecció espanyola o la catalana, ho farien sens dubte a favor del millor postor. No ho dubteu, aquells qui criden «visca el Barça, visca Catalunya» al balcó de la Generalitat cada vegada que la *troupe* del circ Núñez s'hi presenta a celebrar alguna copa, votarien amb els peus i marxarien marcant el pas a cop de talonari.

7. Repetim que, a través de la societat civil i les federacions, sembla que finalment hi haurà noves iniciatives. Benvingudes siguin!

A Roland Garros, després de les dues finals que parlaven català l'any 98 ja ho vam veure. Arantxa, Moyà i Corretja, fins i tot en adreçar-se als amics o la família eren poliglotes en castellà, anglès i una mica de francès, però mai en català. Potser també per culpa de la inexplicable absència de les autoritats esportives de la Generalitat, que, per cert, en aquelles dates tampoc van ser vistes a la final mundial d'hoquei herba ni a la d'hoquei patins que va guanyar l'Igualada a Vercelli.

Sense oblidar tampoc la teranyina de federacions i organismes «made in Samaranch» que frena qualsevol iniciativa d'afirmació. Recordem que al circuit de Montmeló, en guanyar la prova de motociclisme un pilot català, sembla que era en Crivillé, se li van retre els honors del lliurament del trofeu amb la interpretació d'*Els Segadors*. La reacció davant d'aquest imprevist va ser fulminant: el RACC es va fer redactar un dictamen de la Federació Internacional que deia que només es podrà tocar l'himne nacional del país que figuri al passaport del participant. I ràpidament també les grans empreses llavors encara estatals Repsol i Telefònica van fer-se espònsors de l'escuderia Sito (que ve d'Alfonsito) Pons i naturalment es van acabar de cop tots els intents de celebrar les victòries dels pilots catalans amb senyals d'identitat propis.

Sembla, per tant, que, excel·lint sobretot en el camp dels esports *pijos*, per aquesta via ben poques adhesions s'hi trobaran. Sort que hi ha d'altres especialitats en les quals Catalunya arriba també a posicions de lideratge mundial i que són més populars. No gaire l'hoquei del Polo o de Terrassa que també són elitistes, però sí el waterpolo, l'hoquei sobre patins, el trial, l'atletisme, l'handbol, etc. I queda clar que l'Administració central jugarà fort amb l'argument dels diners a fi de combinar el pal de les represàlies i sancions amb la pastanaga de les subvencions. Ho digué ben clar el secretari de l'Esport, Pedro Antonio Martín Marín, en assegurar que les seleccions autonòmiques no serien econòmicament viables... entre altres raons, perquè ja s'ocuparia ell que fos així. De manera que, la Generalitat no es deixarà portar a remolc dels bascos a modificar aquell decret tan tímid que va impugnar el Consejo Superior de Deportes, que va aconseguir la nul·litat de dos articles, i no en farà una versió més ambiciosa.[8]

El gueto aristocràtic

No tots els prejudicis, ni tot els recels i hostilitats ens vénen, però, de fora. Catalunya endins hi ha també molts casos individuals d'autoodi i de resistència a uns valors generalment acceptats, els manca una certa adhesió a la comunitat i un mínim sentiment de poble. Però els més interessants no són els casos individuals aïllats, sinó els d'alguns col·lectius que, en bloc i de manera sistemàtica, es neguen a pertànyer al país que és el seu. Potser l'exemple més destacat i més esquizofrènic és el de la noblesa catalana que, en general, s'ha marcat

8. Es torna a parlar, però, de seleccions esportives pròpies. El cop de sortida és l'informe Dupont (l'advocat del cas Bosman), el nou instrument la plataforma d'en Llauradó i el motor al ralentí en Moner i les federacions. De posar les pells de plàtan, ja se n'ocuparà en Samaranch i un altre il·lustre català, en Santiago Fisas. En Ferrer Salat (a. c. s.) ja no podrà ser el tercer.

com a norma el divorci més absolut amb la Catalunya real, les institucions democràtiques, la llengua pròpia i els símbols d'una història en la qual els seus avantpassats van tenir por bé o per mal algun protagonisme.

Resulta absolutament grotesc que els descendents dels qui van encarnar el naixement polític de Catalunya reneguin ara del seu país i, per tant, del seu llinatge que, en darrer terme, és l'única justificació de la seva existència, de la seva organització corporativa estructurada com a Real Cuerpo de la Nobleza de Cataluña i de la seva pomposa transmissió successòria dels títols. Són realment un cas de divan de psiquiatre i un exemple de com es pot néixer malament. No volem dir malnascut, sinó nascut a disgust amb la pròpia pell i amb un profund i categòric rebuig de tot allò que dóna sentit al que proclamen que volen ser. Com es pot abjurar del propi llinatge quan segons les regles del joc, dictades per ells mateixos, quan figura que l'únic que els toca fer en aquesta vida és anar passant el ciri de generació en generació en la processó de la història? Com es pot no ser patriota d'un país el territori del qual es confonia en els seus orígens amb les propietats familiars que ells van heretar? Com es pot no honorar la bandera que els seus avantpassats van portar als camps de batalla? Nosaltres podem entendre les endogàmies, les hemofílies, la ideologia retrògrada i cavernària i d'altres classes de decadència, però hi ha una mena de *rejetton dégénéré* que ens resulta impresentable i és la negació dels propis orígens, l'abjurar de la pròpia identitat i el llançar per la borda un passat que, almenys a ells, els hauria de semblar gloriós. En fi, que s'ho facin mirar. Que nosaltres, si fossim descendents del baró de Maldà, l'autor del *Calaix de Sastre*, no ens hauríem deixat enterrar amb una esquela solament en castellà. Perquè ens sentiríem obligats a retre homenatge a la memòria d'un antecessor tan il·lustre i perquè sabríem que des de la tomba ell ens acusaria d'haver traït les pròpies arrels.

En aquest sentit, van ser molt comentades unes declaracions del baró d'Albí, Carles de Montoliu, al diari *El País*. Deia el secretari de la Noblesa no catalana de Cataluña (*sic*, que no respecten ni la toponímia, excepte, és clar, quan coincideixen amb els seus cognoms) que els exnostres nobles estan en contra del neoromanticisme nacionalista i que no tenen ni volen tenir res a veure amb el sentiment catalanista i que la Generalitat els té molt marginats i oblidats. I com a prova declarava que en la celebració del Mil·lenari de Catalunya no se'ls va tenir en compte per a res. Cosa que és absolutament falsa i que va provocar la reacció dels organitzadors de les celebracions per recordar-li que així com es va convidar al Rei a la inauguració de les commemoracions en tant que descendent dels comtes catalans, i que es va invitar l'Església a formar una comissió i a participar en els actes, també es va formular la mateixa proposta a l'estament dels nobles. Casualment és al senyor Montoliu a qui es va encarregar de vehicular el suggeriment al conjunt dels seus col·legues. I no va trigar gaire temps a tornar amb la cua entre cames per comunicar que, en una de les reunions periòdiques, el conjunt dels integrants del cos va pronunciar-se en contra de qualsevol presència, col·laboració o contacte amb la Generalitat.

L'argument per a convidar-los havia estat que els únics catalans actuals que ja eren presents fa mil anys eren l'Església –que es va adherir al Mil·lenari a través d'un comitè format per tots els bisbes i que va demostrar la seva fidelitat a les arrels cristianes de Catalunya– i els nobles. En canvi, els arguments per negar-se a participar van ser ben diferents. No va ser un problema de finançament, que podria haver dissuadit uns personatges de nom molt llarg, però sovint molt curts d'armilla. No, aquest no va ser l'obstacle, perquè la Generalitat es feia càrrec de les despeses, igual com ho va fer amb la gran exposició d'art religiós «Mil·lenium». El problema va ser que el col·lectiu es va declarar hostil a la Generalitat degut als records de la guerra civil i que no volien ni que semblés que es reconciliaven amb les institucions. A partir d'aquí es van expressar també veus en contra del sistema democràtic i a favor de romandre tancats al seu gueto aristocràtic i no barrejar-se amb la xusma que per culpa de les urnes perverses ens governen.

El menyspreu a la Generalitat no els priva, però, als hereus de Guifré el Pelós, d'anar a passar el platet a la Conselleria de Cultura per al manteniment i restauració dels seus castells o per a fer-hi concerts, i a d'altres finestretes de l'odiós govern per tal de rebre subvencions turístiques, per a publicacions (Diputació de Lleida i d'altres que seguiran), per fer el Gotha Almanach dels nostres éssers superiors (que ja té pebrots que el Bottin o la Guia de senyors feudals la paguin els impostos dels obrers del Baix Llobregat i que l'editor sigui l'Institut d'Estudis Nobiliaris, també subsidiat amb diner públic) o per a l'Institut Agrícola de Sant Isidre. Sort que la Generalitat diu que no se'ls estima gaire, perquè si no aviat tornarien a entrar en vigor els delmes, les primícies i el dret de cuixa que tan enyoren alguns d'ells. Proposem, doncs, que igual com la Unió Europea decidirà que les subvencions agràries no s'atorguin als latifundistes, la Generalitat no torni a redistribuir la renda al revés de Robin Hood, és a dir, prenent els diners als pobres per regalar-los a uns ciutadans que fa moltes generacions i segles que no han hagut de treballar gràcies, a vegades, a les atrocitats que van perpretar els seus predecessors, aquells que amb tanta intel·ligència descriu aquest autèntic aristòcrata (aquest sí!) que és el professor Martí de Riquer. I als altres que s'han donat de baixa sense acabar d'exiliar-se més enllà de l'expatriació mental, només caldrà dir-los que s'ha demostrat que són perfectament prescindibles i que potser algun dia s'adonaran que fora d'aquesta terra tampoc no són gran cosa. Ni a dintre tampoc, per cert, perquè el Rei, que comparat amb ells és un prodigi de modernitat i laboriositat, ni tan sols els va convidar a la boda de la infanta a Barcelona. És clar, si no són d'aquí, és que no cal.

6

«*Con la Iglesia hemos topado*»

«*¡Españoles todos!*»

Al Vaticà tenen poques idees però molt clares. Exactament les d'un membre ben poderós de la cúria, Martínez Somalo, que ha imposat als successius pontífexs i especialment a l'actual, tan en sintonia amb l'Opus Dei i tan poc amb els jesuïtes o amb la teologia de l'alliberament, la seva visió anticatalana i espanyolista essencialista, uniformista, rància i, per què no dir-ho, al capdavall franquista.

Una vegada més, amb motiu de la Pasqua del 98, Karol Wojtyla ha tornat a emprar 87 idiomes per dir Bona Pasqua *urbi et orbi*. Però naturalment s'ha ajustat al guió que li tenen marcat el cardenal esmentat, Navarro Valls (l'assessor de premsa), i aquest nunci hongarès Lajos Kada, que compara els catalans amb els nacionalistes exacerbats de la gran Sèrbia quan, en realitat, pobrets, si de cas fan de víctimes com els musulmans de Bòsnia. No importa, però, que el nacionalisme català, moderat, no violent, cultural i purament defensiu d'una identitat amenaçada s'ajusti al que l'Església defensa en altres latituds, per exemple, a l'Europa oriental. El que compta és preservar el dogma d'una Espanya, filla predilecta del catolicisme, que no vol ni sentir parlar de les diversitats i autonomies que admet en la pròpia Constitució, i no molestar en absolut els aiatol·làs del clergat espanyolista. Per tant, com en exercicis anteriors, prohibició terminant que el Papa digui una sola paraula en català, malgrat que és un idioma molt més parlat que la majoria dels altres que ha fet servir i que pertany a una comunitat d'elevada pràctica cristiana i amb sectors socials de gran devoció per una Església que només els retorna menyspreu i maltractaments.

Potser valdria la pena recordar el disgust de mort que va tenir Jordi Pujol durant la visita del Papa a Montserrat i Barcelona. Els pobres minyons i joves que havien quedat mig congelats esperant les paraules del sant pare, després d'haver pujat a peu a la muntanya malgrat la pluja i el fred, la Creu Roja repartint begudes calentes per revifar els afectats i tot el govern català format en ple al costat de l'altar, potser es mereixien alguna mostra de sensibilitat o agraïment per part del Papa polonès. Però, res de res, va fer una petita parada i fonda com els *tour* operadors d'autocar que diuen allò que si avui és dimarts això ha de ser Bèlgica, i es va limitar a parlar de la Verge Maria sense ni per casualitat posar-se a la boca la paraula prohibida: Catalunya.

És clar que el pitjor va passar a continuació quan, a la Sagrada Família de Barcelona, els organitzadors d'una visita molt marcada per la mà ben notòria de l'Opus Dei, li van preparar un discurs que començava amb aquell «*¡Españoles todos!*» del general Franco, sense cap dissimulació ni subterfugi, així mateix, pel broc gros i, finalment, traient-se la careta. ¿O és que no és aquest mateix equip de la cúpula dirigent del Vaticà el que ha beatificat i canonitzat només màrtirs del cantó franquista de la guerra civil, la darrera tongada el març del 99? Perquè ens sembla recordar que Franco va afusellar capellans bascos i catòlics catalans, com ara el democratacristià Carrasco i Formiguera, que no havia comès cap altre delicte que el d'haver participat en l'elaboració del pacte de Sant Sebastià que va portar la República. Es veu que aquestes ovelles esgarriades no eren màrtirs de la fe, sinó enemics de la croada, per a la qual naturalment no hi haurà mai disculpes. Aquí el que hi ha és encara aquella Església del cardenal Pla i Daniel, oncle, per cert, del primer alcalde franquista de Barcelona, Miquel Mateu i Pla, (el del ferro) i del cardenal Gomà, no pas la del cardenal Vidal i Barraquer, que va haver d'agafar el camí de l'exili. Tenim, doncs, uns bisbes crescuts en l'època del dictador sota pal·li que, si encara sentissin els crits de ritual («*¡Viva Franco! ¡Arriba España!*»), se'ls alçaria per reflex condicionat el braç dret per saludar a la romana.

I sembla justificat qualsevol pessimisme. Com deia aquell: em van dir que deixés de preocupar-me, perquè de fet les coses podrien anar pitjor; així és que vaig deixar d'amoïnar-me i, en efecte, les coses van anar pitjor. Qui ens havia de dir, quan pensàvem que el nunci Innocenti (que Alfonso Guerra amb llengua viperina anomenava *Monseñor Delinquenti*) era el pitjor que ens podia passar, que, en arribar Tagliaferri, gairebé l'enyoraríem. I que finalment a aquest el faria bo un Kada que sembla sortit de l'habitació de reclusió d'un Midszenty que vingué del fred per amargar-nos la vida, igual com el seu predecessor es va dedicar a posar bastons a les rodes del Concili Tarraconense per aconseguir, al final, aigualir el projecte de Conferència Episcopal pròpia de Catalunya i rebaixar-la a «*región pastoral*».

Ha canviat alguna cosa?

Tinguem present, però, que tot això ha passat mentre figura que manaven els bisbes progressistes, perquè segons els esquemes madrilenys, Elías Yanes i monsenyor José Sánchez (el que diu que la COPE no fa crispació, ni calumnia, ni insulta, ni ofèn Catalunya) són els oberts, els avançats, els comprensius i, en definitiva, els qui seran rellevats perquè ara és l'hora dels carques, conservadors, essencialistes que han estat nomenats durant el present pontificat, de clar signe involucionista i regressiu. Prepareu-vos, doncs, a tenir les directrius de Rouco, Asenjo i Hernáez o, com a mal menor, Reig (de Sogorb) o Algora. Però mai més un Tarancón, que tan bon tàndem va fer amb el jesuïta Martínez Patino (Creu de Sant Jordi de la Generalitat) i tan grans serveis va prestar a la transició política. Joan Triadú, Joaquim Xicoy, Albert Manent, Joan Gomis, Josep Benet i altres membres del col·lectiu ja poden anar denunciant l'esperit antievangèlic de la COPE i d'Antonio Herrero (a. c. s.), i els piròmans socials de les seves tertúlies que escampen l'odi i la confrontació interterritorial des de la falsetat i el prejudici. Ja se sap allò que ja pots xiular, que si l'ase no vol beure...

No sabem què pensen fer vostès, si són creients potser encara els queda la possibilitat d'escoltar Ràdio Estel o de reunir-se amb catòlics progressistes, potser als Caputxins de Sarrià, però el Col·lectiu J. B. Boix ho té molt clar: a la casella de l'IRPF no posarem la creu a favor de l'Església, que l'amor amb amor es paga. I com que ara Matilde Fernández ja no és la ministra, podem confiar que els diners que no van directament a l'Església no aniran a estranyes entitats com ara l'Associació Progressista de Dones Divorciades o l'Agrupació de Professors de Dansa per a Invàlids.

I a Sa Santedat que el segueixin assessorant aquesta colla d'experts que li han preparat en els darrers temps unes audiències tan significatives com la de Jesús Gil (l'energumen que fa de president de l'Atlètic de Madrid, que és alcalde de Marbella i es proclama feixista i no «demòcrata com els xoriços que ens governen» i que té antecedents penals per la tragèdia i les morts de la seva urbanització a Los Ángeles de San Rafael), Jesulín de Ubrique (el torero més eloqüent de tots) i el cantant Raphael (que proclama encara avui la seva *inquebrantable* adhesió al Caudillo).

En el fons, el que passa és que tenim sensibilitats i actituds diferents i sovint contraposades. Per exemple, els nois d'UDC que van desplaçar-se a Burgos per retre homenatge al dirigent del seu partit Carrasco i Formiguera, en complir-se 60 anys del seu afusellament, es van trobar amb la sorpresa que en aquella ciutat de la Castella profunda les places i els carrers encara honoren i porten els noms dels qui van ordenar l'assassinat del seu líder. I que, a més a més, els sembla la cosa més natural del món. Igual que a José María Aznar no se li ha acudit mai que a Quintanilla de Onésimo (Onésimo Redondo, el feixista, naturalment) se li podria canviar el nom, cosa que tenia atribucions per fer quan presidia Castella i Lleó i ja era afeccionat a anar a jugar al dòmino en una vila tan representativa d'una ideologia i d'un passat. Tot això sense haver de parlar de les estàtues eqüestres de Franco a Santander i al Ministeri d'Obres Públiques de Madrid que, diguem-ho tot, el ministre Borrell no va enviar mai al museu o a restaurar quan n'era el titular.

Demà, si Déu vol

El president de la Conferència Episcopal critica els bisbes catalans perquè són ostatges dels nacionalistes i justifica, en canvi, els bisbes bascos que «no han estat mai ambigus amb el terrorisme», puntualitzant que Setién, el bisbe de Donosti, «només ha parlat de diàleg amb ETA i no de negociació». Com veieu, tota una distinció aristotèlica o jesuítica. Segurament és per això que l'any 98, la diada de Sant Jordi s'ha celebrat amb un gran absent. En no haver-hi pressió a dins de casa i fer-se evident, en canvi, una forta hostilitat externa, els bisbes catalans han abandonat el saludable costum que tenien i que consistia a publicar un full diocesà en defensa de la llengua, la cultura i la identitat catalana.

L'arquebisbe de Tarragona, Martínez Sistach, s'ha abstingut de demanar la defensa de la llengua catalana a fi de no incomodar els seus col·legues de la Conferència Episcopal Espanyola amb els tradicionals fulls diocesans d'afirmació patriòtica i reivindicació. Segurament en la decisió de dedicar els 35.000 exemplars dels fulls de Tarragona, Vic i Solsona a parlar del tema tan candent, urgent i prioritari de reclamar la fidelitat conjugal de les parelles, hi va influir la convocatòria d'una assemblea plenària dels bisbes just per després de Sant Jordi. En previsió del xàfec que els haguessin tornat a propinar, segur que es van estimar més guardar-se un roc a la faixa per parlar de la COPE i mostrar-se crítics amb la línia anticatalana de la cadena d'emissores eclesials. El peatge a pagar per fer això i, a més a més, evitar algun nomenament no desitjat, va consistir a rebaixar i aigualir la catalanitat del full de la Diada fins al telegràfic esment que «la cultura catalana i la seva expressió més preuada, la llengua, han fet la nació catalana (vaja, ja és alguna cosa, oi!) i que la llengua inclou –tal com afirma Joan Pau II–, els trets d'identitat particular d'un poble i que per això Catalunya està oberta a tots els pobles i aporta la seva identitat pròpia a l'enriquiment del conjunt». Ja ho poden ben dir això de l'enriquiment del conjunt, que es tradueix, ai las, molt més en termes materials que no pas espirituals. Sort que el govern d'Andorra, en nomenar ambaixador al Vaticà, ha tornat a demanar que el Papa digui una frase en català. El resultat final serà que un dia (al·leluia!) el Papa farà com el bisbe castrense de Barcelona, Gregorio Modrego, que feia a la ràdio el *Rosario en familia* i en acabar, com una gran concessió ens deia «bona nit i bona hora i fins demà si Déu vol». Això sí, sense pronunciar correctament ni les *es* ni les *os*.

A cop de COPE

El bisbe de Sigüenza-Guadalajara, José Sánchez, per exemple, no té pèls a la llengua i ha dit que gràcies als ordinaris (que és el nom que tenen en dret canònic els caps de les demarcacions episcopals) s'ha evitat la destrucció de la COPE, víctima d'un atac frontal i massiu de la majoria dels mitjans de tot Espanya. A la revista *Vida Nueva* (que com el seu nom indica de vida en té ben poca i de nova gens ni mica) es queixa dels actes viscerals que volen desestabilitzar la seva cadena de ràdio per raons polítiques i empresarials. Observin com la paraula *política* i la paraula *empresarial* resulten en boca seva sospitoses. És com allò que va dir el general Franco a un visitant: «*Joven, haga como yo, no se meta en política.*» Com els bisbes podrien dir: «Desconfieu dels empresaris, llegiu les encícliques socials, però de moment jo muntaré una COPE que vengui publicitat, seré empresari només per evangelitzar des de l'ànim de lucre i sobre aquesta COPE edificaré la meva Església.» Però sabeu quin és l'únic aspecte de preocupació de monsenyor Sánchez, de debò? Doncs, senzillament, que la llavor de la discòrdia s'ha introduït entre els pastors. La culpa, naturalment, la tenen els bisbes catalans que s'han deixat arrossegar pel mal camí i han pres partit en aquesta confrontació imposada pels malignes. Va dir que s'acusa alguns bisbes de ser anticatalans i la COPE d'actuar contra Catalunya, però això no és veritat i sobretot (matís ben interessant vist *pro domo sua*) és fals que siguem anti-Església catalana. Afegeix a continuació, naturalment, que els bisbes no són mercaders del temple i que no tenen la ràdio per fer-hi negoci, sinó com a vehicle per difondre la paraula de Déu. I no té cap inconvenient a declarar que amb els bisbes catalans hi ha problemes perquè ells (els catalans, vol dir) són captius del nacionalisme que impera al

Principat. Però, en canvi, amb els bisbes bascos no hi ha cap fricció. Repetim-ho. Ni amb el bisbe Setién que, de vegades, té posicions de gran comprensió pels terroristes d'ETA, ni amb el consell de preveres que recomana al bisbe Blázquez que no assisteixi als funerals de les víctimes dels atemptats etarres. Ja ho veuen, doncs, els problemes només hi són amb els nacionalistes «exacerbats» de Catalunya. Mai no s'havia vist una cosa tan farisaica com aquesta de fer passar bou per bèstia grossa, és a dir, els pobres bosnis per serbis violents i imperialistes.

Renúncies i discriminacions

Són qüestions que vistes des d'aquesta perspectiva es poden prendre a la lleugera i sense amoïnar-s'hi excessivament. Però si no es tallen a temps les actituds dels nuncis del Vaticà i dels espanyolistes integristes de la COPE, al final acaba passant que l'autor de *best-sellers* Clansey treu un llibre de novel·la-ficció (valgui la repugnància, que deia aquell, en lloc de dir-ne redundància) que ja és el quart més venut dels EUA i que casualment dedica 450 pàgines a descriure com els serveis secrets nord-americans han d'intervenir per evitar una guerra civil a Espanya. Una guerra causada, naturalment, pels catalans, rics, insolidaris, racistes, imperialistes i violents. O sia, «plantarem cara» però «ara no toca». I és que l'hàbil parany d'Aznar en marcar en un document 26 punts d'acord de legislatura amb CiU és el millor antídot contra qualsevol nova petició catalana i s'ha revelat com un hàbil procediment d'ajornament de qualsevol ulterior reivindicació. Llàstima que per ingenuïtat, inexperiència o incompetència els nostres negociadors s'hagin de clavar avui un cop al front per dir allò d'«òndia, els donuts!» Perquè tot el que queda fora dels 26 punts (quants en tenia, per cert, el programa de la Falange, que ja seria una burla sublim del clan de Valladolid que coincidís la xifra, oi?), és a dir, la rica, variada i canviant realitat global no és susceptible de revisió o de correcció en la direcció de preservació o aprofundiment autonòmic fins a l'any 2000. Bé, vaja, que, com de costum, vam fer el negoci d'en Robert amb les cabres. Això li permet dir amb sorna a Xabier Arzalluz, de visita a l'Aplec d'UDC, al Moll de la Fusta, que Catalunya és per població, economia i molts altres conceptes tres vegades més poderosa que Euskadi i que al PNB admiren el pragmatisme català, però que ells van i seguiran anant al gra. El contrast amb Pere Esteve, quan va dir que no cal ser nacionalista per ingressar de militant a Convergència, és evident. Ens hem instal·lat aparentment a la renúncia permanent, al qui no plora no mama i al cofoisme de dir «Déu n'hi do el que s'ha assolit», a base de no causar molèsties al sistema ni als poders fàctics.

Que el Vaticà mutila la diòcesi de Lleida i traspassa 111 parròquies de la Franja al Bisbat de Barbastro-Monzón,[1] doncs muts i a la gàbia o en aquest cas, ala-

1. La relació de causa-efecte s'ha d'establir amb el fet que és el Bisbat de la vila natal d'Escribà de Balaguer, el fundador de l'Opus Dei, i la diòcesi del monestir de l'Obra a Torreciudad. És per complaure la prelatura Opus que s'ha mutilat la Franja, després de molts segles d'unitat. En canvi, les idèntiques reclamacions dels territoris de Castelló, adscrits al Bisbat de Tortosa, no

bat sia Déu (quina trista acceptació que el català és «patués» o «chapurreao» la del bisbe Malla, Boabdil que no va saber defensar el seu territori i en el comiat s'adreça als fidels en castellà. «*Apaga y vámonos*»). Perquè ja se sap, la doctrina vaticana en versió Tagliaferri-Kada consisteix a considerar exacerbats, agressius, imperialistes i mereixedors de tota mena de càstigs els nacionalismes petits i defensius. Són, en canvi, elements de patriotisme sa els nacionalismes grans i dominants. De moment, però, de boca del bisbe de Barbastro, Ambrosio Echevarría, sota l'ombra protectora del santuari de Torreciudad, ens diu que els nous feligresos seran rebuts amb els braços oberts tot i que tinguin aquest pecat original de parlar la *fabla* catalana.

Anscari Mundó explicava en un magnífic article que els límits de la diòcesi de Lleida incorporaven de feia segles les parròquies de la Franja, culturalment vinculades a Catalunya. I que entre els nuncis i l'arquebisbe de Saragossa van decidir arrencar del Bisbat de Lleida tots els pobles que administrativament corresponen a l'Aragó. D'aquesta manera, l'Església es doblega, com és norma inalterable del seu capteniment, davant el Cèsar, és a dir, el poder temporal del nacionalisme hispanocastellà i d'un Estat espanyol que no es deixa arrossegar cap a la lleialtat constitucional i estatutària si no és amb prèvia resistència ferotge i acarnissada. Mundó fa esment de l'actitud vaticana a través d'un episodi viscut per l'abat Escarré quan, en queixar-se de

han estat ateses. El nunci només fa alcaldades quan hi ha l'Opus pel mig. En altres casos no agafa el bisturí, ni buida per decret els museus diocesans de les zones desafectes.

l'hostilitat de l'Església contra Catalunya, va rebre de Pius XII aquesta resposta: feu la guerra, guanyeu-la i llavors ja us reconeixerem.

Malgrat tot, la divisió provincial del segle passat s'ha imposat per damunt de la multisecular demarcació eclesiàstica i els habitants de la Baixa Ribagorça, part de l'Alta, la Llitera i el Baix Cinca fins al Matarranya han estat transferits en bloc a uns nous pastors i evangelitzadors. I per si això no fos prou, els assessors que el Vaticà té a Espanya i aquest nunci Lajos Kada, que proclama amb orgull que enyora l'Església espanyola del Congrés Eucarístic de Barcelona (1952) i del general Franco, el van convèncer que a part de les parròquies també s'havien d'emportar de Catalunya les obres d'art de la zona que es trobaven al Museu Diocesà. Com si aquests objectes d'art religiós haguessin estat robats o saquejats per dret de conquesta, tal com és el cas de l'Arxiu de Salamanca i de l'expoliació dels documents de la Generalitat. Quan, en realitat, aquestes obres van ser generades, creades i conservades dintre del Bisbat de Lleida i moltes ja no existirien si no s'haguessin restaurat o les haguessin deixat a l'abast de lladres com aquell tristament famós Erik el Belga que va robar els tresors de l'església de Roda, a la Ribagorça. O com si les pobres monges de Sijena, en veure's en greu situació de penúria i no rebre cap ajut de les autoritats aragoneses, no haguessin negociat el trasllat a un nou convent amb les mínimes condicions d'habitabilitat situat a Valldoreix i finançat amb la venda de les seves obres d'art, no a cap privat o especulador, sinó al Museu de Lleida. Doncs bé, aquest és el patrimoni que ara diu el Vaticà que també entra en el lot de l'anticatalanitat.

Ens trobem, doncs, davant d'una Església que no és imparcial, sinó sectària a favor d'uns interessos determinats. Primer, obliga els habitants de la Franja a divorciar-se de la resta del bisbat al qual pertanyien des de temps immemorial sense que ells haguessin demanat la segregació. I, a sobre, dictamina que una de les parts s'ha de quedar el rosari i les joies de la mare. Per què no fan un referèndum per saber què en pensen els feligresos de tot un territori que no va mai a Saragossa a veure cap museu, ni al metge, ni al mercat? I per què els lleidatans no fan el numeret de Salamanca? Recordin allò de posar la guàrdia urbana a la porta de l'arxiu i de dir «*de aquí no saldrá ni un legajo*». I tinguin present que en això els populars i els socialistes es van pronunciar de la mateixa manera violenta, irreductible, imperialista i perfectament insultant.

Massa silenci

La culpa, per tant, torna a ser en gran part nostra. En primer lloc d'una Església catalana que s'ha dedicat a la sistemàtica autodemolició i a desactivar-se. El cardenal Carles es veu que ha estat tan pendent de les acusacions de blanquejar diner negre dels fiscals del cas de Torre Annunziata que no ha tingut temps de defensar el seu regne. La sortida de l'arquebisbe Torrella de Tarragona ha significat la incorporació d'una altra veu de buròcrata per parlar de l'Evangeli amb l'acomodatici Martínez Sistach. I, a Lleida, el pobre Malla ha acabat fent el ploramiques i assegurant a tothom que presentarà un recurs molt enèrgic i molt ben fonamentat precisament davant dels qui li han robat la cartera, és a dir, els seus venerats superiors del Vaticà. Vagi als tribunals de justícia, home de Déu! I ja que és bisbe, armi el Crist al Tribunal d'Estrasburg en nom d'una minoria perseguida. Faci mullader, perquè del fru-fru de sotanes ja veu que només en surt la ineficàcia personal i la cosa prejutjada. No hi fa res que el Museu Diocesà reflecteixi la unitat de l'antic bisbat inalterable durant tantes centúries i una unitat lingüística i cultural que ultrapassa els límits administratius. No es tracta de disputar-nos un botí nosaltres i ells, perquè tots som, a banda i banda del riu, també nosaltres. Aquí l'única cosa que ha passat és que, instigat pel clero més reaccionari, el bisbat de Barbastro-Monzón s'ha annexionat (el 1995) totes les parròquies situades en zona aragonesa. I que ho ha fet del braç de la Diputación General de Aragón i negant-se a parlar amb la maldestra i consentida Diputació de Lleida. I pitjor encara, amb el silenci culpable de la Generalitat de Catalunya que mai no aixeca la veu (i tant que podria!) contra l'Església més integrista del nacionalcatolicisme. La mateixa que li ve a plorar en favor de les escoles privades de l'Església o a demanar vots contra l'avortament.[2]

Com en poden ser tant, de mesells, i fer tantes genuflexions davant el nunci com si fos la custòdia el dia de la processó del Corpus! Antoni Siurana, alcalde de Lleida i culpable com el primer per negligència i omis-

2. Que per cert, els van ser concedits amb el canvi de votació dels diputats Guardans (fill del president de la universitat privada que el govern Pujol ha concedit a l'Opus) i Nadal (alcalde de Tarragona, que va haver de cedir a les pressions del nou arquebisbe).

sió, ha pogut, per tant, descarregar les seves acusacions contra la Generalitat.[3] Ha dit que la principal causa del problema és la inexistència d'una política de veïnatge amb l'Aragó que s'assembla a la que tampoc no s'ha elaborat en altres terrenys en relació amb València. I s'ha quedat ben tranquil en veure que la Generalitat només ha presentat en silenci i de manera subreptícia un recurs sobre les pretensions aragoneses de confiscar els objectes venuts per les monges de Sijena. Alto! Una venda que es va fer amb la preceptiva autorització del Vaticà, el mateix que ara amb traïdoria reclama la devolució d'allò que es va vendre amb el seu *nihil obstat* i amb el seu *imprimatur*. Quin doble estandard, oi! Quan vols que els catalans et paguin la supervivència d'unes monges que es moren de gana i de fred, passes el platet a la Generalitat i li vens vint-i-quatre peces. Una cullera de 25.000 pessetes i una pintura de Mateu Ferrer del segle XVI de 8,2 milions de pessetes, a part de llibres, reliquiaris o pergamins. Però quan les pobres religioses ja han passat a l'altre territori i tenen la vida resolta, planteges el dret de retracte i no reclames tenir cura de l'abadessa i les novícies (que continuaran vivint a Valldoreix), sinó l'avantatgisme de recuperar les peces al mateix preu, des d'un govern o unes corporacions locals que no s'havien distingit mai per la seva defensa i conservació del patrimoni artístic i cultural.

En fi, podríem seguir i el tema seria inesgotable. Però potser ha arribat el moment de tancar uns comenta-

3. I contra aquest patètic i inútil president de la Diputació, Josep Grau, a base de treure pit abans d'hora i només per a consum interior de la seva Mollerussa natal, no ha aconseguit ni de fer-se rebre pel nunci.

ris i unes reflexions que, finalment, només serveixen per rebregar les ferides i posar en relleu les incomprensions. I és amb un gran desencís que cal constatar que totes les esperances dipositades en el règim democràtic i el sistema autonòmic no s'han materialitzat. Certament hi ha hagut alguns progressos (només faltaria!), però la qüestió d'encaixar Catalunya dins d'Espanya segueix essent l'assignatura pendent. Els recels, les deslleialtats, les desconfiances, les visions estereotipades i els prejudicis continuen essent el pa de cada dia.

Criteris hispanovaticans

Amb la majoria dels bisbes catalans n'hi ha per llogar-hi cadires. El cardenal Ricard M. Carles, per exemple, va dir pel Nadal del 98 que no és pas cert que hi hagi una hostilitat vaticana contra Catalunya i que el Papa (tan amable) sempre li pregunta per Barcelona i per Catalunya. Només faltaria que li demanés com van les coses a Rwanda! Diu també que no és pas veritat que el Papa es negui a parlar en català, sinó que hi ha tantes llengües que resulta difícil de dir Bon Nadal en totes elles. Segurament el cardenal es pensa que bevem a galet. Què vol dir quan admet que des de la Conferència Episcopal Espanyola hi ha avisos[4] que alerten el Vaticà contra el perill del nacionalisme català? Com és que no ha posat el crit al cel pel tema de la segregació de la Franja? On va l'Església catalana guiada per un

4. Per exemple, unes declaracions del nunci Lajos Kada sobre el perill de disgregació d'Espanya el gener del 99.

Oncle Tom? Què se n'ha fet d'aquell esperit que va donar lloc al document pastoral *Les arrels cristianes de Catalunya*? Com podem fer arribar al papa Wojtyla el nostre missatge que ja no cal que s'hi escarrassi, perquè ja no volem que ens digui cap paraula en català?

És possible que l'ecumènica Església romana encara s'estigui regint per criteris de «meitat monjo, meitat soldat» i de confusió total entre el que és de Déu i el que és del Cèsar. I que es deixi guiar pels conceptes reflectits al mapa d'Espanya de J. F. Torres Villegas del 1852 que reprodueix M. Herrero de Miñón al seu llibre *Derechos històricos y Constitución*. Per si no han tingut accés a una idea tan ben expressada en versió cartogràfica, els recordarem que el territori està dividit en tres parts clarament diferenciades: primer, l'Espanya uniforme o purament constitucional; segon, l'Espanya foral i, finalment, nosaltres, que quedem enquadrats sota la denominació d'Espanya *incorporada o assimilada* (literal). Assimilada, és clar, quan no es deixa incorporar.

7

L'Exèrcit, les Forces de Seguretat i la Justícia

La ràdio dels guàrdies

A les Forces Armades, ha canviat alguna cosa? I al CESID, a la policia, i als altres cossos i forces de seguretat de l'Estat? Posats a dir, potser val la pena d'esmentar que després de vint anys d'alcaldes socialistes, la Guàrdia Urbana de Barcelona segueix tenint una emissora que parla exclusivament en castellà. Res a dir si un motorista o un agent de la tan eficient i recaptadora grua és incapaç d'aprendre la llengua pròpia i oficial del país on viu i treballa. Però que els locutors oficials de l'emissora no utilitzin el català sembla francament una burla ara ja generacional. Potser al segle XXI, l'Ajuntament del cap i casal de Catalunya es dignarà a fer que la seva ràdio parli allò que a l'altre cantó en dirien «*como Dios manda*». De moment no ho han aconseguit ni Serra, ni Maragall, ni Clos, ni les decisives tinents d'alcalde Vintró d'Iniciativa per Catalunya, ni Rahola del PI.

Serra II

A l'Exèrcit hi tenim de titular un personatge ben curiós i interessant. Eduardo Serra i Rexach, que és un ministre procedent de la categoria de cap de compres d'avions, tancs, submarins, etc., amb els governs, primer de la UCD, després del PSOE, sempre com a secretari d'estat, i ara ministre amb el PP. Un recorregut ben remarcable. Com el de Fernández Ordóñez, que deia que ell no s'havia mogut i que va passar de jugar a la canastra amb el dictador Franco al Palau del Pardo, o de la presidència de l'INI i la Subsecretaria d'Hisenda amb el mateix general, a presidir un banc oficial i al Ministeri d'Afers Estrangers amb el PSOE. Són camaleònics i adaptables o bé representen a l'escenari els interessos de poders fàctics intocables. Perquè és clar que qui compra el Plan FACA d'avions F-16 o F-18 per valor de 200.000 milions de pessetes de fa divuit anys i després s'adona que s'ha descuidat de comptar-hi l'armament i resulta que passen a costar el doble és, sens dubte, una persona important.

Una vegada a Mèxic DF, a la plaça Garibaldi, un component del Col·lectiu J. B. Boix va veure en un bar un rètol que deia: «*Prohibida la entrada a boleros* (*cirabotes*), *ambulantes y personas sin asunto.*» La frase el va impressionar i va jurar-se a ell mateix que tractaria de no tornar a ser mai més una persona sense assumpte. Una conclusió a la qual Eduardo Serra havia arribat pel que es veu ja de petit. Perquè a la primera tacada ja va congraciar-se amb les McDonnell Douglas, Lockheed, Krauss Maffei, Dassault, Agusta, Bell i d'altres subministradors d'armament a l'engròs d'aquest món. I naturalment el ministre Narcís Serra el va encoratjar a seguir la seva tasca tan brillant. Excepte un petit parèntesi en què se'l va veure presidint Cubiertas –la constructora que pagava comissions il·legals i corruptes sense que ell se n'hagués assabentat i, naturalment, en contra de les seves expresses instruccions, segons va declarar en descobrir-se el fet–, se'l va trobar ràpidament resituat com a ministre de Defensa d'Aznar, que no el coneixia de res. Una gran sorpresa per als candidats com ara Valdivieso, que es va haver d'acontentar amb la direcció de la Guàrdia Civil. I la confirmació que els caps de compra, especialment de xifres de gran volum, en aquesta vida, ves per on quina casualitat, solen tenir molta sort, molts amics i molts suports a dalt de tot.

Doncs bé, en prendre possessió, el ministre Serra II va fer un discurs absolutament anticonstitucional i ofensivament antiestatutari. Va dir, en efecte, que les Forces Armades de les quals es feia càrrec tenen com a missió anar contra els particularismes, les entitats infraestatals i tota personalitat col·lectiva que no sigui la d'una espanyolitat uniformadora, unitària i excloent. Però en aquest cas, tothom ho va trobar d'allò més natural. Perquè la institució de la Defensa encara té en vigor disposicions discriminatòries contra Catalunya, com ara la que tota empresa catalana que ven als exèrcits s'hagi d'obligar que més de la meitat de la producció es faci fora de Catalunya. Potser són normes que es van dictar al seu moment per afavorir el *lobby* de la *pañería de Béjar* contra el predomini del tèxtil català. Però no ens consta que s'hagi derogat i gosem demanar als diputats catalans que ho verifiquin i, en cas que segueixi vigent, demanin al Tribunal si aquesta disposició és constitucional. Igual com una regla de les ordenances de la Marina que –ens asseguren que és veritat– demana als vaixells de l'Armada al litoral català que vigilin el separatisme no sé si amb la ullera de llarga vista de coberta o el periscopi dels submarins.

Històries de banderes i adhesius

És, per tant, lògic que algun oficial de la Marina es dediqui a empaitar des de Palamós o Sant Feliu embarcacions recreatives o de pesca a fi d'obligar que si porten una bandereta catalana sigui més petita que l'espanyola i vagi col·locada en posició reglamentària. Els símbols en aquesta institució resulten especialment difícils de digerir quan no són de disseny. Els militars, que tenen tantes virtuts d'abnegació, disciplina, disponibilitat, sentit de la jerarquia i de vegades coratge, saben que la bandera catalana és antiga de segles, de molt abans que la de Carles III, que ha acompanyat el propi exèrcit als camps de batalla i que ha tingut morts en combat. Vaja, que no és de conya. O potser per això no els acaba de fer el pes i no es veuen amb cor d'integrar-la com una part del patrimoni comú.

Un amic ens explicava com les reaccions a les banderes poden ser negatives. La seva dona circulava prop de Mercadal (Menorca) i un guàrdia civil destinat a Ferreries la va aturar per dir-li que portar un adhesiu amb la «C» de Catalunya era una infracció perquè no portava el distintiu de la «nacionalitat» del vehicle. Atenció: no va dir estatalitat del cotxe, que potser es podia argumentar. Va referir-se a la nacionalitat en termes absolutament subversius i anticonstitucionals. Li va posar la multa. Va recórrer al Síndic de Greuges, Anton Cañellas, que va formular una pregunta al governador Ferran Cardenal. Aquest li va respondre que era mentida que mai s'hagués multat a ningú per portar la «C». El ciutadà envià a Cañellas la fotocòpia de la multa però a Cardenal l'acabaven de fer director general de la Guàrdia Civil. I, naturalment, «*nunca más se supo*».

Fem, però, un contrapunt. Catalunya, com les forces armades o la justícia, forma part d'allò que és permanent, que no és moda ni és conjuntura. I, per tant, hauria de mantenir amb aquests poders unes relacions i un diàleg ben especials. El respecte mutu, l'aproximació i la comprensió entre els qui tenen la història al darrere no són potser tan difícils com sembla a primera vista. I pot passar pel camí compartit dels sentiments, de les emocions, de les cerimònies i de les litúrgies. El que no es pot fer i és imperdonable és que quan un dia la banda de música de la Guàrdia Civil decideix d'assajar la partitura d'*Els Segadors* i de tocar oficialment l'himne nacional de Catalunya, la consellera de Governació, Maria Eugènia Cuenca, declini la invitació d'assistir a l'acte dient que té un altre compromís i després la vegin jugant al golf amb la família i els amics.

De la mateixa manera, per tractar amb el món militar o policial no es pot construir un model d'estar per casa. És dolorós que uns atracadors hagin mort un policia nacional després d'haver entrat en un banc on hi havia dos mossos d'esquadra fent una tasca d'inspecció i que els policies autonòmics no fessin res per detenir-los, amb l'excusa vàlida de no posar en perill els clients, ni per empaitar-los després. Sap greu que uns policies companys del mort els hagin enviat dues dotzenes d'ous, però ho comprenem. Observem en els nostres mossos una actitud terciària, és a dir, del sector de serveis, com d'oficinista. No saluden militarment, amb marcialitat, tot i que porten armes. N'hem vist a la porta d'edificis oficials, amb la cigarreta a la boca i sense quadrar-se, dient «hola» als visitants. Mai no els hem sentit dir «a les seves ordres», que és el que d'entrada correspon a un cos armat. I ens dol de comparar-los amb els guàrdies civils que fan servei de portes a la Delegació del Govern central.

Per descomptat, les virtuts s'haurien d'imitar i els defectes s'haurien d'evitar. La Guàrdia Civil, per exemple, va rebre amb motiu de l'atemptat d'ETA a Vic unes impressionants mostres de solidaritat. Col·laboració ciutadana, informació de pagesos i mossos d'esquadra, que van permetre la localització dels terroristes, donacions de sang, etc. I a l'hora de l'enterrament de les víctimes no van correspondre ni amb una sola bandera catalana ni amb cap mínima concessió a les mostres de col·laboració que havien rebut. Tinguem present que quan es va produir l'atemptat els nens de guàrdies civils i altres nens de Vic jugaven junts. Amb tot, la Guàrdia Civil s'ha integrat molt millor a Catalunya que no pas la Policia Nacional. Potser perquè tenen més presència a les zones rurals i a les comarques. Però el traspàs del Trànsit a Girona ha demostrat que la majoria dels agents volien quedar-se i que fins i tot el tinent coronel Samsó Capó, d'origen mallorquí, ha acceptat de ser el cap de Trànsit de la Conselleria de Governació.

No precisament seleccionats

L'afer de la farmacèutica d'Olot tampoc no ha ajudat gaire a donar una bona imatge de les policies locals i dels guardes forestals de casa nostra. Aquesta rocambolesca història de drama urbano-rural fa dubtar que els mètodes de selecció i reclutament dels agents passi ni la més mínima prova de rigor d'un test psicotècnic o d'informació sobre uns candidats que d'altra banda, pertanyen a comunitats petites on tothom es coneix. No sembla pas acceptable que en un cos d'efectius tan reduïts com la policia municipal d'una ciutat mitjana s'hi col·loquin un traficant de drogues que mor de sobredosi i un segrestador. O que un guarda forestal i guardaespatlles de l'alcalde o agent municipal de Sant Pere de Torelló sigui també goril·la de discoteca, tingui un arsenal i galeria de tir a casa seva, visqui rodejat de serps i animals exòtics, faci de subhaster, condueixi un Jaguar, s'envolti de cobradors de morosos i clients de gimnàs. Realment costa d'empassar-se que a personatges com aquests se'ls puguin confiar armes i tasques d'ordre i de seguretat. I resulta bastant desmoralitzador que tot això es vegi en escenaris d'autogovern.

Evidentment passa una cosa semblant a les millors famílies. Recordem només l'afer del cap de la guàrdia urbana de Barcelona, cessat per les irregularitats que va cometre instigat o induït per l'ultra Royuela. O l'agent que disparava la seva arma reglamentària per apagar els fanals dels carrers del barri del Clot. O la policia municipal de Barcelona, recaptadora de les multes de «*pronto pago*» que es va embutxacar 17 milions de pessetes. O la mort d'un fugitiu pels trets d'un municipal de

Sabadell. O encara el de Reus que jugava a la ruleta russa. Però el fet que sigui mal de molts o de pocs no ens impideix reclamar un servei d'afers interns que investigui de manera permanent els agents i comprovi que quan estan francs de servei deixen les pistoles a l'armeria. Així, doncs, més cura a l'hora de contractar-los i més control quan ja són dins. I que quan ens traspassin una competència no hàgim de patir per si serà gestionada des de les incompetències i les mancances.

Històries normalitzades de ficció

També la secció de DNI i passaports de la Policia s'ha normalitzat lingüísticament als locals de Balmes-la Granada i dóna bones mostres de convivència. Però cada 12 d'octubre, Dia de la Hispanitat, quan els ultres agresssius ataquen *punks* o vianants al davant de l'estació de Sants, a alguns policies se'ls nota una passivitat una mica còmplice i reveladora d'algunes afinitats amb els joves esvalotats. És ben recent el judici d'uns *skins* estil brigades blanc-i-blaves[1] que feien de les seves amb tota impunitat fins que no els van detenir els mossos d'esquadra. Queda per veure si els jutges també els

1. Un col·lectiu que es va retratar amb motiu del Festival del Real Madrid a Terrassa, el dia que Lorenzo Sanz va reunir les penyes merengues per exhibir la VII Copa d'Europa i la Intercontinental. Aquell dia eren ben visibles els brigadistes que aplaudien quan Sanz deia allò que Sarrià era el segon estadi Bernabeu i que a partir d'ara ho serà Montjuïc. Després, al camp, també es va veure que una part dels seguidors periquitos, en realitat, són criptomadridistes.

atorgaran la llicència poètica que actuaven per motius diguem-ne «altruistes i patriòtics».

Un altre sector bastant impermeable al reconeixement de la personalitat catalana és el judicial. Més del 95 % dels judicis encara es fan exclusivament en castellà. Nou de cada deu sentències del Constitucional es fallen contra la Generalitat i a favor del govern central. I segons el president del Consell General del Poder Judicial, Javier Delgado, els jutges «no tenen cap obligació de conèixer l'idioma català, perquè per exercir la professió en tenen prou de saber el castellà». Davant d'aquestes manifestacions, hi hagué qui es lamentava que alguns jutges haguessin retornat al Departament de Justícia de la Generalitat les carpetes escrites en català. Hi veia una manca de respecte al dret dels ciutadans a triar la llengua en què volen ser atesos i una incongruència per no haver protestat mai quan les carpetes eren fetes exclusivament en castellà. I rematava dient que la queixa dels jutges es basava en el fet intolerable que el Tribunal Superior de Justícia de Catalunya ja no es digués Tribunal Superior de Justicia de Cataluña. Que, francament, és una diferència inapreciable.

És veritat que els catalanoparlants no tenen fàcil accés a la justícia en la llengua pròpia i oficial del país. Però potser no cal arribar a l'extrem de bel·ligerància d'Àngel Colom quan diu que, si els jutges no se senten còmodes aquí, ja poden agafar les maletes i anar-se'n. Perquè el magistrat Bayó, que parla un català perfecte, explicava que convindria que la Generalitat actués amb criteris de prudència i no pas de fets consumats, per exemple, consultant a la Sala de Govern del TSJC. I, a més a més, afegia que fent les coses ben fetes potser la Generalitat es quedava curta. Segons ell, l'article de la Llei del català relatiu a la normalització lingüística en l'àmbit de la Justícia és ben tímid i podria ser molt més favorable a la utilització de la llengua pròpia.

En tot cas, el que no té gaire sentit és agafar-se-la amb paper de fumar a l'hora de pactar la normalització amb la Seat, la Telefònica o el Banc de Santander i, en canvi, enviar un *ukasse* a l'Administració de Justícia. Ni tampoc donar peu al fet que l'Associació Professional de la Magistratura (la més conservadora) pugui dir que, en realitat, la Conselleria de Justícia fa una política de gestos en lloc d'una lluita real per promoure l'ús del català. Concretament el que barra el pas al català són les lleis estatals que el priven de situar-se en peu d'igualtat amb el castellà. Unes normes que ni amb el govern anterior dels socialistes ni amb l'actual dels populars s'ha exigit que fossin modificades amb la força que dóna el fet de ser soci decisiu del govern de torn. Així doncs, el primer que caldria modificar és la Llei orgànica del Poder Judicial. Els donem aquesta pista perquè moltes vegades les disposicions que ens impedeixen exercir els nostres drets han estat aprovades (com va ser el cas de la Llei de Cossos de Seguretat de l'Estat) amb el vot favorable de la Minoria Catalana, malgrat que fossin retallades de la nostra autonomia.

Bons minyons

En aquest art de les contradiccions claudicants, els diputats de CiU han estat magistrals i s'han guanyat moltes simpaties en els sectors centralistes, que prefereixen tractar amb tigres de paper i no pas amb nacionalistes bascos. És per això que just després de la polèmica, el senyor Delgado, president del Consell General del Poder Judicial, ha imposat a la consellera Gispert la Gran Creu de Sant Raimon de Penyafort. Què més volen a Madrid que veure limitades les reivindicacions a la retolació exterior dels jutjats exclusivament en català! Si amb tan poca cosa s'acontenten, els podem ben condecorar. Fermesa i fins i tot maldestra graponeria en allò que es fa de cara a la galeria i claudicació en tot el que és essencial. Una combinació dels qui com a bons panxacontents es conformen amb anar fent i el cofoisme de l'aparença. I sobretot volen perpetuar-se fent veure als adversaris que són només una petita molèstia i que, al capdavall, els surt més a compte no propiciar cap alternativa que pogués veure's abocada a fer mèrits i, per tant, crear-los problemes reals. Sembla allò que escrivia Bertolt Brecht del cap de la policia de Londres: exigia al cap dels pobres que demanaven caritat pels carrers de la capital que no ho fessin el dia de la coronació de la reina, a canvi d'una petita indemnització. I que en no arribar a un acord sobre la xifra va sentir l'amenaça que si no apujava l'oferta no solament no es retirarien els pobres enquadrats per l'organització, sinó que, a més a més, farien sortir els pobres de debò.

Aquesta forma d'actuar fa que ara s'hagi de modificar la Llei de Forces de Seguretat del 1986 a fi de possibilitar el desplegament dels mossos d'esquadra. Per què va votar el Grup parlamentari català a favor del projecte defensat pel ministre Barrionuevo si col·locava la policia autonòmica en funcions purament decoratives? O per què s'ha acceptat ara que la supressió dels governadors civils consisteix només a canviar-los el nom i dir-ne sotsdelegats del govern? O bé per què s'ha acceptat una ficció de traspàs dels Ports de Barcelona i Tarragona que manté el control des del govern central de les competències reals i ni tan sols permet a la Generalitat de nomenar el director de l'autoritat portuària?

Sembla fatalment com si la tàctica ens hagués fet malbé l'estratègia. En lloc de joc ras i patada al cap, s'ha optat per la passada curta i aquell joc ensopit i soporífer que va caracteritzar fa temps la Unió Esportiva Las Palmas. Una mica el que fan els centrecampistes sense profunditat que els espectadors entesos qualifiquen de centre*cuentistas*. El nostre és un catalanisme discret, bon minyó, endreçat i practicant de totes les regles d'urbanitat. Aspira només a passar desapercebut, a no trasbalsar l'*statu quo* ni indisposar-se amb els poders fàctics per insignificants que siguin i simplement guanyar-se parcel·les d'influència o de poder relatiu, exhibint com a mèrit principal el caràcter inofensiu dels qui reivindiquen. Ja sabem que se'ns podrà contestar que s'ha produït una gran reacció espanyolista abans que comencés a haver-hi una autonomia de veritat i que, per tant, és millor anar fent el que bonament es pugui i no estrènyer massa, no fos cas que en sortís perjudicada l'estabilitat o la convivència. Però si passa allò que «*todavía no asamos y ya pringamos*», vol dir que la cosa no funciona. Que no hem anat a Madrid a fer un front comú totes les forces polítiques, ans al contrari, que les unes fan la traveta a les altres en qüestions d'autogovern o de defensa dels interessos generals de Catalunya, qüestions que no haurien de ser mai objecte d'electoralisme partidista, sinó plataforma comuna.

8

El nacionalista és sempre l'altre

Els saludables i els perniciosos

El gran pacte de la transició va resultar ser un procediment vàlid per evitar la violència, però va aportar una democràcia de molt baixa intensitat. No ens hem refet encara del cop d'Estat de Tejero, ni de la LOAPA, ni de la lectura restrictiva de l'Estatut. Més aviat s'acusa els nacionalismes de ser exacerbats, quan en realitat són minoritaris i purament defensius, de ser els culpables de la desintegració d'Espanya. Observem que ara qualsevol nacionalista espanyolista se'l coneix pel fet que ell proclama que no és nacionalista. És igual com el cas de tots els antisemites, racistes i nazis que sempre diuen que «alguns dels meus millors amics són jueus». Per exemple, el president Bono de Castella-la Manxa, que proclama que hi ha un amor a la pàtria manxega que és saludable, constructiu i integrador i, en canvi, uns nacionalistes perniciosos que neguen l'espanyolitat i són un perill per a la col·lectivitat. O també l'inefable Alfonso Guerra, que proclama que la diferència no és la que hi ha entre demòcrates i violents, sinó la que existeix entre nacionalistes i no-nacionalistes (és a dir, nacionalistes a l'estil serbi, espanyolistes i si convé en versió Sáenz de Ynestrillas). I afegeix, és clar, perquè té una lògica personal, que sense nacionalisme perifèric no hi hauria terrorisme, cosa a la qual podríem contestar que sense nacionalisme espanyolista finançat des de les clavegueres de l'Estat, tampoc no hi hauria hagut el GAL. Però ell no ho entén així. L'únic nacionalisme que comporta el virus de la violència és el perifèric, defensiu, minoritari, identitari i cultural. El nacionalisme que fa servir el Govern Civil de Guipúscoa per guardar els explosius, els fons reservats per pagar la ruleta i les putes d'Amedo i Domínguez, la caserna d'Intxaurrondo per torturar i el «*todo por la patria*» com a factor d'impunitat, resulta que actua per mòbils patriòtics i que és democràtic. En canvi, el perifèric i minoritari és un microbi perillós que cal exterminar. De fet té gràcia que parli en aquests termes el senyor Barrionuevo,[1] cap de gabinet que va ser de la Secretaría General del Movimiento fins a l'últim dia en què encara hi havia temps d'apuntar-se al PSOE per ser regidor de l'Ajuntament, i membre de l'ATE, el grup de carlins que anaven pels *campus* universitaris de la capital del Regne practicant la dialèctica més convincent.

No us equivoqueu, però: en aquest terreny, no hi ha cap diferència entre Guerra[2] i els seus presumptes

1. És interessant de remarcar que, en ser nomenat ministre, Barrionuevo va sol·licitar al seu col·lega de Justícia la rehabilitació del títol de vescomte a favor del seu pare i va demanar un carrer Vizconde de Barrionuevo al seu poble d'Almeria. Estètica d'esquerres, oi?

2. Autor cara endins del principi sagrat que el que es mou no surt a la foto i del recordatori que fa ara que els qui gosen criticar-lo actualment són els mateixos que abans li mullaven

rivals del PP. Miguel Ángel Rodríguez, el «*muchachito de Valladolid*», ja es va ocupar personalment d'aclarir les respectives posicions i les coincidències en tot allò que és essencial, o sia, «*la unidad de destino en lo universal*». L'eloqüent exportaveu fins i tot renyava els socialistes per haver-se convertit en companys de viatge dels nacionalistes (sector perniciós, naturalment) i haver comès dos pecats mortals. El primer, votar a favor de la Llei del català que es veu que fa trontollar aquell imperi de Felip II, que ara ens tocarà commemorar com a efemèride, on no es ponia mai el sol. I el segon, haver votat en contra del Decret d'Humanitats d'aquest far de la cultura occidental que és Esperanza Aguirre, també coneguda com «*Aguirre o la cólera de Dior*».

Guerra i companyia

Del *compañero* Alfonso Guerra, però, potser sí que hauríem de dir alguna cosa. Ell, que va precedir la ministra Martine Aubry en la recerca de nous jaciments d'ocupació quan va crear beques de maternitat per a la seva companya sentimental María Jesús Llorente, que va situar-la a l'ambaixada de Roma fins al naixement de la seva filla Alma i que, després, li va fer atorgar una plaça fixa de restauradora d'art, sí que hauria de ser objecte d'algunes observacions. No és en absolut cert que el nacionalisme moderat sigui caldo de cultiu del

l'americana amb les seves baves servils; i autor cara enfora de la teoria que només s'acaba amb el terrorisme si primer s'elimina el nacionalisme que l'alimenta.

terrorisme. Sí que ha demostrat ser-ho un partit amb majoria absoluta al govern central. Recorden els joves turcs de l'Imperi otomà? No s'ha demostrat enlloc que el socialisme que predica Guerra hagi de degenerar com va passar a la URSS en una dictadura estalinista només comparable en crueltat al règim de Hitler, per cert, coautor d'un pacte entre tots dos. No és veritat tampoc que el catolicisme hagi de degenerar necessàriament en la Inquisició. I, per tant, que faci el favor de parar de designar el nacionalisme català, moderat, convivencial i digne de protecció com a espècie en via d'extinció i que no busqui més la palla en l'ull dels altres a fi de veure finalment la biga a l'ull propi.

Igual com el seu predecessor Largo Caballero va pactar amb Primo de Rivera el suport del PSOE i la UGT a la Dictadura militar, són més aviat els companys de Guerra els qui van negociar amb el general Armada les condicions prèvies del 23-F i sobretot els qui, a l'hora de plegar veles perquè el Rei es va decidir a parlar, van consensuar amb la UCD la LOAPA. De fet, el 23-F va fer amb els catalans el mateix que Hitler en un míting, quan va sentir un assistent d'entre el públic que cridava que sí que calia acabar amb el jueus, i que amb els ciclistes també. Adolf Hitler, perplex davant la interrupció, va preguntar: «Però per què els ciclistes?» I l'interpel·lat li contestà: «I per què els jueus?» Una pregunta encara pendent de resposta. Per què el 23-F el van haver de pagar els catalans que havien estat els alumnes model, els més solidaris, els més aplicats i els que menys problemes havien causat? Perquè els prejudicis que són causa de les discriminacions, sempre acaben surant per poc que es grati. Ja se sap, com diuen els italians, que «*la lingua batte dove il dente duole*». És a dir, que la llengua sempre toca allà a on la dent fa mal.

Si els catalans insisteixen a voler ser ells mateixos i no accepten d'incorporar-se al «*rompeolas de todas las Españas*» tal com els castellers dels xiquets de Valls anaven a la manifestació sindical del Bernabeu el dia de Sant Josep Artesà, o com totes les cooperatives agràries de Catalunya havien de llogar autocars per anar a muntar els seus estands a la monumental Feria del Campo –que organitzava el comissari Diego Aparicio pel procediment d'enquadrament obligatori i *derrama*– això vol dir que s'han sublevat contra l'ordre natural de les coses i que ho han de pagar ben car. El mateix Alfonso Guerra ja ha avançat alguna solució progressista i «federal», com ara la de derogar l'article 150.2 de la Constitució que permet que l'Administració central traspassi competències de titularitat estatal a les autonomies. L'argument d'aquest intel·lectual format al TEU (Teatre del Sindicat Espanyol Universitari franquista, exempleat del Patronat de Doñana on li tocava fer recompte dels ànecs i gerent d'una llibreria a Sevilla en suspensió de pagaments) és que s'ha de parar els peus als altres nacionalistes –no als seus– perquè «responen a un atavisme propi de l'animal mamífer que és l'home i marquen el seu territori per procediments fisiològics». Ja veieu que en això, i en moltes coses més, Guerra és un clar precursor de Vidal-Quadras.

Afirma Guerra que qualsevol nacionalisme és excloent i, per tant, genera enfrontaments. I afegeix que l'Església no pot mostrar-se equidistant entre els assassins i les víctimes. I ho deia després de saber (i de quina manera!) que des de les clavegueres de l'Estat s'ha combatut el terrorisme amb la guerra bruta, és a dir, s'ha lluitat contra l'antropofàgia amb el canibalisme.

Un guió que no falla

Després de commemorar el centenari del desastre del 98, la pèrdua de Cuba, Puerto Rico i Filipines i l'ensorrada d'un Estat espanyol incompetent, feble i corrupte, potser serà bo d'evocar el que passava el 1878 quan Martínez Campos va ser traït i se li va impedir que atorgués l'autonomia als cubans. Fou llavors quan Martí, Estrada i Betances van començar a organitzar la revolució insular, en veure que Cánovas, el marquès d'Osorio, el comte de Toreno, Romero Robledo i Silvela «*volvían a las andadas*». Vint anys després, Prat de la Riba escrivia que la lliçó és aplicable al cas de Catalunya, que té una personalitat i no vol perdre-la, té uns interessos i no vol sacrificar-los i té una consciència de la seva dignitat i mai no voldrà renunciar-hi. Semblen de gran actualitat les paraules de Prat de la Riba quan deia que seria un error que el govern sacrifiqués a un interès polític del moment el compliment de promeses descentralitzadores, que regategés concessions autonomistes o que les volgués falsejar. Afegia que els catalans no són separatistes ni ho seran mentre Catalunya es trobi bé dintre d'Espanya, mentre hi trobi bon govern i recta administració i mentre pugui desenvolupar-se sense traves que la paralitzin, sense recels i desconfiances que l'ofeguin i sense inspeccions i tuteles que la humiliïn. Cent anys després, la veu de Prat de la Riba segueix clamant en un desert.

Però hi ha gent que no acaba d'entendre el guió. Alguns, des de la pretesa condició d'experts, coneixedors, hispanistes i residents al país, com ara Gabriel Jackson, que avisa tot Europa dels perills dels nacionalismes basc i català. El que resulta curiós és que cap d'aquests analistes no s'hagin adonat mai de l'existència vivíssima, activa i bel·ligerant d'un nacionalisme espanyolista. Però pel que sembla això no representa absolutament cap problema. Són només els perifèrics o els defensius els que poden alterar l'ordre establert i el sistema de la gravitació universal. En realitat, s'està construint la noció que la culpa dels conflictes i les friccions és dels nacionalismes excessivistes i naturalment minoritaris. I convé preguntar-se què han fet ells, pobres, per merèixer tantes acusacions. ¿És que la política de normalització lingüística de Catalunya no ha passat pel Parlament amb unanimitat el 83 i un 80 % de majoria el 98? ¿És que no ha estat ratificada pels tribunals Suprem i Constitucional de l'Estat espanyol, els quals han respost a recursos interposats per persones (Gómez Rovira) i grups (CADECA) que es poden perfectament qualificar d'ultres i nostàlgics del franquisme? ¿No deu ser que alguns aparents progressistes, quan feien veure que defensaven les llibertats individuals i col·lectives dels pobles a les acaballes de la Dictadura, confiaven que aquí guanyarien els poderosos partits d'àmbit estatal i que l'autonomia no passaria d'un foc d'encenalls, una febre passatgera i una petita molèstia transitòria?

En Joan B. Culla s'ho demanava també en referir-se a J. M. Calviño, aquell amic d'Alfonso Guerra que va ser el director i comissari polític del PSOE a TVE i que va proposar com a model de TV3 una televisió que es limités a ser antropològica. Afegia que fa vint anys es va fer un pacte d'Estat que era molt bonic, però que va ser una llàstima que els nacionalistes se'l creguessin i que es pensessin que era un compromís seriós que anava de veres. Passava després a comentar les actituds favorables a la involució autonòmica d'una persona com Gregorio Peces-Barba, rector de la Universitat Carlos III de Getafe, reconegut element vaticanista al partit socialista, pare de la Constitució i expresident del Congrés dels Diputats. Peces-Barba reclamava una gran coalició PSOE-PP per posar els nacionalistes perifèrics al seu lloc, o sia, a sota, en relació d'inferioritat pel que fa a l'ordre tradicional, irreversible i natural de les coses. És ben curiós que un personatge tan rellevant s'hagi pronunciat també en contra de la Llei de normalització lingüística de Catalunya per declarar-la anticonstitucional. Que poc que dura l'alegria a casa dels pobres! Ja ho veuen, només vint anys després de redactar-la, un redactor de la Carta Magna ens diu que ell volia dir una altra cosa quan es van reconèixer els drets d'autogovern de Catalunya i que ara exigeix que se'ns parin els peus, pequè veu amenaçada la preeminència de la llengua castellana, tot i que gaudeix a Catalunya d'una salut de ferro.

No volem ni imaginar el que deuen pensar, per tant, tots aquells que no havien estat mai demòcrates ni havien proclamat cap mena d'aparent progressisme.

Hi ha una expressió anglesa, difícil de traduir, que és «*to pay lip service*», que potser podria significar fer veure que hom és alguna cosa, però que en el fons només ho és de *boquilla*.[3] Doncs bé, això és el que vint anys després d'haver col·laborat a l'estabilitat i la governabilitat d'Espanya i d'haver evitat qualsevol precipitació reivindicativa amb una prudència semblant a la claudicació, es troben ara els nacionalistes moderats de Catalunya. Que els companys de viatge en el camí cap a la democràcia els han pres el pèl i que els havien adjudicat de bell antuvi el paper de tontos útils, per utilitzar la terminologia que feien servir ells abans del canvi de les 3-C (de casa, de cotxe i de companya) que van fer tan aviat com arribaren al poder. El desengany va ser gran, primer vam descobrir molts travestits de la democràcia, molts falsificadors del progressisme i molta espasa flamígera que va resultar corrupta. Però sobretot ha quedat clara la farisaica insinceritat dels qui predicaven el federalisme, l'autodeterminació (cal tornar a l'hemo-

3. Un dirigent socialista especialista en campanyes electorals explicava que en els mítings, quan els assistents s'adormen o no vibren, hi ha un mètode infal·lible per provocar l'entusiasme: criticar i atacar Catalunya. I que, naturalment, com que és rendible, així ho fan de manera sistemàtica. En realitat és bastant trist que l'única cosa capaç d'unir el PP i el PSOE sigui l'hostilitat contra els nacionalismes perifèrics i l'Espanya «*antes roja que rota*» o ara, amb el Borrell de líder, «*antes de derechas que rota*», tot i que es proclama partidari del respecte a la «biodiversitat», que suposem que vol dir que ens considera, els catalans, ocells en via d'extinció i que ens protegirà ficant-nos en una reserva índia potser al Montseny. Amb permís, això sí, de produir i vendre articles d'artesania als visitants de *tour* operadors que vinguin a fernos fotos.

reteca per veure qui eren els qui la reclamaven amb pancartes a les manifestacions) i l'Estat de les autonomies, que només va durar en estat de *nasciturus* fins al 23-F del 81, el dia del tricorni, amb general satisfacció dels pares de la LOAPA.

Els valors eterns

En canvi, hi ha valors eterns amb portaveus i portadors com ara Fernando Lázaro Carreter, director de la Real Academia Española i premi Blanquerna de la Generalitat de Catalunya a proposta del seu delegat a Madrid, Josep Gomis, que realment es va cobrir de glòria en designar per al guardó un dels principals atacants de la normalització lingüística de Catalunya. Vegin la perla que Lázaro deixà anar quan s'alçà de la cadira en la inauguració de la Biblioteca de l'Alcázar de Toledo: «*Cuando uno de estos días llegó del norte la atolondrada afirmación de que España no es una nación, pensé qué hicieron aquí esos hombres atacando o defendiendo, disputándose estos muros simbólicos y matándose para clavar en lo alto una bandera distinta, pero que significaba lo mismo.*» Una frase que va fer reaccionar Oriol Bohigas: «Aquesta afirmació m'esborrona o, més ben dit, m'acaba de convèncer que si la nació Espanya s'ha de recolzar en aquesta mena de garanties, és una nació que no ens interessa.»

Per si érem pocs, resulta que també ha parit l'àvia. I, en efecte, ha passat una cosa molt grossa. Ni més ni menys que el president del Tribunal Constitucional, Álvaro Rodríguez Bereijo, ha fet unes declaracions al

Correo Gallego en les quals, més que comportar-se com a guardià de la Llei de lleis, mostra un perfil molt semblant al d'aquell altre compatriota seu, gallec, que feia de sentinella d'Occident. Realment, són incorregibles tots. Tant els qui no saben mantenir el paper institucional de les seves altes magistratures i es deixen arrossegar a l'expressió sectària i tendenciosa de la pròpia idea, amb voluntat d'imposar-la als altres, com els qui deixen passar una sortida de to tan desafortunada sense ensenyar-li una targeta groga just abans de la renovació del Tribunal. Per cert, que ara s'entén perquè porta una tacada de sentències a favor del govern central que constitueix una trajectòria perfectament involucionista i antiautonòmica.

És interessant l'opinió del professor Miquel Caminal, que remarca que la majoria dels catalans volen més Estat per a Catalunya, però no volen la independència. Diu també que cal entroncar amb la tradició de Pi i Margall (Borrell), Almirall (Maragall) i Prat de la Riba (Pujol). El primer va escriure *Las Nacionalidades* el 1876 i presentava un projecte de construcció unitària amb un federalisme territorial. El segon, Almirall, a la seva obra *Lo Catalanisme* (1886) tractava d'incardinar la singularitat catalana en un programa federalista espanyol, cosa que va deixar ben clara el 1902 en desmarcar-se del nacionalisme i apuntar-se al catalanisme «solidari». Curiosament, tal com ens fa notar Caminal, amb aquestes actituds, Almirall volia anatemitzar el catalanisme de Prat de la Riba que considerava massa nacionalista quan, en realitat, era l'expressió d'una burgesia catalana que no volia res més que manar a Catalunya a fi d'influir a Madrid. El catalanisme de Prat no era una finalitat, sinó només un mitjà. I Jordi Pujol avui fa exactament el mateix: unes gotes d'afirmació catalana i molta projecció política a Espanya. A la vista d'això, Caminal opina que és igual d'equivocat moure's en el camp «sociovergent» a la recerca de la successió i no pas de l'alternativa, com llançar-se a un antipujolisme primari que acaba beneficiant aquell que vol vèncer. Creu que cal recordar que la Generalitat és el resultat de les victòries electorals de les esquerres el 1977 i el 1979 i que Jordi Pujol ha guanyat l'hegemonia a base de créixer per la dreta i, per tant, a base d'aigualir i desactivar el catalanisme. Manté el llenguatge nacionalista, però els seus fets indiquen que ha mantingut una relació excel·lent amb els partits «dinàstics» espanyols i que s'ha limitat a administrar allò que van aconseguir les esquerres.

En aquestes apreciacions, potser val la pena de tenir present l'opinió de Pilar Rahola. Segons la mediàtica i omnipresent dirigent del PI, Pujol és còmplice de la injustícia que pateix Catalunya, tal com ho són també els silencis empresarials i els periodístics. La seva pregunta ben directa al president de CDC és «quants anys més necessiteu per ser decisius a Madrid i per aconseguir aturar l'estafa que els bascos fa decennis que negocien molt millor?» La seva impressió és que s'ha malbaratat una oportunitat històrica, que no s'ha sabut ni se sap negociar i que l'estratègia de CiU s'ha demostrat estèril.

Mentrestant, Albert Boadella fa anticatalanisme per tot Espanya, amb gran èxit, per descomptat, amb el suport de l'imperi Polanco i amb gran alegria de Josep Borrell. Segur que Pujol de vegades patrimonialitza

Catalunya, tot i que de vegades és per omissió o *dejación* dels seus contrincants que li deixen el camp lliure. Però hi comença a haver una apropiació indeguda de Catalunya a la inversa, és a dir, en negatiu. Un moviment del qual el baptista, precursor i pioner va ser Vidal-Quadras, però que ha estat finalment molt ben acollit de manera transversal pels intel·lectuals i periodistes de dretes i d'esquerres que pontifiquen des de l'espai comunicatiu centralista, alguns dels quals són mundialment famosos a Madrid. D'aquestes equanimitats per plantar cara als anticossos del catalanisme, en tenim molts exemples i cada vegada més. Però potser convingui concentrar-se en la peculiar història de la Llei del català.

Els uns, tossuts; els altres, distrets

Quan un insensat encerta un filó que algú pot considerar rendible, sempre es produeix una emulació i, per efecte mimètic, s'hi apunten voluntaris tan interessats i oportunistes com irreflexius. Això és exactament el que va fer la inefable Esperanza Aguirre. Molt en la línia d'altres dones políticament actives al PP, va tirar al dret tal com ho havia fet una vegada –ho recorden?– la senyora Mercedes de la Merced quan va oposar-se frontalment al traspàs del comandament de la Guàrdia Civil a la Generalitat amb l'argument que la Benemérita podria quedar en tal cas a les ordres d'algun desequilibrat. Es veu que la noia no s'havia adonat encara que els seus temors ja s'havien vist confirmats anteriorment i no pas per culpa de cap autonomia, sinó el dia que l'infalible govern central va designar director general del cos fundat pel Duque de Ahumada un delinqüent tan qualificat com Luis Roldán. Doncs en un estil semblant Doña Esperanza Aguirre va expressar la seva preocupació pel fet que a Catalunya no es garanteixi l'ensenyament de l'espanyol. Després, naturalment va matisar les seves declaracions a la COPE dels bisbes i va dir tot allò que les seves paraules s'havien tret de context i que havien estat mal interpretades. Però de moment la llavors ministra (amb més títol nobiliari que no pas acadèmic) ja havia tirat llenya al foc. En retirada cap a posicions estratègiques de millor defensa, que és la forma pietosa que tenen els militars d'expressar una fugida, va mantenir, però, que seguia preocupada pel fet que a Catalunya s'ensenyés el castellà en català. No va demanar cap informe sobre el tema, ni va comunicar les seves inquietuds al conseller del ram, cosa que hauria estat un perfecte exercici d'allò que Castella coneix i aplica des de fa segles i que s'anomena *el conducte regular reglamentari*. Simplement ho va abocar directament a la premsa i tornem-hi que no ha estat res. Tot això va tenir el resultat previsible d'una ulterior rectificació suplementària i el reconeixement final que els nens de Catalunya no aprenen pas pitjor que els de les altres comunitats i l'afirmació de que ella només volia expressar el desig que tots els infants espanyols siguin bilingües en anglès i castellà i, a més a més, siguin trilingües els de les autonomies amb llengua pròpia.

Val a dir que de les ministres d'indumentària Barbie, l'Aguirre no exagerava tant en els vestits com la Tocino, que passa de la versió pastoreta a la *cañada*, a la roba de l'horta valenciana quan ho exigeix el guió de la visita a l'Albufera amb embarcació de «*perxa Tonet*»!; o també a l'uniforme de cuir amb algun element reina del sado quan es presenta a la concentració de motoristes amb aquella Honda del seu germà que, de tan grossa que és, porta un parell d'armaris al darrere en lloc de les habituals bosses de les cilindrades més modestes. Però, en tot cas, el que no exagera en els vestits de rol, s'ho gasta en allò que Joan Rendé va designar com «la petardada incitatòria del nacionalisme espanyol».

Ho va fer a la perfecció en el tema de les Humanitats on, malgrat la derrota parlamentària i les llàgrimes a l'hemicicle, va quedar com la Joana d'Arc de les essències i va rebre aplaudiments i felicitacions dels seus coreligionaris i moltes adhesions de les capes profundes de la monolítica societat vertebradora de l'espanyolisme d'enquadrament, model únic i direcció obligatòria. Ningú no li hauria discutit que es pronunciés a favor de més llatí, més història, més geografia o el que fos, però tampoc ningú no li hauria donat l'enhorabona per això. En realitat el que provocà grans entusiasmes va ser la seva campanya a favor de tot allò que és patrimoni comú del conjunt d'Espanya i en contra d'un interès excessiu per les particularitats de cada autonomia.

En tota aquesta història, qui no va sortir gaire ben parat és el conseller d'Ensenyament, Josep Xavier Hernández, perquè la ministra Aguirre, tan mosqueta morta i tan poc intel·ligent que semblava, va enviar una carta al titular del ram en el govern català en què li anunciava tots els seus plans sobre les Humanitats i ell, enfeinat o atrafegat potser, no es va dignar a contestar-la. Naturalment a partir d'aquí el silenci es podia interpretar com a conformitat, i la ministra va tirar al dret. La cosa va ser tan desagradablement visible que Jordi Pujol va haver d'enviar una circular a tots els seus consellers amb l'ordre que, cada vegada que rebin una proposta d'un ministre, d'entrada contestin a correu seguit i sense dilacions expressant la seva radical i absoluta disconformitat. Una mostra ben evident de la talla política i de gestors que el líder reconeix als governants que ell ha triat, i de com els tres únics que manen es diuen Jordi, Pujol i Soley.[4] Però la ministra no es va rifar únicament d'Hernández. Al titular de Cultura, Pujals, també l'ha fet passar amb raons. En aquest cas sí que sabem en quines qüestions estava molt ocupat el conseller; la seva tasca prioritària era despatxar Flotats del Teatre Nacional. I mentrestant Aguirre no paga ni els deutes pendents amb el Museu Nacional d'Art de Catalunya, que no acaba de constituir el patronat ni engegar la tercera fase d'obres, ni de llimar o aturar les friccions i els conflictes a tres bandes del director, Eduard Carbonell, el president, Joan Guitart, i el mateix Pujals. Finalment, també a l'Arxiu de la Corona d'Aragó, Pujals s'ha quedat en una posició ben galdosa. Ni es constitueix el patronat ni s'ha avançat en cap altra cosa que no sigui nomenar un director nou, Carlos López, molt menys combatiu que l'anterior (que també es deia López, per cert), molt més tractable i més partidari del

4. Sovint, els líders carismàtics són saturnins en el sentit que devoren els propis fills o escapcen tot el que aixeca un pam de terra al seu voltant.

diàleg i la concòrdia. Com passa amb el Museu Nacional d'Arqueologia de Tarragona, amb el retorn dels documents confiscats a la Generalitat republicana i dipositats a Salamanca, amb el repartiment dels fons d'art de les empreses estatals privatitzades o el traspàs de les subvencions directes del ministeri a entitats localitzades a Catalunya, com ara la Fundació Tàpies. ¿Ho saben que del 1993 al 1996, el Ministeri de Cultura ha destinat el 51,2 % dels seus recursos a la comunitat de Madrid? ¿Ho saben que a Catalunya, en canvi, només hi va dedicar un 2,8 %? ¿Ho saben que en termes absoluts això vol dir que a Catalunya li corresponen 200 pessetes per habitant i any i a Madrid 5.000 pessetes per habitant i any?

El Rearmamiento Nacional

El mateix Felipe González, que va ser saludat per la revista *Newsweek* amb el qualificatiu de «jove nacionalista espanyol» quan va guanyar les eleccions del 82, no para actualment de fer advertiments que, de vegades, voregen l'amenaça. Primer ens va dir que els nacionalismes ens poden conduir a situacions com la de Sarajevo (encara que després demanés disculpes per una tan dissortada frase) i, després, ens avisà que si els nacionalistes no paraven de reivindicar allò que deien els Estatuts, correm el perill –que ell ha detectat– que torni a despertar-se el monstre del nacionalisme espanyol, centralista i violent. És a dir, que tot aquest temps només estava fent la migdiada i que qualsevol dia podria tornar a sortir un altre Tejero per reconduir les coses.

I realment sí que es pot observar un moviment de rearmament moral espanyolista. Per exemple, la Real Academia de la Historia ha vist, com l'alcalde de Móstoles, que la Pàtria està en perill i ha convocat un cicle de conferències amb el títol «*España como nación*» a fi de demostrar que Espanya és una realitat històrica indiscutible i respondre, així, a declaracions inoportunes, amb un punt de vista rigorosament científic i sense ofendre ningú. Ho deia el director de l'entitat, Antonio Rumeu de Armas, en anunciar que els participants seran Luis Suárez Fernández, José Alcalá Zamora, Queipo de Llano (quina combinació de noms, oi?), Gonzalo Arias i Carlos Seco Serrano. I per demostrar el caràcter purament científic de la iniciativa, Alcalá Zamora declarava que només hi ha una sola nació, que és Espanya, i a dintre d'ella una sèrie de regions amb un caràcter i unes singularitats més o menys rigoroses. Aquestes regions tenen una gran riquesa artística i cultural, però no poden competir amb el concepte de nació. Espanya és una nació i a dintre d'Espanya no hi ha nacions. Distingir si a dintre d'Espanya hi ha bascos, gallecs o murcians és una mica pretensiós i ridícul. I, a més a més, la divisió és font de feblesa: serem forts mentre romanguem units i, si ens desunim, tots hi sortirem perdent. Els uns més que no pas els altres, afegiríem nosaltres. Per part seva, Gonzalo Arias pensa que el terme *nacionalitats* és un desencert i coincideix plenament amb Julián Marías, que ja va discrepar d'aquesta denominació quan es va discutir al Parlament. Perquè de nació només n'hi ha una, que és Espanya. Bé, vaja, que «*madre no hay más que una*» i que amb l'excusa del rigor científic el sindicat corporatiu i subvencionat dels historiadors llança missatges anticonstitucionals i, per tant, subversius.

No en dubtin, el degoteig continuarà i agafarà proporcions gegantines. Ens amenaça un diluvi universal. Per si calien reforços, s'ha incorporat a l'orquestra un altre solista: en Luis M. Ansón, editor del diari *La Razón*, que volia imitar, deia, *Le Figaro*, però que ha nascut, segons el manifest programàtic i les primeres descàrregues contra els nacionalismes perifèrics, més aviat com a nostàlgic d'*El Alcázar*. No ens enganyem, som el *punching ball* o l'*sparring* del nacionalisme espanyolista. I ho seguirem essent mentre Espanya no sigui prou forta o important per buscar-se algun enemic exterior, que no pot ser el comissari Fischler, ni el ministre canadenc de la guerra del *fletán*, ni el govern de Gibraltar. Amb tot això no n'hi hauria prou. Caldria alguna cosa més grossa a fi de desplaçar el nostre rol antagònic com a punt de referència hostil capaç d'aglutinar tot l'espanyolisme de dretes i d'esquerres en una croada contra qualsevol identitat diferenciada que, anant bé, es considera una molèstia i, en cas de necessitat, pot esdevenir un cos estrany que cal eradicar. Atès, però, que no s'albira a l'horitzó cap potència estrangera amb ganes de provocar conflictes, potser ens haurem de resignar a seguir essent l'ase dels cops. I a lamentar que, tal com deia en un poema Paul Eluard, «*mon semblable*» hagi de ser «*mon contraire*».

Galeria de preocupacions

A Xavier Bru de Sala li sembla que Catalunya no té projecte estratègic. Amaguem, això sí, la manca de projecte darrere les cortines simbòliques de les seleccions esportives, el reconeixement nacional i el greuge fiscal; i, des del govern, CDC sotmet la societat a una reiteració d'estrebades sobre qüestions que durant molts anys no s'havien plantejat a fi de no causar cap molèstia al poder central. És només quan la inoperància és tan visible que fa trontollar fins i tot el paper de *lobby* empresarial de cara a Madrid, que comencem a simular reivindicacions reals d'entre les que afecten i preocupen de debò els ciutadans. Diu Bru de Sala que si la nació és, com aproximadament afirmava Renan, un plebiscit quotidià a favor dels interessos comuns, l'última legislatura ha estat desnacionalitzadora i el que se'ns proposa per a la propera és senzillament una pròrroga amb molt més del mateix. En frase lapidària, conclou que «avancem impertèrrits cap a la reconversió inexorable de la nació en una pura província». I serà precisament llavors, quan quedem definitivament relegats a la condició provincial, que potser se'ns obriran les portes dels AVE i dels aeroports que se'ns van negar quan pretesament volíem ser una nació.

En un cert sentit, Alfons Quintà s'acosta a aquesta visió i denuncia que s'ha anat contra corrent, en benefici d'uns pocs i en contra de la majoria i també de tota la nostra tradició des de la Renaixença fins a la Transició. L'Administració catalana ha guanyat poder en detriment de la societat, subordinant l'evolució de les forces socials de vegades de manera arbitrària i sempre partidista. El nacionalisme s'ha convertit en un mer apartat fluctuant i magnètic d'una determinada visió de partit. I, finalment, en no tenir prou suport intel·lectual, el particularisme català ha deixat el camp obert a la reacció espanyolista, que ha pogut presentar-se com de moda i progressista (coses, totes dues, que no són pas certes). Lamenta Quintà que a la Universitat Pompeu Fabra, la mimada del règim, el 60 % de les classes es facin en castellà, el 30 % en anglès i només el 10 % en català. O bé que no s'hagi commemorat adequadament els 50 anys de la mort de Pompeu Fabra. I és que, dia a dia, el cofoisme del passat ha anat convertint-se en les renúncies del present. Un procés basat en la voluntat d'ofegar la més mínima dissidència i qualsevol ressò mediàtic que no sigui de la més estricta obediència partidista.

Una altra veu crítica és la de Josep M. Lluró, que s'inspira en Miquel Sellarès per constatar que el PSOE, a través d'*El País*, va renovar de dalt a baix el discurs nacionalista espanyol, modernizant-lo i eliminant-ne aquells aspectes més carpetovetònics i agressius. Reconeix, a continuació, que hi ha hagut una gran millora en el camp de l'educació i que, gràcies a això, el català té futur garantit com a llengua vehicular. Una altra cosa és com a llengua de cultura, terreny en el qual convé començar a demanar canvis. Per exemple, potser ressuscitar el Pacte Cultural que va propugnar Joan Rigol l'any 85. Això mateix passa amb la generació que va protagonitzar la transició i que ara s'està quedant sense projectes. «A Convergència –diu– els nouvinguts no en tenen gaires, perquè han estat enlairats i promoguts els portadors de fidelitats en lloc dels creatius capaços d'assumir algun risc.» Ai las!, el catalanisme modern va néixer com a discurs de modernització social i econòmica, moralització de la vida pública i renovació cultural. Tres conceptes que avui semblen aigualits o esgotats.

El Col·lectiu J. B. Boix també està amoïnat pel rebrot que Felipe González ha anunciat del nacionalisme espanyol uniformista. Ha ensenyat les orelles en el manifest fundacional del diari *La Razón* de Luis M. Ansón, que proclama que denunciarà sempre qualsevol govern que, per raons electoralistes, per criteris de partit o per estupidesa, fragilitzi la unitat d'Espanya amb concessions inacceptables a alguns nacionalismes decimonònics i voraços. Tot això en un diari el gerent del qual es diu Dalmau Codina, que, de jove, havia estat gironí i català. I sota la batuta d'un home, el germà del qual (Rafael Ansón) ha estat i, possiblement per persona interposada encara sigui, un dels múltiples assessors d'imatge de la Presidència de la Generalitat. Tan nombrosos i ben remunerats, per cert, com ineficaços, si els jutgem pels resultats.

Un altre acadèmic de la llengua espanyola que no perd cap pistonada a l'hora de significar-se és Fernando Lázaro Carreter, que ens ha regalat la seva apreciació que l'espanyol és el llatí del segle XX. I afegeix que mentre el castellà es troba avui en una situació difícil a la perifèria, en canvi progessa als EUA on ja és la segona llengua òbviament per la força de la demografia, però també per un propòsit de domini, l'instrument principal del qual és l'idioma. Queda clar, oi? Doncs, entesos!

I una personalitat guardonada amb la Creu de Sant Jordi tampoc no es priva de dir-hi la seva. Ens referim al general Sabino Fernández Campo, excap de la Casa de S. M. el Rei que, en unes declaracions a *La Razón*, deia que la transició es va fer d'una manera harmònica, però que va deixar alguns serrells flotants i sense determinar. Per exemple, l'article segon de la Constitució que parla de la unitat indissoluble d'Espanya i que, immediatament, amb una conjunció copulativa, uneix això al respecte de les diferents nacionalitats. Per l'ordre en què està estipulat, potser es pot interpretar que és prioritària la unitat d'Espanya, però com que les alternatives queden una mica imprecises, no es pot determinar exactament fins on arriba la primacia d'una cosa o de l'altra. El que és realment greu és que els governs arribin a prescindir de les seves conviccions i que, per tal d'aconseguir el poder o per romandre-hi, vagin fent concessions contínues que doctrinalment signifiquen un seguit de renúncies.

Fernández Campo no veu clara tampoc la integració europea, perquè ell se sent molt espanyol, però troba que és contradictòria aquesta pèrdua de la nacionalitat cap amunt amb l'amenaça de disgregació d'Espanya, que tant va alarmar Don Joan de Borbó abans de morir i a la qual es va referir en les seves últimes declaracions des de la clínica de Pamplona. Al món sencer vèiem l'explosió d'una sèrie de nacionalismes que van contra l'afany integrador, originen guerres i també aquest nou sistema de guerra que consisteix a imposar la pau per la força.

A Espanya hem comprovat que, malgrat la teoria que els problemes es poden resoldre millor des de mecanismes de més gran proximitat, a la pràctica això no dóna bon resultat. Produeix unes despeses excessives, es dupliquen o tripliquen els càrrecs i potser no s'havia tingut present que algunes autonomies podrien estar governades per un partit diferent del que mana al govern central, amb la qual cosa el desgavell és encara més gran. I per reblar el clau, la conclusió del comte de Latores és que l'Estat de les autonomies no l'entusiasma, que admet que no hi hagi un centralisme exagerat, però que no està d'acord que les qüestions es resolguin exclusivament a les «regions». Vol dir, naturalment, que no és gens partidari de les competències exclusives que consagren els estatuts, I que li sembla bé que cadascú s'estimi la seva regió, però sense passar-se, sense amenaçar amb la fragmentació i sense ser insolidari amb les altres regions. Esmenta, fins i tot, l'expressió *café para todos* per subratllar que unes autonomies tenen més cafè que les altres. És a dir, que «*se le entiende todo ¿verdad?*».

L'Estat de les auditories

El Col·lectiu J. B. Boix sent una santa indignació quan ha de replicar afirmacions com aquestes. Li resulta molt cansat de rebatre els prejudicis. I prefereix reclamar que es faci des de Madrid la necessària pedagogia sobre l'excés de solidaritat que practiquen uns sectors minoritaris en benefici no tan sols dels necessitats, sinó també dels privilegiats d'altres zones. Tal com va dir Miguel Herrero de Miñón, el que necessitem són els comptes clars i explicar a la població receptora que la solidaritat no pot ser il·limitada ni en el temps ni pel seu volum, i que sobretot cal que sigui justa. Que parlin, doncs, les xifres. Que, de fet, el més revolucionari sempre és la veritat i l'Estat de les autonomies és, al capdavall, un procés d'auditoria.

Costa, però, de derivar els litigis cap al terreny fred de les dades estadístiques. Perquè mentre l'equip handbol del Barça juga la final de la Copa Asobal a la pista «neutral» de Saragossa, i tot el públic aragonès es dedica a escridassar els jugadors blaugranes i a donar suport apassionat als seus rivals, igualment forasters, de l'Ademar León. Tampoc ho entenia segurament la infanta Cristina que presidia el partit pensant que, al final, podria lliurar el trofeu al capità de l'equip en què milita el seu marit, Iñaki Urdangarín. Però de seguida es devia adonar que per exigències del guió el desenllaç havia de ser un altre. Amb gran disgust de l'entrenador del Barça, Valero Ribera, que per acabar-ho d'adobar és nascut a Saragossa i no se'n sabia avenir d'una hostilitat tan intensa, tan unànime i tan extraesportiva.

Els integrants del Col·lectiu J. B. Boix no simpatitzen gens amb la trajectòria de Josep Lluís Núñez com a president del Barcelona, F. C. La forma d'arribar a la presidència ja va ser ben indicativa d'un tarannà, d'un estil i d'una manera de fer. L'apropiació dels vots de Nicolau Casaus –malgrat que ell havia jurat i perjurat que no els cediria mai–, les pressions i coaccions indignes contra Víctor Sagi per fer-li retirar la candidatura i la campanya de desprestigi contra Ferran Ariño ja marcaven la pauta del que vindria després. Però no és ara i aquí que podem resumir vint anys de degradació d'una entitat que era més que un club i que ara s'ha convertit en menys que un negoci. Ni és el moment de criticar un centenari del club que s'ha desvirtuat fins a l'extrem de ser el «vintenari» de l'actual titular. Es tracta només de recordar el que va dir Jordi Pujol a Canal Plus en comentar el nefast acte inaugural de Centenari del club. Deia el president de la Generalitat que, quan es van fer les bodes d'or l'any 1949, ell i un grup de joves activistes no van entendre que es pogués celebrar aquella efemèride sense cap símbol de catalanitat. I que per això van sortir de matinada a fer pintades a les parets del Camp de les Corts, una acció que van dur a terme com a catalanistes i no com a barcelonistes.

Mig segle més tard, potser caldrà preguntar-li a Pujol si ja no coneix cap grup de joves activistes capaços de fer les mateixes inscripcions i protestes al Camp Nou, perquè la cerimònia inaugural del Centenari va ser igualment desnaturalitzada, vaporosa, impersonal, asexuada, cosmopolita, i apàtrida de disseny. Què és el que ha canviat? ¿El líder polític o la seva actitud davant l'*establishment* dels empresaris de la construcció i de les realitzacions escenogràfiques de Lluís Bassat, que tenen amb Catalunya el mateix grau de compenetració que els extraterrestres amb els socis culers? Ja la pujarem dreta, la paret!

9

La polèmica lingüística

Representants autodesignats

Si fem memòria, recordarem que la primera llei de normalització lingüística es va aprovar per unanimitat al Parlament de Catalunya l'any 1983. I que de la seva aplicació no es va derivar mai cap conflicte ni a la societat, ni al carrer, ni en el normal funcionament de les institucions o de la convivència. Si de cas, hom podria fer l'observació que, setze anys més tard, molts restaurants no tenen la carta en català (llengua pròpia i oficial d'aquesta comunitat autònoma presumptament autogovernada), ni al cinema fan pel·lícules doblades en català, ni als quioscos trobareu gran cosa més que la presència testimonial de l'idioma del país, ni a la ràdio ni a la TV privada, ni a la comissaria de policia, ni als jutjats, ni a la Guàrdia Civil, ni als registres mercantil o de la propietat, ni a l'Exèrcit, ni, en general, a les terminals perifèriques de l'Administració de l'Estat. Per tant, si hi ha una llengua en situació d'inferioritat, aquesta és clarament la catalana. Un ciutadà catalanoparlant no pot viure a Catalunya, ni relacionar-se amb les administracions en la llengua pròpia i oficial, però, en canvi, un ciutadà d'expressió castellana ho pot fer a tot arreu. Possiblement per això i no sabem si amb massa do o sentit de l'oportunitat, es va aprovar la nova llei del 98 només per donar una tímida empenteta o una gentil sacsejada als sectors més refractaris a la normalització. I naturalment aquesta modesta iniciativa va ser l'espurna que desvetllà totes les successives entitats creades per posar bastons a la roda de la recuperació del català.

Primer havia estat CADECA, amb gent de Vilaseca-Salou i lideratge d'un personatge ultra com Gómez Rovira, que va presentar recursos als tribunals Suprem i Constitucional de l'Estat espanyol. Poques vegades una llei autonòmica ha passat per tantes instàncies de reconfirmació com la lingüística del 83. De manera que tothom se les prometia molt felices per allò de «*Roma locuta, causa finita*», i pel fet de no haver-hi cap més òrgan superior capaç de revocar allò que els sobirans representants del poble de Catalunya havien aprovat en legítim exercici de les seves atribucions i per indiscutible majoria.

Però estàvem equivocats. CADECA havia generat, com ho fan les amebes, uns protozous que es reprodueixen per bipartició, tota una sèrie de satèl·lits: la Cervantes, la Tolerancia, la Bilingüismo (que per fer honor al seu títol redacta exclusivament en castellà les invitacions als actes que organitza), la Concordia, la Convivencia Cívica, etc. I després, quan no s'aconseguia fer oblidar la imatge fatxa o simplement molt dretana de les organitzacions, va arribar el gran descobriment del Foro Babel, una plataforma nova pretesament d'esquerres i coincident en tot allò que fa referència a la llengua amb la trajectòria de les anteriors. Al fons de l'escenari, movent els fils, hi ha aquest físic nuclear esdevingut piròman social que és l'anterior líder del PP a Catalunya i encara avui president de la Fundació FAES (que alimenta d'ideologia el partit governant, Déu ens agafi confessats!), el senador Vidal-Quadras, que després d'un petit parèntesi d'Aleix torna a dir-se Alejo com sempre. Al seu costat, un interlocutor molt valuós ha estat el dirigent del PSC-PSOE, Villacorta, aquell que en ple congrés del partit es va posar a recollir signatures contra la llei del català aprovada pel seu propi partit. O bé Francesc Carreras (recordem que és cosí de Narcís Serra), fill de l'expresident del Barça, de La Caixa i de tantes altres coses en època franquista, catedràtic, membre del Consell Consultiu de la Generalitat (amb sou equivalent al de ministre). O bé els inevitables Ribas, Trias i d'altres progres de l'esquerra benestant.

Gràcies al Foro Babel ens hem assabentat que just aquí a casa nostra teníem un problema greu i que no ens n'havíem adonat. Milers de persones, deia la interessada, falsa i deformada versió, s'havien adreçat al Defensor del Pueblo (amb majúscula, és a dir, el de sempre, perquè es veu que els altres pobles, pobrets, no mereixen ser defensats) per demanar-li la seva protecció. Realment, Fernando Álvarez de Miranda hauria de rebre algun premi de saurí que descobreix corrents subterranis, de sismòleg que anticipa terratrèmols o d'enginyer de mines que detecta algun filó que interessa a tercers. Ell, procedent del «*contubernio de Munich*»,[1] s'ha anat, pel que es veu, aposentant en el

1. Us recordeu d'allò de «*los de Munich a la horca*» o del «*Tarancón al paredón*» i de com el tinent coronel Blanco, des de la Direcció General de Seguretat de la Puerta del Sol, a la tornada, els anava desterrant a Fuerteventura i Lanzarote?

sistema i, ara, a les velleses es pronuncia de manera temerària, imprudent i ben impròpia del seu càrrec, fent costat al prejudici i contribuint a un conflicte sortosament inexistent, però que amb moltes burxades més com la seva podria acabar per esclatar de debò.

Però, què hi pinta el Foro saltant-se els partits polítics, les eleccions celebrades i la voluntat popular que ha sortit de les urnes?

És ben interessant de veure com el Foro Babel i altres entitats semblants s'erigeixen i s'autodesignen com a representants, intèrprets o portaveus de sectors socials que ningú no identifica ni quantifica. El seu és un plantejament que s'aguantaria en un règim dictatorial sense llibertat d'expressió. I és una mica fort que siguin prou agosarats per autoproclamar-se dipositaris d'allò que la majoria desitjava a l'inici de la democràcia. Però no s'aturen aquí. També afirmen que Catalunya reclama un injustificat tracte de favor i que els catalans volen ser insolidaris quan, en realitat, el grau d'aportació de Catalunya al progrés econòmic de la resta d'Espanya és elevadíssim, gens equitatiu, molt més que proporcional al seu nivell de riquesa i més prolongat en el temps del que qualsevol ajut reequilibrador pot justificar quan el destinatari s'instal·la en la cultura del subsidi i de la subvenció permanent i perpètua.

El Foro també diu que Catalunya no és altra cosa ni res més que el conjunt dels seus ciutadans. Si portéssim aquest argument fins a l'extrem també podríem dir que Catalunya no és més que el conjunt dels seus residents i, per tant, a l'estiu l'idioma oficial podria ser el francès, l'anglès o l'alemany. A Roses, Lloret o Salou, per exemple, passen de 7.000 habitants de dret a l'hivern fins a 250.000 habitants de fet durant el període de vacances.

Visió unidimensional

A més a més, fa una trampa suplementària en demanar el respecte a una realitat lingüística de foto fixa o instantània actual *rebus sic stantibus*, com si l'estat de la qüestió no fos el fruit i la conseqüència d'un genocidi cultural planificat i de la pel·lícula d'una persecució implacable de la llengua catalana. I per si no fos prou, no s'observa que el Foro reclami a l'Estat espanyol el mateix respecte per a la cultura catalana, objecte de pura tolerància de quelcom que es considera una molèstia col·lectiva. El seu propòsit és, doncs, perfectament asimètric, unidireccional i manipulador de l'opinió a la resta de l'Estat perquè volen fer creure que els castellanoparlants són objecte d'alguna mena de discriminació. I se'ls veu el llautó perfectament quan es lamenten que el sentiment nacionalista català sigui present en un grau o altre a totes les formacions polítiques, socials i culturals del país. És lògic que els molesti veure com allò que volen demonitzar es troba present a tot arreu, perquè justament el fet de ser un denominador comú de general acceptació els desarma en la seva croada en favor d'uns ciutadans que no volen pas ser alliberats d'una malaltia imaginària.

Del Foro Babel, Oriol Bohigas n'ha dit que és l'obra literària excelsa d'uns intel·lectuals graponers. En la seva opinió, quan el govern de la Generalitat decideix d'intervenir, amb el ple suport aclaparadorament majoritari del Parlament, a fi de corregir i redreçar la inexistència de cinema doblat en català, no fa altra cosa que rectificar la llei de la selva del mercat que permet que els poderosos puguin oprimir els més febles. Segons ell és incomprensible que persones que prediquen els límits a l'edificabilitat o els frens a la desforestació de l'Amazones, puguin rondinar quan la Generalitat intenta aconseguir la llibertat d'elecció de l'idioma al cinema. I encara més que, en nom de la llibertat de mercat, puguin arrenglerar-se a favor d'unes multinacionals nord-americanes uniformitzadores, imperialistes i abassegadores. A part, és clar, de fer costat als guanys del compte de resultats d'empresaris de la distribució com ara en Balañá que, per fer uns centimets més, prefereix el monolingüisme rutinari i no complicar-se la vida amb versions catalanes i romanços. És curiós que la Disney, per exemple, s'hagi negat a fer doblatges fins i tot pagant-ne el cost la Generalitat. La militància anticatalana del seu equip directiu a la península Ibérica, encapçalat pel senyor Vasallo, ha estat d'una duresa digna d'una millor causa i mereixedora d'alguna resposta des del govern català i des de la societat mateix. On és, per cert, la Crida que tan bé aniria en un cas així? La conclusió de Bohigas és que entre els defensors de la Warner o de la Fox de Rupert Murdoch és molt estrany que hi hagi tanta gent que diu que milita en el socialisme. O fan malabarismes electoralistes o s'han deixat arrossegar i convèncer per Vidal-Quadras, que és l'únic coherent en tota aquesta història. Obiols proclama que com a tontos útils són molts els esquerrans que s'han passat a l'integrisme vidalquadrista i en conclusió lamenta que l'esquerra s'hagi deixat arrabassar la defensa dels interessos col·lectius per damunt dels individuals, que li hauria de ser essencialment pròpia, moguda només per antipujolisme.

El que no sabia Bohigas en escriure amb tanta clarividència les seves impressions, és que molts alts dirigents del PSC-PSOE van intervenir activament i decisivament en la gestació del Foro Babel. Els del nucli fundador: Francesc Carreras, Julio Villacorta, Félix Pérez Romero i Antonio Robles van establir contacte ràpidament amb Josep M. Sala (el senador condemnat per la corrupció de Filesa) i amb Joan Ferran i van trobar un ben cordial acolliment i tot el suport del col·lectiu Crisol, l'aparell de relació del partit socialista amb el món de la ja remota immigració, avui ja totalment integrada, però encara sensible a un tractament especialitzat en forma d'allò que Raimon Obiols va anomenar amb perspicàcia un conjunt de *peñas rocieras*. Josep M. Sala va ser un assidu a les trobades de Premià de Dalt que van donar lloc al pacte del Mogambo (nom del restaurant d'aquella vila tan poc proletària). D'altres destacats dirigents socialistes que van intervenir en la fecundació d'aquest instrument són Josep Zaragoza, Manuel Bustos, Ferran Bello, Katy Carreras i Miquel Iceta (home de confiança de Narcís Serra). La cosa no va anar encara més lluny, perquè tots ells tenien primer una tasca preliminar que era la de fer que el congrés del partit fes fora de la direcció Raimon Obiols. Una vegada captiu i desarmat el sector obiolista, ara sí que les tropes nacionals poden avançar cap als nous objectius.

Experiments de confrontació

Amb una sinceritat que és molt d'agrair, i una certa ingenuïtat també, el portaveu del Foro, Félix Pérez Romero, diu que el PSC va col·locar dins el partit dues guineus per vigilar el galliner. La catalanista de Joaquim Nadal i Antoni Dalmau i la del Foro Babel. Amb tota modèstia, admet, això sí, que el PSC no és una prolongació política del Foro. Però el que no ens aclareix és si a la inversa es pot dir el mateix d'un Foro promogut, estimulat i defensat des del PSC en una operació que és indicativa d'un lerrouxisme amb *aggiornamento*. Per cert, la primera actuació a Catalunya de Josep Borrell, després de sortir batejat amb l'aigua beneïda de la nominació en primàries com a «*el candidat*», va ser precisament la reunió amb el Foro Babel. ¿Cal interpretar doncs que Borrell, a part de ferse solidari de la intervenció del seu partit en la creació d'aquest giny, pensa que el debat lingüístic –inexistent al carrer i a la societat– és el primer i més prioritari dels problemes de Catalunya? ¿O és que hi ha un repartiment de papers pactat de bell antuvi amb Vidal-Quadras per exacerbar un nacionalisme espanyolista adormit (aquell que Arzalluz designava com a *nacionalisme imperialista*) i repartir-ne els rèdits electorals entre dretes i esquerres en detriment del catalanisme polític? ¿No seria un pacte immoral el fet que els dos grans polítics d'àmbit estatal, mentre firmen acords de governabilitat i d'estabilitat amb CiU i fan posat de moderació i de diàleg, desfermessin les seves fraccions més extremistes, radicals i nostàlgiques o del jacobinisme estatalista i rabiosament centralista respectivament? ¿I sobretot que es dediquessin a experimentar exercicis de confrontació i de fractura en una societat que ara és una bassa d'oli, però que podria deixar de ser-ho si tinguessin èxit aquesta colla d'incendiaris voluntaris i de salvapàtries que ningú no ha convocat?

El que resulta ben curiós és que el Foro Babel no s'hagi queixat mai del caràcter de llengua única i obligatòria que s'atorga al castellà en totes les institucions de l'Administració central de l'Estat incloent-hi les seves delegacions perifèriques en territori de Catalunya. On és la coherència dels autoproclamats bilingüistes? Albert Branchadell, persona que s'ha dedicat amb èxit a posar en relleu les contradiccions dels babelians, subratlla el fet que, en una ocasió, un parell de diputats del Parlament de Catalunya van abandonar la sala quan un altre col·lega va encetar el seu discurs en castellà. Però, naturalment, el president no li va retirar la paraula, cosa que, en canvi, sí que passa, ha passat i passaria si un representant català pugés a la tribuna del Congrés dels Diputats a Madrid, i parlés el seu idioma. Baltasar Porcel va afegir també a la polèmica el seu comentari. Deia que la relativa pluralitat que consagra la Constitució no passa de considerar-se un afegitó, una concessió i encara errònia, supeditada al fet unitari i central. En canvi, el nacionalista català, el catalanista o el simplement català són molt més oberts que la resta d'Espanya (on es podrien col·locar també els catalans anticatalanistes), perquè desitgen de debò per a ells mateixos també el castellà, mentre que els altres només s'empassen el català rondinant.

Alberto Recarte, vicepresident del Círculo de Empresarios, un selecte club d'homes de negocis, i home de confiança del vicepresident del govern central, Rodrigo Rato, diu que el fet que a Catalunya hi hagi ara mateix menys atur que a la resta d'Espanya és aparentment positiu, però que a mig termini produirà un encariment del factor treball i l'empobriment al qual estan abocades totes les economies tancades. I deixa caure que quan una família andalusa, castellana o extremenya es planteja traslladar-se a Catalunya els pesa de manera decisiva en contra el fet que els seus fills hagin de rebre educació en català. Ja es veu, doncs, que alguns dirigents empresarials prediquen la «*unidad de destino y de mercado en lo universal*».

En definitiva, que el nacionalisme espanyolista es veu, naturalment, que no ha trencat mai cap plat. No va afusellar el president Companys, ni va fer cap genocidi cultural, ni va ficar els reclutes catalans de l'exèrcit legal de la República als camps de concentració obligar-los a repetir la mili després d'una guerra civil. No, ells no van fer la repressió dels primers anys de la postguerra, ni les execucions al Camp de la Bota, ni la de Puig Antich al final del franquisme. Ells senzillament són europeus, postmoderns, i han abdicat, t'asseguren, de la intransigència, del fonamentalisme integrista i de les actituds inquisitorials que van tornar a ensenyar el llautó en una data tan recent com el 23-F del 81. Deia recentment Pablo Castellano, el líder del PASOC, integrat a IU, que ells com a partit minoritari fan com les nacionalitats igualment minoritàries «*que no pateamos, pisoteamos, ni aplastamos al adversario*».

Ens trobem, a més, davant d'un Defensor del Pueblo afectat pels prejudicis vigents a la comunitat majoritària, dominant i en molts moments històrics opressora i repressiva. I, per tant, es va plantejar de presentar una impugnació de la llei del català al Tribunal Constitucional. D'aquesta manera posava la institució unipersonal que encarna i representa al servei d'una determinada ideologia. Ni el mateix PP espanyol o català havien gosat de recórrer contra la llei. La del 83 es va aprovar per unanimitat perquè llavors no hi havia presència del PP al Parlament català. Però la del 98 sí que va tenir el vot en contra del grup de Fernández Díaz. I de recursos al Tribunal Constitucional ni parlar-ne. De manera que l'únic estirabot va ser la incitació del senador Vidal-Quadras a «*echarse al monte*» i a practicar la desobediència civil i la insubmissió davant la llei. Tot un model de capteniment democràtic i d'ètica política per part d'un ciutadà que cobra del Parlament de Catalunya (la llei del qual vol desmuntar de forma subversiva) i en virtut d'això forma part també del Senat espanyol.

És curiós que existeixi un Defensor bel·ligerant en contra del català que mai no s'ha preocupat de la indefensió de la nostra llengua. ¿S'ha entretingut a comparar com tracta el govern català els castellanoparlants amb la forma d'ignorar i menysprear els catalanoparlants que practica l'Administració central?

Un dictamen contra la coral

De fet, el qui sembla que sí que va fer una aportació decisiva va ser Miguel Herrero y Rodríguez de Miñón, membre de la comissió redactora de la Constitució i potser el jurista o intel·lectual madrileny amb més sensibilitat i comprensió de cara al fet català. El Defensor, abans de decidir si accedia a les peticions rebudes i a les pressions de Vidal-Quadras per presentar un recurs contra la llei del català al Tribunal Constitucional, havia demanat dictàmens als catedràtics Sebastián Martín Retortillo (íntim de Rodolfo Martín Villa) i Antonio López Pina. Evidentment, ja sabem de quin peu calcen i quina podia ser la seva recomanació: simplement que es repetís el que el govern del PSOE va fer l'any 83, és a dir, impugnar la llei. En aquella ocasió, el suspens va durar fins a la sentència del Tribunal Constitucional del 87 i així ens van tenir amb l'ai al cor tot aquell temps. El 98 el PP no podia fer allò que el cos li demana a causa dels pactes de governabilitat, però hi havia naturalment la temptació de deixar que Álvarez de Miranda s'encarregués de la feina bruta en una maniobra de tirar la pedra i amagar la mà. És per això que va ser un gran encert demanar el dictamen que, en sentit contrari, va elaborar Herrero de Miñón. Era la bona solució per superar la situació en què es va trobar, desconcertat, el govern de la Generalitat en veure que el Defensor ni tan sols li demanava un informe i el deixava fora de joc.

Els arguments d'Herrero en favor de la constitucionalitat de la llei són d'una gran solidesa i contundència. Segons ell, el que es fa és donar una garantia a la llengua catalana i no pas excloure la castellana. Només des de la mala fe, diu, es pot apreciar una inconstitucionalitat per omissió, perquè només es pretén superar una carència social *de facto* i de cap manera l'exclusió de la presència social del castellà. Insisteix a dir que actua de mala fe i deslleialtat constitucional el qui critica una norma que pot ser interpretada d'acord amb la Constitució, partint de la base que és contrària a la Constitució. I defensa, fins i tot, la imposició del deure de conèixer el català. Sosté que la legitimitat d'aquesta mesura ja la va reconèixer el Tribunal Constitucional pel que fa a la funció pública. En resum, doncs, un dictamen oportú i decisiu contra l'orquestra i la coral que s'estaven muntant, i sobretot un exemple de coherència d'un demòcrata que, en lloc de fingir de forma oportunista un suport a les aspiracions de reconstrucció nacional de Catalunya per oposar-s'hi després –una vegada els seus ja han assolit els propis objectius partidistes–, segueix mantenint les actituds inicials i els compromisos inherents al que hauria d'haver sigut un pacte d'Estat. Un pacte que, al capdavall, s'ha quedat només en paper mullat i en una frustració que a molts ens fa sentir utilitzats, manipulats i llançats com un *kleenex* un cop ja no som necessaris.

Un defensor que només vigila un costat

Ernest Lluch ho subratllava en un comentari ben intel·ligent. Es referia a la decisió que finalment adoptà el Defensor des d'una posició tan poc objectiva que palesava com des del prejudici és impossible de fer un judici encertat, equilibrat o imparcial. És cert que, després d'amenaçar amb la possible presentació del recurs, al final va optar per no fer-ho i ens va permetre de sospirar alleujats. De vegades val més que no et perdonin la vida si a continuació passen a humiliar-te de forma intolerable. I això és més o menys el que va passar. En tornar de les seves transcendentals meditacions, el Defensor ens va fer partícips dels seus recels contra la nostra comunitat. Ens va advertir que es posava a l'aguait per vigilar dia i nit que ningú no atemptés contra els drets inviolables dels castellanoparlants. I ho va dir ell que mai no havia tingut temps ni voluntat per ocupar-se de vigilar el respecte dels pressumptes drets (proclamats solemnement, però mai aplicats de forma plena) dels catalanoparlants. És dura la vida, oi?

Primer, Álvarez de Miranda va comparèixer davant els mitjans de comunicació i va declarar que milers de persones li havien reclamat a títol individual la interposició del recurs. Es veu que la fotocopiadora de Vidal-Quadras va funcionar a ple rendiment! I va anunciar també que havia encarregat investigacions, com si a Catalunya hi hagués problemes secrets, clandestins o sectaris que requerissin detectius per descobrir-los. Mare de Déu santíssima! Com es pot ser tan ofensiu i tan ignorant de la realitat social des d'un càrrec emblemàtic que hauria de ser exactament de defensa de les minories, de conciliació, de prudència i de recta aplicació de les atribucions conferides.

Aparentment, cada vegada més es perfila un doble sistema legislatiu. D'una banda, les lleis que promou l'Administració central al Congrés dels Diputats, que són les que van a missa i les que cal complir. I d'altra banda, les que són iniciativa de la Generalitat i que aprova el Parlament de Catalunya que no tenen cap efecte, que poden ser burlades i que no passen de ser platòniques expressions voluntaristes i elements decoratius. ¿Vostès creuen, per exemple, que el govern central hauria permès que, en violació d'una llei, els grans magatzems, els hipermercats, els congelats La Sirena o el *megastore* Virgin obrissin els diumenges en acte de desafiant rebel·lia contra les autoritats catalanes? Els podem assegurar que no. Una cosa així només passa quan el poder autonòmic es resigna a la condició que les seves normes siguin aigües menors.

Entrant, però, en matèria, el que preocupa Ernest Lluch i molt greument, és que el Defensor palesa una mentalitat segons la qual es nega la possibilitat, ni en un futur allunyat, que el català pugui arribar mai a gaudir de la mateixa condició que el castellà. L'article 3.1 de la Constitució estableix el deure de tots els ciutadans de conèixer el castellà. En canvi, el Defensor ens adverteix que no es poden dictar disposicions que pressuposin el deure general de coneixement del català. La discriminació és, per tant, ben evident. No diu que les mesures es vagin adoptant sense vulnerar drets personals o de manera gradual, sinó que la llengua catalana s'ha de col·locar per sempre més *–in aeternum–* en una intolerable situació d'inferioritat. No hi fa res que la mateixa Constitució (article 3.3) digui també que les altres llengües han de ser objecte d'especial respecte i protecció. Això només són declaracions retòriques com aquella republicana que «*los españoles serán justos y benéficos*» o les actuals del dret al treball o a l'habitatge. El que passa és que les regles a favor del castellà són coactives mentre que les del català no passen de bones intencions, en una clara demostració de discriminació i de rebuig numantí al principi d'igualtat de les dues llengües. Així, doncs, el que tenim, ja ho veiem, és una Constitució feta *en plan progre* de cara a la galeria i que raja pel broc gros quan es tracta purament de ser emfàtica sense concretar ni garantir resultats pràctics.

En conclusió, Lluch expressa la seva convicció que probablement la llei no era necessària. Segurament n'hi havia prou amb alguns decrets o retocs parcials. Però un cop posat en marxa el procés (amb evidents errors de tramitació graponera i manca de tacte que va crear problemes innecessaris), el projecte ja no es podia retirar. Hauria significat, en efecte, una derrota del català davant l'espanyolisme radical i ara el que cal és avançar tan gradualment com sigui aconsellable, però sense discriminacions. De fet, avui el 95 % dels nois de deu a catorze anys ja saben parlar català, cosa que representa un progrés innegable. Nogensmenys, no podem fer-nos il·lusions i confondre el coneixement amb l'ús. Perquè, tal com va dir Joan Triadú, potser es guanyen les aules mentre que es perden els patis.

Lleis aprovades democràticament

Sobre l'actitud del partit socialista de pronunciar-se en contra de la legislació i de ser partidari en matèria de llengua del «*laissez faire, laissez passer*», Albert Branchadell critica les opinions del portaveu del PSC-PSOE Jordi Font. I diu que no és cert que CiU apliqui a la llengua una aposta altament dirigista, molt jacobina i gens liberal, que consisteix a anar fent camí tot promulgant lleis miracle. Més aviat sembla que CiU ha estat capaç de suscitar la concertació social en aquest tema encara que els vots contraris d'Esquerra Republicana expressaven un desacord en el sentit oposat, és a dir, que consideraven que la llei es quedava massa curta i que no era prou ambiciosa. La irònica conclusió de Branchadell és que, si ara es reclama legislació fins i tot per regular les parelles homosexuals de fet, no s'entén que els socialistes s'oposin a les lleis de normalització lingüística. I fa esment del procés de rehabilitació de dues llengües subordinades que s'ha fet a base de legislar. Primer, el cas de Bèlgica, amb cent anys de dictar normes. I, en segon lloc, el francès del Quebec protegit per unes lleis que produirien una aturada cardiorespiratòria a Fernando Álvarez de Miranda.

El cert és que amb tots els errors comesos per Pujals i Lluís Jou, les actuacions de la Generalitat que provoquen les reaccions histèriques dels hostils desinformats de sempre són les d'un govern escollit pel poble. Són, per tant, lleis democràtiques, cosa que semblen oblidar els irats defensors de l'hegemonia del castellà. ¿Potser els agradaria més que l'idioma fos defensat per bandes armades i fanàtiques, perquè així ja no haurien de fer comèdia? Però el que hi ha és que els qui s'autoqualifiquen de progressistes han de conviure amb la contradicció d'anar contra les lleis aprovades per una majoria aclaparadora en un sistema de llibertats.

Ens trobem amb un partit socialista que cada vegada més reflecteix els seus orígens jacobins en els tics i en el seu capteniment polític. Pasqual Maragall, per exemple, afirma que el nacionalisme és indefensable a Europa.[2] Revela així, en pensar amb el desig, quines són les seves profundes i autèntiques creences. Però oblida

2. Tot i que, a la vista de l'efecte Borrell, ja ha rectificat aquells plantejaments.

també que el nacionalisme català és d'allò més presentable que es pot trobar a tot el continent, per descomptat molt més que no pas el nacionalisme espanyol, en el transcurs de la seva fracassada història, tal com ens fa notar el professor Enric Fossas. En realitat, ja en comencem a estar tips que alguns polítics socialistes vinguin de manera grotesca a predicar-nos l'Espanya plural, perquè Catalunya ja és socialment, culturalment i políticament molt més plural, oberta i tolerant que la resta d'Espanya. És més, l'ingredient del catalanisme transversal que impregna totes les formacions polítiques, malgrat les derives lerrouxistes que actualment pateix del sector Sala i dels capitans del PSC-PSOE, és precisament un nucli de consens que a la societat espanyola li faria molta falta trobar sota una altra forma. Acaba dient Fossas que el més lamentable de tot és que una força que legítimament aspira a governar s'hagi deixat prendre la bandera del catalanisme i es limiti a defensar un projecte polític espanyol, com si governar a Madrid fos el seu únic objectiu.[3] I remata preguntant-se: com es pot anar a unes eleccions catalanes amb un senzill i tronat antinacionalisme català i, damunt, pretendre guanyar-les. No cal ser Einstein per conèixer-ne la resposta.

3. Josep Borrell ho ha dit ben fort i clar. Les properes eleccions catalanes són el primer esglaó del seu camí cap a La Moncloa. Per tant, Catalunya és només la Covadonga de la reconquesta d'Espanya per part del PSOE.

10

Privilegis centralistes

El reducte dels privilegis

El que passa potser és que també a Catalunya l'aparell de l'Estat és un reducte de privilegis i beneficis materials als quals els agraciats no volen pas renunciar. I aquest complex burocràcia-negocis s'ha mobilitzat en defensa d'una bicoca que naturalment consideren intransferible. Per això busquen aquí els interessats que defensin els poders centralistes. I d'aquesta manera els nacionalistes expansius de debò fomenten les activitats de nuclis resistents disfressats de progressistes il·lustrats. En relació amb Euskadi, la sensibilitat d'alguns dirigents socialistes és també perfectament descriptible. Iñaki Anasagasti, el portaveu del PNB al Congrés, ha dit, per exemple, que Josep Borrell és antinacionalista, intransigent i superb. El seu propi rival a les primàries i secretari general del seu partit, Joaquín Almunia, el va qualificar de jacobí irredempt. I segons el PNB, en una reunió en què es discutia el traspàs dels ports,com que els bascos no van acceptar la proposta infumable i centralista de Borrell, aquest s'alçà amb un exemplar de la Constitució a la mà i els digué que els ports no serien transferits, perquè vertebren Espanya. La resposta d'Arzalluz va ser: «Si els ports són vertebradors d'unitat, per què no ho són tam-bé les estacions d'autobusos?» En qualsevol cas, el dia en què Borrell es va retratar del tot va ser el febrer del 98 quan s'acostà a l'escó d'Anasagasti per dir-li: «*Te voy a parar los pies a ti y a lo que representas*.»

Tampoc no s'està de res Manuel Chaves, president socialista de la Junta de Andalucía, quan reclama com a imprescindible un pacte PP-PSOE per frenar l'escalada nacionalista. Opina que l'Estat de les autonomies s'està construint a base de talonari (ell que de talons, en rep més que ningú) i que això no pot ser ni es pot aguantar. Per reblar el clau diu que no es pot permetre que els fets diferencials es tradueixin en desigualtats i privilegis. Suposem que es refereix, és clar, als dels altres, perquè no ens l'imaginem pas renunciant a tots els que avui es destinen a la seva comunitat.

Plantejaments a mida

En realitat, la lògica derivació d'aquests prejudicis i d'aquestes actituds és la que tradueix l'oferta d'Almunia i Borrell, prèviament reunits amb Chaves, Bono i Rodríguez Ibarra, de fer un pacte autonòmic que fixi el finançament de les comunitats, que posi límit al desenvolupament de l'autogovern i que marqui un sostre a les transferències de competències de titularitat estatal que permet l'article 150.2 de la Constitució. Precisament la via que s'ha emprat per traspassar la gestió del trànsit als mossos d'esquadra. El llenguatge del PSOE és ben expressiu i eloqüent. Cal oposar-se, diuen, a les pretensions extremistes que volen qüestionar l'actual model constitucional. I d'aquesta solemne declaració de grans principis baixen ràpidament a pronunciar-se contra la transferència dels aeroports, la Seguretat Social o l'INEM, com si determinades atribucions administratives fossin seves i de propietat perpètua en virtut d'un dret diví. Del tema dels aeroports, en tornarem a sentir parlar, perquè això d'AENA és un magnífic negoci i els qui avui gaudeixen de les concessions, les exclusives i les bicoques no acceptaran fàcilment que les hi prenguin.

L'excepció més destacada en aquesta formació jacobina que alimenta prejudicis és la de Felipe González, amb un parell d'intervencions de gran valor pedagògic. La primera quan va dir que amb el que paguen de més el catalans es poden fer escoles a Extremadura. I la segona quan va ressaltar que Catalunya és la zona que més solidaritat aporta a les zones receptores i que mai no havia donat tant com d'ençà que funciona l'Estat de les autonomies.

Vicenç Villatoro explica que hi ha diverses transversalitats polítiques, per exemple la del catalanisme que inspira bona part dels partits polítics. O bé la de signe contrari, és a dir, la dels qui abominen del nacionalisme català a dreta i esquerra, que no arriba a manifestar-se del tot a causa de l'hostilitat i els odis africans que separen populars i socialistes. Però en el moment que aquest enfrontament baixi d'intensitat anirà prenent cos l'amenaça que sovint es formula contra els nacionalismes diferents a l'espanyol. Vázquez, per part socialista, i Martín Villa han estat els predicadors d'una gran coalició que impedeixi als catalans i bascos d'esdevenir frontisses i forces clau per a la governabilitat. D'altres van encara més lluny i reclamen una modificació de la llei electoral que perjudiqui els nacionalistes perifèrics. Un plantejament trampós i antidemocràtic per part dels qui no accepten la realitat tal com és i volen transformar-la a base d'unes regles de joc noves i adulterades. Així s'explica el gran èxit de Vidal-Quadras en determinats cercles d'esquerra, igual com el discurs nacional de Borrell agrada molt en alguns sectors de la dreta tradicional. Especialment quan reclama a Aznar que llegeixi la cartilla a Pujol i li demani explicacions sobre les idees de sobirania compartida o la firma de declaracions en favor d'un Estat confederal, perquè són una amenaça per al concepte d'Espanya.

Un bon exemple d'aquesta transversalitat és Félix de Azúa, que assegura que molta gent signa els documents del Foro Babel perquè estan en contra del desbordament funcionarial del nacionalisme català. Troba inquietant la possibilitat que l'aparell administratiu orienti els seus súbdits ideològicament des del bressol i l'escola. I diu que canviar el nacionalisme espanyol per un altre d'idèntica naturalesa seria poc raonable i un mal negoci, i que la diferència catalana s'ha d'apreciar sobretot en la seva administració. Reproduir el model espanyol d'Estat intervencionista, proteccionista, antimodern i jacobí a Catalunya no li sembla una lluita per l'alliberament popular. Calla, però, que ell ha estat un funcionari distingit del govern central en l'àrea ideològica i cultural com a director de l'Instituto Cervantes a París. I d'altra banda, en advertir-nos dels perills d'adoptar per a Catalunya el perniciós i nociu model de l'Estat espanyol, li trobem una gran insinceritat, perquè no hem observat que en cap moment hagi defensat o impulsat un Foro Babel contra el nacionalisme espanyolista (que declara considerar execrable), ni que hagi signat cap manifest contra l'intervencionisme estatal que ofega la llibertat dels individus quan l'agressor és l'Administració central espanyola, la qual ell ha servit des de llocs tan selectes i ben remunerats. Ja es veu, doncs, que quan acusa el nacionalisme de subordinar les persones als drets transcendents de la terra, és a dir, del funcionariat, només s'està referint a una classe de nacionalisme. De l'altra, en forma part integral, tot i la posa de desmarcar-se'n a nivell verbal, perquè no és que sigui nacionalista espanyolista igual com M. Jourdain parlava en prosa, és a dir, sense saber-ho. No, ell ho sap perfectament i en té plena consciència. I és per això que amb afany despectiu denuncia que un amic seu, el qual ell qualifica de xarnego, ha rebut un fax del president Pujol en què el felicita pel naixement del seu fill i li diu que miri de suscitar en la criatura un esperit de civisme i d'estimació per la Catalunya que l'ha vist néixer. Es queixa que això es faci, que es pagui amb el diner dels contribuents i que surti la paraula *Catalunya*, atès que qui de debò ha vist néixer l'infant és la llevadora o el metge. Se li veu, però, el *parti pris* de sortida, perquè és materialment impossible que tots els amics xarnegos del senyor Azúa tinguin fax i sobretot que el president de la Generalitat en conegui el número. Ni tan sols els supermercats Caprabo, que regalen una panereta a cada nadó que detecten al país, disposen d'un llistat tan impressionant. ¿No deu ser que, en l'exercici d'una política pronatalista de plena vigència actual i de rabiosa modernitat,[1] Pujol accepta de ser padrí dels primers nadons nascuts cada Cap d'Any i que els té localitzats als hospitals i, per tant, els pot enviar un fax a través del gerent de cada centre sanitari? El que passa és que hi ha gent que els perd l'enginy i que no es poden estar de fer brometa sobre tot allò que els resulta una incomoditat, perquè no encaixa en la seva personalíssima concepció de l'univers i d'una Espanya feta a la seva mida.[2] I, és clar, reaccionen amb un to burleta i suficient des del seu sentiment de superioritat, almenys numèrica, amb la sistemàtica estripada d'uns valors molt respectables, gens *aldeanos* i d'una total modernitat.

Ens haurem d'anar acostumant al fet que Almunia insti Aznar a posar *firmes* Arzalluz per exigir-li lleialtat constitucional. I, encara pitjor, que tots dos grans partits d'àmbit estatal vagin mantenint en circulació la visió estereotipada i el clixé d'una Catalunya insolidària i aprofitada que mercadeja amb els seus vots, perquè això els resulta electoralment rendible i els permet de demanar una majoria absoluta. En aquesta línia de falsificació interessada i de gran irresponsabilitat de cara a la convivència, Almunia ja demana una votació suficient per no haver de pagar tant als catalans. Una persona com ell, graduada a Deusto, que va treballar, a més a més, a les cambres de comerç per compte i ordre dels empresaris bascos i madrilenys, hauria de tenir nocions

1. Vegin, si no, el que ara diuen els socialistes sobre aquest tema, sobretot d'ençà que Mitterrand es va apuntar a la lluita contra la demografia minvant.

2. Que aquí també hem de patir l'existència dels equivalents de la perniciosa classe de francesos parisencs i *sorbonnards* que tant de mal han fet a França, a tot Europa i a l'Àfrica francòfona.

de comptabilitat suficients per no confondre qui paga amb qui cobra.

També hi ha errors i qui se n'aprofita

Quin contrast amb el que diu Xavier Trias, que, davant la manca de resultats en totes les negociacions sobre finançament de la Generalitat i inversions estatals a Catalunya, acaba reconeixent que caldrà emprendre unes estratègies diferents de les que s'han fet servir fins ara, perquè anar aconseguint coses a poc a poc desgasta molt. La seva trista conclusió és que al final es veu la imatge d'una Catalunya que és un etern pidolaire. El lehendakari Ibarretxe, en canvi, no els té, aquests problemes. Ell sí que n'obtingué d'èxits en les negociacions. Primer perquè és tècnicament molt competent. I sobretot, perquè pertany a un govern de nacionalistes de gran fermesa, tot i tenir el seu partit molts menys vots en percentatge dels que obté CiU. El contrast és evident amb la nostra Administració, viciada de clientelismes, arribistes, grimpaires, informacions privilegiades, tràfic d'influències, favors, col·locacions, primacia de la fidelitat canina per damunt de l'eficàcia i formada per buròcrates nacionalment agnòstics. Què farien vostès des de Madrid si veiessin aquest panorama tan poc seriós? Doncs exactament el mateix que han fet ells, torejar-nos, enredar-nos i desgastar-nos. A part, naturalment, de petar-se de riure i de felicitar-se d'haver-nos conegut o d'haver tingut la sort que no fos un altre tipus de gent més autèntica la que passés per aquí en un moment tan crític i decisiu.

Són molts el errors comesos, però n'hi ha un d'especialment significatiu, que és la incapacitat d'haver mantingut l'especificitat d'un espai de política catalana, primer per la dependència del finançament i després pels pactes amb els grans partits estatals. Així s'ha desembocat en una claudicació constant acompanyada d'algun pinyol retòric a fi de maquillar la situació i en un captiveri respecte a Madrid que ens ha d'enviar el taló per arribar a final de mes. Mentrestant aguantarem, això sí, jornades sobre el futur amb el títol de *Catalunya demà*, i encarregarem la presidència al màxim representant de la Catalunya d'ahir i de l'immobilisme, el senyor Vilarasau. I ens dediquem a pontificar sobre l'estat del benestar, l'euro i tot allò que no és de la nostra competència, tan migrada ella, la pobra. Serveix tot això per anar a veure Tietmeyer al Bundesbank o per ser rebut per Chirac i guanyar vots? Doncs potser sí i, per tant, *tutti contenti* encara que seriosament de vegades sembla que fem el paper de Tartarin de Tarascon. I sovint exhibim un excés de petulància en la línia que totes les altres autonomies aprenen de nosaltres, que som un model exportable que interessa molt a Europa, que tot el que diuen Clinton o Tony Blair ja ho havíem inventat nosaltres abans i que els nostres governants fan quedar bé Catalunya, que només és escoltada i respectada gràcies al fet providencial que ells en són els superdotats presentadors. Bé, vaja, que no sabem la sort que tenim d'haver coincidit biogràficament amb uns líders de tan reconegut prestigi a Reus, París i Londres i a la resta del món mundial.

Les idees i la pràctica

Joaquim Nadal es referia a les relliscades del conseller Pujals en el tema de la llengua tot dient que una mala aplicació de la llei, en lloc d'ajudar el català, pot generar rebuig social. Creu que el govern de la Generalitat està posant el català en situació de risc arran de la seva matusseria i les imprudències innecessàries que comet en política lingüística. I que la culpa és de Pujals, però també de Pujol, que presideix un govern feble, contradictori, amb poca iniciativa i errant. Però hi ha comentaristes malpensats que han aventurat d'altres interpretacions. Per exemple, que mentre els castellanoparlants votin –o s'abstinguin– com es vol, la seva negativa o resistència a la integració lingüística els serà ben perdonada. L'opinió d'Alfons Quintà és que hem passat a tenir un nacionalisme que fa ell mateix de tap i que sembla més dedicat a posar-se límits –o a ajupirse davant les preteses pors, cíniques i injustificades, dels nostres enemics de sempre– que no pas a obrir camins amplis, no partidistes i d'autèntica recuperació nacional. De voler el poder polític com a mitjà, s'ha passat a considerar-lo una finalitat en ell mateix. I mantenir-se a l'Administració esdevé més important que usar-la per ampliar les nostres llibertats o per combatre un autoodi que cada dia creix més. En resum, tenim un sistema tancat i també una classe política autoprotegida, sense cap discurs creatiu, sinó amb la voluntat de deixar-se portar pels vents que vinguin del sud tot dient que nosaltres, catalans, som imprescindibles. Però no ho som. És un cas trist de carreró sense sortida.

Tornem, però, al terreny de les idees i veurem que Ernest Udina critica les posicions tancades de Peces Barba, Fernández Miranda, Alberto Recarte, Andrés de Blas i tota una sèrie de constitucionalistes i intel·lectuals madrilenys. Les troba inscrites en la línia d'aquell ministre socialista tan centralista que es deia De la Quadra Salcedo o en la més actual de Mariano Rajoy, que no passa en els seus plantejaments de la pura descentralització administrativa. I recomana als pensadors mesetaris, carpetovetònics i centrípets que viatgin més. Primer que vegin com és el federalisme alemany. Després que vagin al Trentino-Alto Adige (Trentino-Süd-Tirol, en alemany) italià per comprovar que la llengua germànica és l'única a totes les institucions i que conviu amb la cooficialitat de l'italià, que com a llengua no pròpia és molt secundària en l'àmbit públic. A més a més, els recomana que s'acostin a Bèlgica, on a Brussel·les hi ha les dues llengües, però a Flandes únicament i exclusivament el neerlandès, tal com a Valònia només s'utilitza el francès. I per si no fos prou, els suggereix unes vacances al Quebec a fi que comprovin que els nacionalistes catalans són en la qüestió de la llengua la cosa més moderada del món. Potser perquè en aquells països hi ha al darrere uns estats que donen suport a la llengua (Àustria, Holanda, França) i aquí només ens podríem eventualment refiar d'Andorra. Bromes a part, l'existència d'Andorra com a estat sobirà no es pot menystenir. El seu vot val a l'ONU tant com el dels EUA. I encara ressonen a la memòria de molts catalans les emocions i els sentiments que va provocar aquell gran discurs pronunciat pel primer cap de govern constitucional d'Andorra, Òscar Ribas Reig, davant l'Assemblea General de les Nacions Unides. Tal com va dir aquell dia el pare polític de la transformació d'Andorra en un estat de dret modern, les seves paraules al fòrum universal de les nacions les adreçava *urbi et orbi* en la llengua que es parla «de Fraga fins a Maó i de Salses a Guardamar».

Una altra aportació recent al debat és la de Joaquim Triadú, que diu que el catalanisme no és ètnic ni religiós, sinó dret, ciutadania en el sentit romà, llengua i cultura, però, sobretot, un projecte de futur i de benestar social per als sis milions d'habitants. Afegeix a continuació que el concepte de llengua pròpia que va introduir Trias Fargas és molt vàlid, tot i que el fet d'utilitzar la llengua pròpia castellana, tal com fan molts catalans, no invalida ningú per participar en el projecte de futur del país, atès que el més important de tot és la cohesió social.

Tot això es deia al Seminari sobre globalització i identitat celebrat al Centre Internacional de Premsa de Barcelona el juliol del 98. Ernest Lluch contribuïa amb la visió dels tres elements que conformen el desenvolupament d'una identitat pròpia dels segles XVI al XVIII. Primer, la política consistent en un pacte entre els diversos parlaments de Catalunya, València, Aragó i Balears. En segon lloc, la dimensió jurídica. I, després, la llengua catalana, tot i que sempre hi ha hagut molt de catalanisme fet i transmès en castellà. És interessant de veure com remarca que a la tradició pactista de la Corona d'Aragó s'oposa la tradició decisionista de Castella i la resta d'Espanya. D'altres ponents van subratllar que si el nacionalisme català fos ètnic, ja no existiria, perquè segons la demògrafa Anna Cabré ja només queda un 20 % de catalans que tinguin els quatre avis d'origen català.

A la inversa, Pere Gimferrer explica que Juan Ramón Jiménez va plorar l'any 1938 a Santiago de Cuba en sentir a la ràdio *La mort de l'escolà* de Verdaguer cantada per l'escolania de Montserrat. La seva reacció va ser la de dir: «I jo en aquesta presó, fora d'Espanya!» La pregunta és si avui una cançó en català podria representar Espanya. També diu Gimferrer que cal desterrar la idea que la unitat d'Espanya va lligada a la unitat idiomàtica i que cal establir la cooficialitat constitucional de les quatre llengües i ensenyar història de totes les literatures hispàniques. Hàbilment interrogat –o com deia abans la guàrdia civil, «estrechado a preguntas»– sobre el Foro Babel i si firmaria un dels seus documents, va respondre que com que alguns dels babelians són amics seus i el coneixen (recordem que és acadèmic de la Real de la Lengua Española), ja no li han presentat cap manifest per signar, perquè saben perfectament que no ho faria. Afirma que el respecten, igual com ell també els respecta, però recorda maliciosament que només hi ha persones monolingües en castellà.

Segons Antoni Segura, catedràtic d'història contemporània a la UB, els babelians diuen que no són nacionalistes, però una esgarrifança els recorre l'esquena quan els nacionalismes perifèrics parlen d'Estat plurinacional. Diuen que abominen tots els nacionalismes perquè són desintegradors (de què?), insolidaris (amb qui?) i provincians (la megalomania aldeana d'Aznar). Diuen que són internacionalistes, defensen la interculturalitat i estudien l'anglès, l'àrab o el suahili, però n'hi ha que no són capaços d'aprendre el català encara que faci trenta anys, o unes quantes generacions, que estan a Catalunya. A vegades, es declaren solidaris amb el Timor oriental, els saharauís o els kossovars i, en canvi, no reconeixen el fet identitari català. Diuen, fins i tot, que són d'esquerres, encara que ignoren la lluita i la resistència de les classes populars i de les organitzacions clandestines «per salvar-nos els mots i retornarnos el nom de cada cosa» (Salvador Espriu).

El 26 de febrer del 39 les tropes franquistes van ocupar Barcelona. Enmig dels seus rengles, hi havia el terç de Montserrat –els vencedors vençuts–, alguns empresaris, homes de la Lliga i els catalans de Franco, la minúscula representació catalana de la FET i de les JONS. El feixisme català, ple d'autoodi cap a tot allò que recordés el tret identitari, va tractar de castellanitzar el país. Mentrestant, durant els anys quaranta, hi havia els judicis militars sumaríssims, els afusellaments a trenc d'alba (inclòs el del president Lluís Companys, prèviament segrestat a França) i treballs forçats, per exemple, per construir el «Valle de los Caídos». De manera que, ara, el vell llop vol maquillar-se amb un discurs falsament d'esquerres. Tanmateix se li veuen les potes calçades amb les botes de sempre: privilegi, intolerància i negació de l'altre.

Un panorama penós

En aquest panorama no és gens estrany que la Generalitat es dediqui ara en actitud de genuflexió a signar convenis amb algunes grans empreses que es presten a fer el paper de bon minyó i es comprometen a una cosa tan elemental com ara complir la llei de política lingüística aprovada pel Parlament de Catalunya. Els poderosos desfilen per la sala Madico Susany del Palau de la plaça Sant Jaume, es fan la foto amb el president de la Generalitat i prometen que els clients que ho desitgin podran ser atesos en català. Com a imatge de correlació de forces, l'espectacle resulta penós. No s'ha vist mai enlloc que se signin convenis amb empresaris que es declaren disposats a assumir la molèstia de respectar una llei aprovada per un parlament democràtic. A on hem anat a parar? ¿Que no ho veuen els nostres ínclits dirigents que els Botín, Villalonga, Amusátegui i Isidoro Álvarez es peten de riure quan surten de fer el numeret que els hi han muntat els seus assessors d'imatge? Més que una foto signant un conveni, el que hauríem de reclamar són actuacions, per exemple, les que fa a Madrid la Fundación Areces (Corte Inglés) i que van molt més enllà dels cursets de sardanes. I el president de Telefònica, cal recordar-ho, deia encara a mitjan 1998 que no tenia previst d'atendre els usuaris en català, perquè també els centenars de milers d'anglesos de la Costa del Sol li demanarien les mateixes consideracions. A part de la seva gran ignorància i de confondre els residents estrangers amb els visitants, Villalonga demostrava així el seu gran menyspreu als ciutadans de Catalunya. A un president de monopoli privatitzat amb tan ambicioses aventures americanes (que Déu faci que acabin bé), caldria recordar-li que el nombre de residents britànics a tot Espanya no passa de 60.000. Per tant, a la Costa del Sol són quatre gats, i sobretot que una nacionalitat històrica del mateix Estat no pot comparar-se amb uns estrangers o jubilats que lloguen un aparell telefònic a la segona residència. Excepte, és clar, que tingui el propòsit d'ofendre, d'humiliar o de demostrar la seva ignorància o la seva nul·la contribució a la convivència.

De totes maneres, és curiós que allò que ens ha estat negat en virtut de l'incompliment del pacte d'Estat de la transició, potser a bocinets ho podrem recuperar com a clients que som de les grans empreses que encarnen els poders fàctics i també com a clients predilectes de l'Agència Tributària. Ho deia recentment Rafael Miranda, conseller delegat d'ENDESA, quan li van preguntar si, ara que ENHER i FECSA ja depenen plenament d'ell i de Martín Villa, s'ocuparia amb interès del mapa elèctric català i del futur d'aquelles empreses. La resposta va ser rotunda: naturalment, sí que tindrem sensibilitat amb Catalunya, perquè Catalunya és un bon client.[3] Ja ho veuen, doncs, «*algo es algo*», que diria Miranda. Potser ens haurem de reorientar i, vist com funciona el Defensor del Pueblo, plantejar les nostres reivindicacions a l'OCU (Organització de Consumidors i Usuaris).

3. Malgrat aquestes bones intencions, la cosa ha acabat malament. El conseller Subirà s'ha hagut d'empassar tot el discurs del mapa elèctric català i els soferts i castigats usuaris catalans ja som el mercat captiu d'un sol monopoli: el d'ENDESA-FECSA-ENHER-HIDRUÑA contra el qual hem quedat indefensos i sense alternatives. Com a compensació, però, Joaquim Pujol Figa s'ha col·locat en una jubilació daurada dins de l'imperi Martín Villa, una bicoca que compatibilitza amb d'altres serveis a la causa en l'àrea d'intendència i recaptació de recursos.

Per cert, dura molt poc l'alegria a casa dels pobres! Després de la primera tacada de presidents de monopolis, bancs i grans magatzems, quina sequera d'ulteriors adhesions, quines clamoroses absències i quin error d'encetar l'escenografia sense tenir garantit l'efecte demostració i la processó de tots els qui s'haurien de sentir al·ludits! ¿On era, per exemple, el senyor Cortina, president de Repsol, nét predilecte de la Pobla de Segur? És que no té cap deure de cortesia amb el país on, amb arts de prestidigitador, la seva empresa es va quedar amb la centenària Catalana de Gas que ara té el centre de decisió a Madrid (Repsol, 45 % de Gas Natural). No ens ha d'enganyar que de cara al públic es mantingui una ficció de domicili social a la «Ciudad Condal», que és com de Barcelona en diuen aquells que comencen els discursos amb l'elogi del seny (ells en diuen *seni*) català. Potser els hauríem de preparar un manual d'allò que ja no es porta a fi d'estalviar-los aquests paperots, em sembla. De fet, no queden gaire lluny els temps en què la premsa del Movimiento parlava de la «*laboriosidad de los catalanes*», «*la industriosa villa de Gracia o la populosa barriada de Sants*». O en què les visites del Caudillo eren rebudes amb eloqüents pancartes com ara «*Masrampinyo a tus órdenes*» o «*La Llagosta te saluda*».

I per acabar un passar llista dels que s'han fet els distrets: ¿com és que l'altre Emilio, el que és Ybarra i Churruca, i president del BBV no va venir a besar l'anell pastoral amb motiu de la normalització lingüística? ¿Que no ho sap que, gràcies al regal que li va fer el govern socialista en adjudicar Banca Catalana al

Vizcaya del difunt Pedro de Toledo,[4] més la Mas Sardà i la Internacional i la Mora d'Andorra, és en aquest territori on guanya més diners i on té l'últim factor diferencial d'avantatge sobre la fusió Santander-Banesto? Es veu que no. Que prefereix fer-se el distret i seguir veient el món des de Neguri amb un consell d'administració format per uns senyors que viuen, tots, al mateix carrer i que, de moment, no sent cap necessitat d'acostar-se al mercat on obté la major part dels seus beneficis.

Tornem, però, a casa i recordem el que va escriure Joan Rendé referint-se a les persones que, tot i pertànyer a la comunitat catalana i ser fills d'antiga nissaga aristocràtica del país i comptar amb títol universitari, troben que el desig d'autonomia que reclama la majoria del país és excessiu i que protegir la llengua pròpia del seu país, amenaçada d'extinció, és injust. I la pregunta de Rendé és la següent: ¿ho fan per ressentiment contra les idees o les persones del poder eventual, amb la qual cosa gasten valors permanents per combatre'n d'altres d'absolutament i desitjablement transitoris? ¿Ho fan per simple immaduresa psicològica i social, per pura repataneria infantil i com a recurs segur per aconseguir la notorietat? Sembla que alguns ho fan per diners, perquè no volen renunciar a tres o quatre-cents milions d'aplaudiments o de clients possibles. Però sobretot hi ha els qui sempre han cobrat de l'Estat i, per tant, temen que, com més creixi la sobirania de Catalunya, més els

4. Que tantes batalles judicials ha guanyat després de mort, igual que El Cid, pel fet de servir de culpable inimputable de totes les malifetes del grup estil Filesa.

perilli l'estatus econòmic i social. Rendé acaba afirmant que, fet i fet, el que tenen tots ells en comú és que els anys de la Dictadura no van passar debades. La història deixa les seves cicatrius. I ells en són un testimoni dramàtic.

11

L'Estat plurinacional

La declaració i els nervis

La Declaració de Barcelona és un document signat per CiU, PNB i BNG, és a dir, per alguns dels partits nacionalistes de Galícia, Euskadi i Catalunya. La presència d'Arzalluz i Beiras va donar força relleu al manifest i, naturalment, va suscitar novament uns nervis exagerats a Madrid. Els mateixos nervis que va causar la victòria electoral del BNG en col·locar-se segon i superar el PSOE a les eleccions gallegues. De fet, però, la Declaració consta de dos documents. El text oficial, molt breu, i un altre text de treball que és més concret i original. Ni l'un ni l'altre no contenen res que sembli anticonstitucional o que atempti contra l'ordre establert. Per tant, si algú hi vol veure una proclama independentista és que reacciona des del prejudici o des de la nostàlgia del centralisme i la voluntat de reconstruir-lo.

En realitat, el paper no demana un pacte nou en la línia que a Madrid en diuen *el tornillo sin fin* de la insaciable reivindicació permanent dels nacionalismes perifèrics i desintegradors. El que planteja és que, passat el cop d'Estat del 23-F del 81, es porti finalment a la pràctica l'Estatut amb una lectura oberta, comprensiva i generosa de la Constitució i sense el cúmul de recels que fins ara han aigualit i desvirtuat tot el procés de devolució. És igual que se'n digui *sobirania compartida*, o bé *autogovern* com se'n deia l'any 80. El que cal és que sigui de veritat i que divuit anys després s'acabi tot aquest regateig i tota aquesta resistència a culminar els acords o tantes maniobres per diferir en el temps allò que és inevitable, amb l'únic propòsit de veure si torna a canviar la direcció del vent o si els funcionaris resistents poden aguantar els seus privilegis personals fins a la data de la seva jubilació.

Sobre el segon document, el text de treball, Josep Faulí fa les següents consideracions. Primer, que l'eix bàsic de tot el conjunt és l'articulació de l'Estat espanyol com a plurinacional. Segon, que deliberadament, s'ha volgut falsificar el debat parlant només de *confederació* i que, per tant, ja tenen la paraula que pot moure l'escàndol i estalviar-se la molèstia d'haver de llegir la Declaració. I, tercer, que a base de diagnosticar que hi ha una puntada de peu a la Constitució (que, pobreta ella, n'ha rebut i en rebrà tantes) es neguin a parlar de l'encaix de les nacionalitats a Espanya quan, en el fons, això és precisament el que la Declaració demana de manera ben constructiva quan proposa d'obrir una nova etapa. En conclusió, la Declaració de Barcelona és una forma de rebel·lió però civilitzada, assenyada i mesurada. És una petició educada que reclama però que no imposa, que exigeix però que no trenca i que en una bona anàlisi no diu res de nou i, per tant, només pot sorprendre els que tenen ganes de ser sorpresos (o de poder-ho fer veure!)

Pel cantó de la reacció, en el doble sentit de la paraula, es va deixar sentir la paraula del catedràtic de Teoria de l'Estat de la UNED (que com el seu nom indica és una universitat que es mira les coses amb molta distància), Andrés de Blas Guerrero. Segons ell, en la pugna entre la singularitat estatutària heretada de la Segona República i el «*café para todos*» ha anat prenent cos la idea que les aspiracions nacionalistes de Catalunya, Euskadi i Galícia tenen una protecció millor en una generalització de l'Estat autonòmic a tot arreu d'Espanya. No sé sap pas en què ho ha notat que s'anava configurant aquesta idea de renúncia als fets diferencials o a la distinció que fa la Constitució entre nacionalitats i regions. O als diferents objectius prefixats per a les nacionalitats històriques i els altres territoris integrants de l'Estat. A molta gent la posa nerviosa això que algú pugui ser adjectivat d'històric i ells no. I és ben cert i evident que tothom té la seva pròpia història –i en molts casos ben brillant i gloriosa– però aquí del que es tracta és del caràcter històric de la reivindicació d'autogovern, o del fet històric d'haver assolit l'autonomia abans, o d'haver estat sobirà amb exèrcit i moneda pròpia en el passat, al marge del tronc comú de l'embrió del que després seria l'Espanya nuclear castellana.

Tanmateix, el professor De Blas Guerrero fa més honor al seu segon cognom i ens explica que (suposem que a Madrid o a la UNED) tothom qui està interessat per la protecció de les nacionalitats perifèriques ja s'ha convençut que el bon camí és igualar-les amb La Rioja o la Manxa. I a la vista d'aquest consens que ell ha detectat entre les seves amistats, els funcionaris de l'Administració central i el món acadèmic de la *Villa y*

Corte, ens fa saber la seva preocupació pel fet que el document de Barcelona parli d'uns drets previs a la Constitució (que total només és del 1978) i faci referència a l'inici de polítiques conjuntes. Fins aquí podíem arribar, oi? Galeusca (Galícia, Euskadi, Catalunya) són tres, i amb l'acostament del Partit Andalusista o de la Coalició Canària és evident que la cosa ja passaria de taca d'oli. No oblidem que, en restringir el dret de reunió, el Codi penal del franquisme ja deia allò que «*más de tres es cuadrilla*» i que formar-ne una, de *cuadrilla,* es configurava com a delicte.

L'il·lustre professor afegeix que tot plegat equival al reconeixement del dret a l'autodeterminació i a la reclamació de la cosobirania i que tot això ens podria conduir a una sèrie de desastres com ara, la competència exclusiva en la legislació sobre idiomes i cultures, un nou paper del Senat, l'articulació de la representació de les nacionalitats al Tribunal Constitucional, el control de les forces de seguretat no supracomunitàries, la competència plena sobre l'Administració local, l'establiment d'un sistema de finançament que garanteixi la suficiència dels recursos autonòmics i un reconeixement internacional de les comunitats autònomes. Bé, vaja, que tot allò que nosaltres veiem com a lògic i natural, com a normal conseqüència del pacte d'Estat de la democràcia i com a cosa realment *long overdue* després de vint anys d'espera pacient, pacífica i moderada malgrat la *yenka* del pas endavant i el pas enrere, per al doctor Blas és un pecat mortal.

«*¿Qué hay de lo mío?*»

Doncs sí que l'hem feta bona. En el fons, al cap de divuit anys de recuperar la Generalitat, l'únic que hem fet els catalans és acostar-nos als poders fàctics que sempre estan tan ocupats en coses més importants i, a risc de ser inoportuns, com durant tots aquests anys, gosar fer la pregunta del milió: «*Usted perdone, ¿me puede decir qué hay de lo mío?*» Perquè, divuit anys després, ja comença a tenir gràcia que ens diguin que no els atabalem que serà millor que «*vuelvan ustedes el año que viene*». Davant aquesta resposta ens podem treure la boina ben respectuosament i demanar l'aclariment suplementari de si volen que l'any que ve hi tornem al matí o a la tarda. O bé, en constatar les excuses de mal pagador, l'incompliment de pactes que haurien de ser sagrats o la impertorbable voluntat obstruccionista de tot el procés, demanar-nos si no val més anunciar que la lleialtat ha de ser forçosament recíproca i que «*o jugamos todos o rompemos la baraja*». Que ja no s'hi val aquella cançó dels sindicalistes nord-americans que deia: «els predicadors de cabells llargs prometen als qui demanen menjar que ja en tindran quan arribin a la glòria i pugin al cel».

El que no sabem, francament, és si podem esperar tant. I, en canvi, sí que sabem que els mètodes de diàleg fins ara utilitzats s'han demostrat inútils o inservibles i que, en conseqüència, caldrà canviar la melodia... o l'orquestra. Tot això suposant, naturalment, que tot el que s'havia dit amb solemnitat segueixi essent una reivindicació i no una disfressa. Perquè si s'hagués produït una renúncia o una abdicació secreta també ens agradaria saber-ho, a fi de poder actuar en conseqüència o deixar-ho córrer tot plegat. I és que, al capdavall, el més dolorós no és que et prenguin el pèl els altres, sinó que ho facin els teus, com un capità aranya que t'embarca mentre ell es queda a terra a negociar interessos materials a canvi de desactivar els eslògans i els continguts de tot allò que havíem convingut que serien les aspiracions col·lectives. Exactament les que treuen de polleguera el professor Blas. Diu que les demandes dels nacionalistes (vol dir, és clar, els defensius, no els qui amb un estat al darrere van provocar, per exemple, la Segona Guerra Mundial) apunten a la destrucció de l'actual ordre polític vigent a Espanya des de l'inici de la transició. La Declaració de Barcelona ignora l'existència, diu, d'uns vincles nacionals de signe espanyol. Troba que en el millor dels casos és un document mancat de cordialitat i en el pitjor una declaració de bel·ligerància contra la planta política actual de l'Estat. I remata dient que es tracta d'una qüestió greu per les seves conseqüències i la seva inoportunitat i que, a més a més, anuncia una estratègia de confrontació a la qual, més aviat o més tard, caldria que responguin de manera coordinada les forces polítiques d'àmbit estatal.

La contradicció del PSOE

Josep Borrell ja s'ha afanyat a manifestar que la Declaració era una *patada* a la Constitució i a exigir a Aznar que reclami dels socis nacionalistes les explicacions necessàries. Afirma contundent el raier mediàtic, que mira de retrobar al Noguera Pallaresa les arrels mig perdudes de fa tants anys, que per aquest camí acabaren carregant-nos el propi concepte d'Espanya. I ho diu amb la fúria dels qui des de tendes de campanya miraven els *luceros* en temps d'adolescència, feien a l'edat madura el *camino de Santiago* vestits de *flechas i pelayos* amb motxilla i tot, i juraven bandera per segona vegada quan ja formaven part del govern. Per tot això, no va calibrar segurament l'abast i el significat de la seva presa de posició. I, naturalment, Pasqual Maragall el va haver de contradir i, ans al contrari, demanar que es recuperi la diferenciació constitucional de les nacionalitats i les regions. Textualment, va sostenir que la Declaració no era cap puntada de peu a la Carta Magna. Un desacord al qual es va sumar també Joan Reventós, president del Parlament de Catalunya i veterà militant socialista, mostrant el seu desacord amb els «insults» a la Declaració i demanant respecte per un document amb el qual es pot estar totalment o parcialment d'acord o en desacord, però que és digne d'atenció, d'estudi i de reflexió. Es veu que la relació Borrell-Maragall com a candidats serà una maionesa ben difícil de lligar. O com deia Joaquim Nadal, que no es pot conciliar un Maragall que vol guanyar a Barcelona amb un Borrell que vagi per lliure, amb el missatge contrari, a guanyar els vots del Baix Llobregat. Algú sembla haver oblidat que determinades realitats heterogènies no són fàcils de sumar quan, d'entrada, s'exclouen mútuament. I el flamant guanyador de les primàries del PSOE també es devia distreure a l'hora de reclamar el respecte a la llei fonamental, perquè estava cantat que Duran i Lleida li contestaria que el cas més clamorós de puntada de peu a la Constitució el van donar el PSOE i la UCD amb la LOAPA, una llei de bisturí antiautonòmic instigada pel tricorni de Tejero i elaborada amb la màxima diligència pels grans partits estatals. I l'altra puntada de peu donada pel govern socialista: la guerra bruta dels GAL en la lluita antiterrorista i el segrest, l'assassinat i el robatori dels fons reservats per unes preteses raons d'Estat. I a fe que això sí que és saltar-se la Constitució i tot l'Estat democràtic de dret d'una sola tacada. A part de tractar de tornar a enterrar Montesquieu, en negar-se el PSOE a acceptar la sentència ferma del Tribunal Suprem que condemna els culpables del cas Marey i seguir sostenint de totes totes la innocència de Barrionuevo i Vera, que, com a mínim, es podran eventualment beneficiar d'una anul·lació o d'un indult, però mai no tornaran a ser innocents.

«*Ahora se forran los de izquierdas*»

Més casos de vulneració de la Constitució, que estableix com a pedra angular del sistema la independència del poder judicial. Rodríguez Ibarra, per exemple, quan assegura que l'endemà de guanyar les eleccions faran sortir de la presó els seus companys i coreligionaris delinqüents, o els qui es posen adhesius que diuen allò que «jo també sóc Pepe Barrionuevo» o els qui munten sopars d'homenatge a Josep M. Sala com si no l'haguessin condemnat pel cas Filesa. Cada vegada que els socialistes assumeixen com a propis els delictes comesos pels seus dirigents (robatori, corrupció, fons reservats, segrest, etc.) fan més seus els raonaments de Juan

Guerra, que trobava que la cosa més natural del món era el que ell mateix explicava, és a dir, «*ahora se forran los de izquierdas tal como antes lo hacían los de la derecha*». És realment una llàstima veure com un partit tan important, i tan necessari per al funcionament del sistema democràtic, es deixa arrossegar cap a un concepte equivocat de la solidaritat i cap a la justificació de la impunitat o de la pròpia acció delictiva. Ells es pensen que no ho pagaran a les urnes, però els hauria de fer reflexionar el fet que a l'Espanya urbana on la gent llegeix diaris hagin perdut tots els ajuntaments de ciutats importants, excepte Barcelona, Donosti i la Corunya. Si ara, a més a més, fan pujar als altars de la pròpia devoció sectària els delinqüents, probablement la nàusea de l'electorat encara s'estendrà més a d'altres capes socials.

Ja sabem que val igual un vot de Puerto Hurraco o de les bosses de vot subsidiat d'Andalusia que el d'un contribuent d'alt nivell cultural d'una ciutat dinàmica i progressiva. Però amb aquesta base sociològica no es pot anar gaire lluny i sobretot no es pot fer la comèdia de pretendre representar, aquí, el mateix que signifiquen Tony Blair o Lionel Jospin als seus països respectius. Sense acte de contrició, dolor de cor i propòsit d'esmena, no hi ha renovació possible ni catarsi. Tot ha de començar per la purificació d'una assumpció de responsabilitats. Però sobretot per la credibilitat que podrien aportar unes cares noves i no la mateixa gent que formava part de la trama governant i estava totalment implicada en allò que ara, pietosament, es vol anomenar amb indulgència «els errors comesos». Per tant, de lliçons de dret constitucional, els nacionalismes perifèrics no en poden rebre ni acceptar, ni de bon tros de part dels qui, per un mínim de dignitat o de sentit de l'oportunitat, haurien de guardar un silenci respectuós i penitent.

Si recuperem el fil de les declaracions de Pujol quan es treia les puces de sobre i donava les culpes del pèssim finançament que Catalunya pateix als governs socialistes, hi trobarem també comentaris interessants en un altre terreny. Diu, efectivament, que López Burniol va esmentar en un article els quatre problemes històrics d'Espanya que, segons Jiménez de Asúa, són: el religiós, el militar, l'agrari i el regional, i deia que d'ençà del 1977 els tres primers ja s'han resolt, però que l'encaix de les nacionalitats històriques encara és, malgrat els progressos aconseguits, una assignatura pendent. És per això que Pujol troba que la Declaració de Barcelona és oportuna com a reivindicació del caràcter plurinacional d'Espanya i que no hauria d'alarmar ningú, atès que no significa secessionisme, ni violència, ni renúncia a tenir un paper positiu en la transformació i el progrés d'Espanya. I realment sorprèn la irritació que aquests plantejaments provoquen a Madrid o en els rengles de l'unitarisme integrista, perquè al capdavall el cas històric d'Espanya és el d'un procés iniciat en forma de confederació que desemboca en un centralisme aclaparador.

La pila del greix

Potser per mantenir l'ambigüitat i per aigualir una mica l'efecte de la Declaració, va fer-se públic un altre document. N'és autora una fins ara inexistent o desconeguda Fundació Barcelona, formada aparentment per un selecte grup d'alts càrrecs de la Generalitat. El mateix conseller de la Presidència reconeixia com a redactor d'un dels apartats el seu col·laborador, J. M. Via, i d'altres capítols eren atribuïts a persones col·locades en l'òrbita i la nòmina del Palau de la Generalitat. Es referia concretament a l'autocrítica que es fa en el manifest de la insuficient qualitat de l'Administració catalana i a l'exigència de ser més competents abans de reclamar més competències. També és interessant la tria de la paraula *catalanisme* en lloc de *nacionalisme* i el reconeixement ben explícit de les aportacions que poden fer-se al projecte des de l'expressió castellana. Recull també la visió de Duran i Lleida que no n'hi ha prou de basar-ho tot en història i cultura, sinó que cal donar solucions als problemes materials de les persones, atès que finalment el país és la suma dels seus ciutadans. Un posicionament que, per cert, va ser molt atacat per dirigents de CDC quan el va formular el líder d'UDC com si representés la pèrdua de les essències i que ara fan seu alguns dels crítics més ferotges de Duran.

Hi hagué una defensa del document que resulta força il·lustrativa. És apologètica en relació amb el contingut, però ben mirat també de tota una trajectòria. N'és l'autor el diputat Jaume Camps, que diu el següent: «Ni la defensa del transversalisme polític en termes bàsics ha de fer-nos por als nacionalistes, ni ens ha d'escandalitzar que gent dels nostres rengles plantegi la superació del dilema que ens angoixa des de fa anys: ser una força majoritària que, de forma pragmàtica i a voltes mandrosa a remolc d'una gradualitat exasperant, fa camí cap a la sobirania plena, o bé retornar al 15 % dels vots, això sí, amb l'estelada al vent i el crit d'independència a flor de llavi.» Camps troba que la Fundació Barcelona s'ha presentat en societat amb el coratge d'encarar-nos amb el país real, el que tenim. Han tingut la gosadia de dir-nos que no aconseguirem –i de fet és cert que no ens n'estem sortint– fer del Baix Llobregat un nou Alt Empordà... cap a l'any 3000. Que, en canvi, si no bastim un nou missatge del catalanisme renovat, potser acabarem convertint la Garrotxa en un nou Barcelonès deixatat.

El document planteja la renúncia a algun principi sagrat, però més que desqualificacions prèvies suscita actituds vigilants. I, en tot cas, és un magnífic exemple del doble llenguatge de pas universal, d'ambigüitat calculada, del principi de la «pila del greix que qui no hi entra no creix» i de la teoria pujoliana del centre de gravetat del cos social i electoral. És ben bé allò d'estar en sintonia amb els ciutadans i d'adaptar el propi missatge a les emanacions que desprenen les enquestes o altres mètodes d'observació; i d'evitar, però, que les contradiccions siguin massa evidents i que les adhesions amb perpendiculars més allunyades de la base de sustentació no provoquin la pèrdua de les afiliacions originàries o preexistents. Per cert, en una recent enquesta del CIS, la possibilitat de l'autodeterminació d'Euskadi i Catalunya provoca preocupació a un 50 % dels entrevistats a tot Espanya. Segueixen després els qui senten irritació i vénen a continuació els qui expressen tristor. Un 12 % veu la qüestió amb esperança i un 7 % amb alegria. D'acord amb el mateix sondeig, un 54 % dels catalans i un 32 % dels bascos són contraris a la independència.

El missatge convergent bascula, doncs, pendularment entre dreta i esquerra i entre catalanisme i espanyolisme, de manera que el màxim nombre possible de ciutadans s'hi puguin sentir parcialment reflectits. És un procediment molt poc engrescador i gens apassionant, però a la vegada tan avorrit i tan útil com el sistema mètric decimal.

Tot es repeteix

El que passa és que cada cop que el pèndul es mou en la direcció de la Declaració de Barcelona, es produeixen fortes reaccions. Joan B. Culla explicava, amb la perspectiva de l'historiador, que tot això inspira la sensació que la història es repeteix. En realitat, dretes i esquerres, monàrquics i republicans, civils i militars de l'*establishment* espanyol responen amb la mateixa virulència de fa 75 anys a la primera pinzellada d'aliança trinacionalista crítica amb les inèrcies unitaristes. De fet, a la vigília del segle XXI i revestits de tota mena de modernitats, els actuals líders d'opinió reaccionen igual que el comte de Romanones o el marquès d'Alhucemas. L'any 1923 es va fer la primera triple aliança basca-gallega-catalana i els portaveus espanyolistes ja li van dedicar els següents qualificatius: «*grotesca, absurdo amasijo, separatismo, ingratitud*, etc.» L'assaig de Galeusca també va irritar tothom els anys 1933-34 i els azañistes i gilroblistes en van dir «*salida de tono, mani-*

festación extraña o imprudente afirmación descabellada».

Ara, el 1998, Fraga, Borrell, Ramón Jáuregui i Almunia han fet servir el mateix repertori amb expressions com aquestes: «*disparate, alegato chirriante y patada a la Constitución*». Tal com observa encertadament Culla, potser té raó el ministre Rajoy quan diu que els nacionalismes perifèrics ja fa vint anys que diuen el mateix, però s'oblida d'afegir que els nacionalistes centrals ja fa tres quarts de segle que els responen amb els mateixos arguments tirant a improperis. I no sembla just ni raonable que es parli de jugar amb foc, tensar la corda, crispar, cansament, irritació, enderrocament de la Constitució, desafiament integral a l'ordre polític vigent, declaració de bel·ligerància, enfrontament, etc. Perquè, en el fons, tothom sap que la Constitució no és un tòtem, sinó un marc de convivència al servei de la societat.

A primers de setembre del 1923, el galleguista Antón Villar Ponge va anunciar que es feia la trobada de Barcelona per fer-ne una tribuna que servís per parlar a tot Espanya i per rectificar el procediment antic d'haver d'anar a fer-ho tot a la Puerta del Sol. Però la cosa va agradar tan poc que l'11 de setembre el governador civil de Barcelona enviava la policia a dispersar els manifestants trinacionalistes i dos dies més tard, Primo de Rivera feia el cop d'Estat. Ara, en canvi, la cosa es presenta una mica millor i el fet no ha passat de l'avís de Peces Barba que el programa dels nacionalistes mai no s'aconseguirà pacíficament. Ja se sap que el qui avisa no és traïdor i ben mirat això sempre és d'agrair. Per si de cas, però, aparteu les criatures! Sobretot, perquè el ministre de Defensa Eduardo Serra Rexach, titular de la cartera de la Defensa i de la de pagar les fragates, els Leopards i tota la resta de la panòplia armamentista, també ens ha comunicat les seves impressions. Ho ha fet en una clara extralimitació de les seves competències i encara pitjor en tocar qüestions que tampoc no li pertoquen en la seva condició de pretès apolític i d'home que no té ni l'excusa de pertànyer a algun partit per opinar de coses que –volem esperar-ho– no siguin de l'àmbit d'actuació que té confiat. I ens ha fet saber que la Declaració de Barcelona és antihistòrica i desfasada i que a ell els nacionalismes excloents li mereixen un judici negatiu i que el que haurien de fer els nacionalistes catalans, bascos i gallecs és pensar com poden enriquir el conjunt (encara més, per l'amor de Déu!), perquè aquesta és la millor manera d'articular la diversitat que hi ha a Espanya.

Bon sermó tractant-se d'un cap dels exèrcits procedent de la intendència de comprar i vendre armament, i especialment revelador que parli de nacionalismes excloents, ell que en l'exercici del nacionalisme aquest del conjunt, com ell diu, s'ha autoexclòs de parlar català, malgrat els cognoms que porta, per si de cas això podia perjudicar-lo a l'hora de la seva irresistible, imparable i inexplicable ascensió als llocs de comandament. ¿Deu ser veritat que els caps de compres i els qui administren les partides pressupostàries més voluminoses, segons el principi d'Arquimedes, experimenten un impuls d'elevació a les estructures del poder fàctic exactament igual als calers que desallotgen?

12

A l'èxit per la via de la claudicació

Quines prioritats?

Mai no es podrà entendre, amb una perspectiva històrica, per què de bon començament la Generalitat de Catalunya va renunciar als dos trets distintius i als dos elements bàsics del seu autogovern, és a dir, als impostos i a les forces de seguretat. Van haver de passar disset anys perquè es comencessin a reivindicar de forma parcial i ben tímida algunes millores en aquest terreny. El País Basc, en canvi, ho tingué ben clar des del primer dia i el lehendakari Ardanza va poder afirmar un dia que Euskadi era, a efectes fiscals i policials, el setzè Estat membre de la Unió Europea. Els nostres dirigents s'han guiat sempre per uns objectius diferents. Saben que l'Estat de debò és d'allà i que ells no han passat mai d'aspirar a fer una Diputació provincial més gran. Justament allò que amb tanta raó Pujol va criticar a Tarradellas, que també va ser tan de bon acontentar amb una autonomia passada per aigua i de pa sucat amb oli.

Potser hi ha una altra via d'anàlisi. I és la que una manera de perpetuar-se al poder, per limitat que sigui, pot consistir en un exercici d'autolimitació i de convertir-se en el mal menor. No financeu cap alternativa, diu el govern, i el poder no afectarà els vostres privilegis. Qualsevol altra opció us crearà més maldecaps, perquè nosaltres, en no haver tret majoria absoluta la primera vegada –cosa que és tan instructiva com el Meccano i ensenya a practicar el pacte, el diàleg, el consens i la claudicació quan fa falta–, ja ens hem entrenat a considerar intocables els sagrats reductes de l'*establishment*. I, a més a més, ja ho veuen que som molt servicials i que tenim com a gestoria dels vostres negocis tot un grup parlamentari a Madrid que es dedica de fa molts anys a l'intercanvi de cromos, la majoria «repes», perquè és ja d'una meridiana evidència que tot cau sempre a la mateixa banda.

Algú va definir una vegada les línies polítiques de CiU en els termes següents: en política catalana, qui dia passa any empeny; en política espanyola, aquí caic i allà m'aixeco, i en política europea, «*vaya, vaya, desde luego*». Per afegir al final: però sobretot mantinguem l'ambigüitat.

De fet, la cosa més normal del món seria que el poder polític democràticament elegit, i si pot ser el conjunt de representacions parlamentàries, fixés les prioritats i els criteris d'inversió de les caixes catalanes. Primer, hauria de reclamar que es destinés a crear riquesa i llocs de treball preferentment a Catalunya, igual com fan els de les altres comunitats, que no van pas amb el lliri a la mà i la paraula *solidaritat* als llavis fins a l'extrem de fer el préssec. Segon, hauria d'establir les prioritats sectorials. I, finalment, determinar amb rigor les empreses mereixedores de crèdits o d'ajuts que, si no, són discrecionals, amb decisions unipersonals del senyor Vilarasau, o col·legiades amb els seus ajudants i que no responen sinó davant de Déu i de la Història. Ja sabem que se'ns replicarà que, al capdavall, potser La Caixa no ho fa pas pitjor que l'antiga CARIC (la Comissió d'Ajut a la Reconversió Industrial de Catalunya), que sembla que concedia avals preferentment al Gotha Almanac de CiU. I sobretot no pas pitjor que l'Institut Català de Finances, que dirigeix amb gran nivell de queixes i de crítiques absolutament fundades el senyor Senna, la gestió del qual es caracteritza per torejar-se la majoria de les PIMES per a les quals es va crear l'ICF i, en canvi, per ser molt diligent a l'hora d'atendre les empreses grans i ben apalancades dels sectors de les filatures, hotels, jocs d'atzar i tamtes altres que necessiten un cop de mà.

Abans de reivindicar el traspàs de l'ICO en territori català i de reconduir les caixes cap a una actuació al servei d'aquest poble, en lloc d'anar a invertir amb els Ybarra, Villalonga, Cortina i Koplowitz, potser hauríem de fer un balanç de quins crèdits i avals s'han concedit des de la Generalitat, a qui han anat a parar i quants i per quins volums han resultat fallits. I a continuació triar un equip de professionals que inspirin confiança, actuïn amb independència dels dictats partidistes i de les pressions o influències de l'entorn del poder i siguin capaços d'assolir un nivell de *non performing loans* comparable al de les altres entitats financeres, a base d'evitar una presència excessiva de socis i parents consanguinis o col·laterals dels polítics de torn.

Torejables

Tornant, però, a la defensa dels interessos particulars per damunt o més aviat per davant dels generals, hem viscut recentment un altre episodi: el de les mútues sanitàries. Tenen a Catalunya molt més pes relatiu que no pas a la resta d'Espanya, fins al punt que representen el 38 % dels pagaments totals, i han estat de moment perjudicades per la reforma de l'IRPF, que en el nou model no acceptarà com a deducció les quotes dels mutualistes. En realitat, és absurd que l'Estat perjudiqui la pobra gent que es paga mensualment la seva protecció sanitària, cosa que genera un enorme estalvi al sistema públic de salut. Pensem només per un instant en com quedarien col·lapsats els hospitals públics si, dissuadits per la reforma de l'impost, tots els usuaris es donessin de baixa de les mútues i es presentessin als ambulatoris. Serien centenars de milers de malalts cada dia i provocarien el caos i una astronòmica elevació de costos a la sanitat pública. Té, per tant, més raó que un sant la Generalitat quan reclama la correcció d'aquest error. Però, una vegada més, els seus socis i interlocutors del govern central saben que se'ls poden torejar en el tema bàsic i essencial del finançament sanitari, si atenen d'entrada la salvació d'unes mútues tan respectables com vulguin, però en definitiva privades.

O sigui que, tal com es fan les coses, es dóna peu a comentaris com el de Jesús Cacho al diari *El Mundo* quan diu que José María Aznar, invitat del Círculo de Economía (mai no ha estat Cercle, sinó Círculo) per commemorar l'èxit de l'entrada a l'euro per la porta gran, en parlar del *factor catalán* com a decisiva aportació, també va fer un advertiment. I, en efecte, tot assenyalant amb el dit els personatges asseguts al primer rengle dels qui havien pagat les 39.000 pessetes del tiquet del dinar, que casualment eren Vilarasau, Fainé, Brufau i companyia, els digué rotundament allò que «aquest govern serà bel·ligerant en contra dels monopolis». Però, és clar, la credibilitat d'aquest gest quedava molt desvirtuada per l'aprovació de la llei que retarda la liberalització del gas de manera exagerada.[1]

Tal com diu Cacho, el Ministeri d'Indústria reconeix que se l'ha hagut d'embeinar i afirma que van enviar al Parlament un projecte liberal químicament pur a fi que, sabent anticipadament quin seria el desenllaç, quedés ben clar qui era partidari de perpetuar el monopoli i qui no. Aquests són els resultats dels viatges que Pujol fa a La Moncloa com a *chief executive officer* d'aquest *lobby* grandiós que és CiU, diu el comentarista Cacho. Tot seguit afegeix que no s'entén com accepta de fer de dolent de la pel·lícula quan, en realitat, no és pas Catalunya la destinatària dels beneficis obtinguts.

A partir d'aquí, passa allò que *son como niños* i, damunt, el conseller Subirà s'atribueix el mèrit d'haver fet una Llei de Gas Natural fantàstica. I això permet al ministre Piqué, amb irònic somriure, de dir que tothom és lliure d'atribuir-se els mèrits que vulgui (conscient que, en aquest cas, i de cara als usuaris són més aviat

1. O bé la *titulización* de les elèctriques a les quals regalaren, l'any 99, 1,3 bilions de pessetes de la butxaca dels contribuents en concepte de CTC (cost de transició a la competència).

culpes), però que la filosofia del projecte és la inicialment prevista en tot allò que hi ha d'essencial. I una vegada més els catalans fan la feina bruta, assumeixen la impopularitat i potser algú a títol individual i personal en rebi algun reconeixement, però no pas les institucions, que més aviat en surten com de costum tocades, malvistes i malparades.

Per si no fos prou, en aquest sistemàtic programa de terra cremada que les grans superfícies apliquen de forma implacable per a culminar l'extermini dels petits comerciants tradicionals i familiars de proximitat, Gas Natural i el seu principal Repsol s'han casat amb uns grans magatzems per obrir una xarxa de supermercats a les benzineres. Tota una burla al Pla d'equipaments comercials de la Generalitat de Catalunya. No es demana pas permís per instal·lar un súper, cosa que seria pecat, sinó per muntar una estació de servei que, això sí (visca sant Ignasi de Loiola), incorpori un establiment comercial alimentari i *non food* dels anomenats de conveniència, que vol dir que prescindeixen de les reglamentacions vigents i els horaris comercials. Venen de tot, obren fins a la matinada, ensorren els pobres petits contribuents del barri i les seves botigues i demostren la plena vigència actual del principi aquell que s'expressa en rodolí: «Diu l'article vint-i-sis que, en cas de necessitat, el govern té atribucions per passar-se pels collons totes les lleis del país.»

Una altra història: el veritable motiu del viatge de Manuel Fraga a Líbia no era la venda de llaunes de conserves tal com s'havia proclamat, sinó l'intent de muntar una planta de gasificació al Ferrol. En efecte, al seguici empresarial del president de la Xunta hi figurava l'empresari Togeiro, fins ara vinculat a la distribució alimentària i al petroli i exponent d'un d'aquests sorprenents negocis de la nova Galícia que no paren de créixer i semblen disposar d'un finançament inexhaurible, tal com és també el cas del confeccionista Zara. I es veu que ara el senyor Togeiro ha decidit d'emular el nostre Pere Duran de l'etapa del vaixell metaner *Laietà*, de la compra de gas liquat a la Sonatrach d'Algèria i de la planta del port de Barcelona d'abans que el senyor Valero Bermejo la confisqués per incorporar-la a l'Empresa Nacional del Gas. Doncs bé, ja hi tornem a ser amb les distorsions, les percepcions amb prejudicis i les versions manipulades. Resulta que Fraga ha fet aquest viatge perquè Galícia es vol alliberar de l'opressió de l'empresa catalana Gas Natural (que, recordem-ho un altre cop, és de Repsol en un 45 % i s'ha fagocitat la Catalana de Gas malgrat les aparences que es conservava una certa presència a Barcelona), que explota els gallecs amb unes tarifes elevadíssimes.

En una roda de premsa Jordi Pujol digué, en un d'aquells moments d'improvisació i de sinceritat que de vegades se li escapen, que l'aposta de CiU per la governabilitat de l'Estat era ferma i decidida. Per convicció que si Espanya va bé, Catalunya també i perquè, a més a més, «són moltes i molt importants les coses que depenen de nosaltres». Es referia evidentment a un seguit d'interessos que s'han anat forjant entorn del conglomerat polític que ell dirigeix, per cert, d'una manera ben unipersonal. Així expressava la seva disponibilitat per defensar, promoure o protegir grups, empreses, sectors corporatius, persones o entitats afins. Que no cal que siguin ni nacionalistes, ni catalanistes, ni antifranquistes, ni simpatitzants o votants de la causa. N'hi ha ben bé prou que siguin afins, propers, assequibles i que sàpiguen expressar la gratitud pels favors rebuts.

La nova classe

És en aquesta línia que s'han produït els nomenaments de persones proposades per CDC als consells d'administració de les empreses públiques i privatitzades. Un món que el pujolisme no va descobrir durant quinze anys d'exercici del poder i que, quan va ser detectat, es va resistir al desembarcament dels nuncis del catalanisme oficial i es va mostrar ben impenetrable a qualsevol intent de participació dels enviats perifèrics. Com a bons neòfits de la política i perfectes desconeixedors dels mecanismes de l'Estat i dels autèntics nuclis de poder al sector públic, els convergents es van dedicar a reclamar el traspàs de competències de les preexistents, sense adonar-se que el pes de l'Estat s'anava desplaçant cap a les de nova creació no transferides. No valoraven les empreses estatals o els organismes autònoms com a centres de decisió dominats pels mandarins de sempre, pels alts càrrecs de l'Administració central i pel complex financer i els poders fàctics tradicionals.

Però, finalment, les trompetes van fer caure les muralles de Jericó o, més ben dit, del *sancta sanctorum* del Madrid més impenetrable. I, en triar els legats que havien de representar la Catalunya pretesament empresarial i plena de brillantíssims gestors experimentats en matèries financeres i mercats internacionals, es va acabar fent l'opció d'enviar-hi persones representatives de la nova classe que ha crescut sota el paraigua de la Generalitat. No s'hi han enviat personalitats de reconegut prestigi, contrastada solvència o indiscutible capacitat. S'ha preferit un perfil més casolà. Llàstima d'oportunitat perduda, perquè als centres de decisió de la *Villa y Corte* haurien estat disposats a rebre els nouvinguts amb els braços oberts com a positiva aportació a l'interès general, i a reconèixer les seves culpes d'haver marginat i exclòs fins ara els representants d'una comunitat que tenia moltes coses a dir i moltes contribucions per fer. Però el que no estaven disposats a acceptar eren interlocutors d'insuficient confiança. Ja se sap que en el món de les finances la confiança és un element essencial.

Les grans empreses observen que CiU ha designat com a representant seu al Consell de RTVE, Josep M. Gené, titular d'una empresa de relacions públiques i assessorament d'imatge, és a dir, dedicada a fer que els seus clients surtin als mitjans de comunicació en versió favorable als seus interessos. Per cert, la llista de clients de Gené i Associats és ben il·lustrativa del «*carosello catalano*». Vegin: Josep Lluís Núnez, Artur Suqué (casinos, loteries de la Generalitat, etc.), Figueras Bassols (rècord Guinnes d'edificació en zones verdes), Barcelona Dragons, Sito Pons (escuderia Repsol i Telefònica), Marc Forné (president del govern d'Andorra), candidatura de Joaquim Molins, Agrupació de Constructors-Promotors, Port de Barcelona, etc.

Seria ara massa llarg d'esmentar tots els altres homes de CiU que s'han incorporat a les grans empreses de Madrid en qualitat de consellers i de ferne una descripció com a indicació de la trama i l'ordit d'unes relacions que podríem dir-ne *liaisons*, no sabem pas si *dangereuses* però en tot cas ben reveladores. Potser crida l'atenció Carles Vilarrubí,[2] conseller de Telefònica i d'Antena-3, home que va ser l'encarregat de posar en marxa Catalunya Ràdio com a executant de les decisions de l'artífex del projecte, Lluís Prenafeta. Després s'encarregà d'engegar les loteries EAJA de la Generalitat, ja de naixement vinculades al clan Suqué amb Manuel de Prado y Colón de Carvajal d'enllaç amb els nord-americans, que hi posaven la tecnologia. I així es va convertir en el delegat a Barcelona de Trébol Internacional, l'empresa de l'amic del Rei que té residència a Suïssa i que va cobrar, recordem-ho, 100 milions de dòlars USA de Javier de la Rosa per uns serveis mai no explicitats. Pensem que, posant aquesta suma de diners verticalment en bitllets de 10.000 pessetes, l'un a sobre de l'altre, faria 32 metres de llargada. Realment és molt, a canvi d'haver fet allò que a Madrid en diuen unes *gestiones y diligencias*. No és gens estrany, doncs, que Vilarrubí compatibilitzés la seva dedicació al *broker*, ambaixador, expresident d'Iberia,

2. Artífex de l'operació del Grup Godó per quedar-se l'*Avui* a canvi de la concessió de llicències d'emissores de FM per part de la Generalitat, que l'ha designat a ell com a coordinador. I també de la privatització de CIGESA, l'empresa informàtica que disposa de les dades íntimes i personals de tots els ciutadans que ara han quedat a l'abast d'una empresa, privada, lucrativa i estrangera.

impulsor de l'Expo-92 i home de confiança del monarca i al servei de qui Pujol va qualificar d'empresari model, és a dir, l'ínclit Javier de la Rosa. Va ser, a les seves ordres, conseller delegat de Grand Península, precursora de Gran Tibidabo i peça clau del projecte Port Aventura, i va saber sortir-ne a temps quan es va adonar que l'enginyeria financera de J. R. era més aviat pirotècnia financera. És també responsable de l'oficina de representació de la Banca Rothschild i de Debis-Daimler.

En el camp de les màquines escurabutxaques, els protagonistes són els germans Lao del grup CIRSA i Miquel Duran, exdirector de l'ONCE, representant dels Hermanos Franco de Madrid i imputat per les seves operacions financeres a la televisió de Berlusconi.

Més *beautiful people*

Segurament no valdrà la pena d'enumerar ara i aquí gaires components de la nova classe. Seria massa llarg i avorrit de seguir els fils de cada tema. Ens limitarem, doncs, a fer una pinzellada sobre alguns integrants de la *beautiful people* de CiU que serien figures com ara Carles Sumarroca[3] amb el seu soci Jaume Rossell, Joaquim Tosas i Lluís Badia (Ports), Joan Molins (Repsol),

3. EMTE (instal·lacions elèctriques), Hidroplant (jardineria), *agrobusiness* (vins), consultoria sanitària, Colomer Munmany (pells adobades), laboratoris d'anàlisis clíniques.

Ramon Bagó[4] i Joaquim Pujol i Figa.[5] També és digne d'esment Rafael Español[6] i Elvira Guilera, que porta una consultoria que treballa en exclusiva per al Departament de Sanitat. Autora, fem memòria, del forat de l'Hospital Oncològic. O bé Paco Flaqué.[7] En matèria d'agricultura, els principals exponents són Vall Companys, Cooperativa de Girona, Baucells i Espunya. En el camp mèdic crida força l'atenció la consulta privada de l'oftalmòleg Pita Salorio[8] a la qual han adjudicat, durant molts anys, la tercera part de les operacions de cataractes de la sanitat pública. I pel que fa a Aigües de Barcelona i activitats afins destaquen els noms de Fornesa, Jové, Ras i Vila.

Sembla també que els nous interlocutors vàlids de la promoció immobiliària són en Felip Massot, comprador dels càmpings dels Cambó, Guardans i Arraut per fer a Gavà, Castelldefels i Viladecans un conjunt de xalets, *bungalows* i apartaments que marquen una

4. Saló del Turisme, Publintur-Publintel (especialista a editar opuscles turístics de la Generalitat), adjudicatari del *catering* de les presons (SEHRS-Cuina) en unes condicions que el sindicat de funcionaris de presons ha denunciat. Serveis sanitaris privats a centres públics.

5. El cas més clar de nepotisme literal, cosí del president, (FECSA-ENHER), peça clau de l'aparell financer del partit que, segons sembla, va substituir l'equip Roca en aquestes funcions.

6. La Seda, Catalana de Polímers (amb Juan Abelló), ENDESA.

7. Salons de moda subvencionats, passarel·les, maniquins, decoració d'escenaris i megafonia per a mítings i actes municipals de festa major o convencions.

8. Es tracta d'un nebot del ministre de Marina almirall Pita de Veiga i concunyat del ministre de Sanitat Romay Becaría.

inflexió en el negoci dels terrenys. O bé protagonista del projecte de massificar l'edificació als estrets carrers de Sarrià (Cardenal Vives i Tutó-Fontcuberta). D'altra banda, l'alcalde Aymerich de Sant Cugat del Vallès, que ha donat facilitats urbanístiques al Deutsche Bank sense que l'entitat financera (que en època nazi va confiscar els comptes corrents dels seus clients jueus i va finançar la construcció dels camps d'extermini presumiblement per a maximitzar el benefici a la secció assegurances de vida) hagi complert mai el seu compromís de destinar l'edifici autoritzat a situar-hi el centre informàtic del banc per tot Europa. I també d'altres de naturalesa semblant que graciosament ha atorgat a la Nissan o a la Caixa de Pensions. En fi, potser valdrà més deixar-ho córrer, perquè ja n'hi ha prou per veure el perfil dels escollits[9] i dels qui es mantenen al ram de la construcció.[10]

Només un parell de consideracions més, abans de tornar al fil argumental. La primera, que UDC també ha col·locat gent seva als consells madrilenys dels nuclis de poder i que ho ha fet millor i més discretament. Amb designacions de persones qualificades com, per exemple, Castells de FIATC i amb més

9. Tot i que algunes designacions resulten, com a mínim, sorprenents. Per exemple, la de R. Villaseca, que va ser president d'INISEL (empresa d'electrònica militar de l'INI) per designació de Narcís Serra, va treballar amb Gaspart a HUSA, és persona propera a l'Opus i, després, el trobem dirigint la GISA de la Generalitat o presidint el Túnel del Cadí. Camaleònic, oi?

10. COMSA (Miarnau), Núñez y Navarro, Habitat (Figueras), Llave de Oro (Marsà i Samaranch), Guinovart, Indret, Sanahuja, Metro-3.

presència a camps susceptibles de ser territorialitzats com ara la RENFE. I això sí, amb alguna curiositat com ara la de col·locar Lluís Alegre (*Allegro, ma non troppo*) primer a Tabacs de Filipines i tot seguit a la presidència de la Immobiliària de Tabacalera, S. A., cosa que va permetre el *passing shot* de vendre l'edifici de la Rambla de la primera empresa a la segona. És realment com si, en aquell Barça de Kubala, en Basora, l'extrem dreta, a més a més de centrar la pilota, se n'anés a cuita-corrents a rematar-la ell mateix.

Hi ha un altre aspecte que és més de consum interior, però que de cara enfora sembla indicar que el nacionalisme català és un article de broma d'aquells de la Industrial Bolsera. Es tracta del perfil de les persones que CDC promou d'entre els seus rengles als càrrecs directius i a les més altes responsabilitats. Vegin, per exemple, aquell grupet que algú va anomenar no pas Centristes de Catalunya, sinó «cent tristos de Catalunya»: l'equip Joaquim Molins, Gené, Albert Vila, Miró i Ardèvol, etc., que es va constituir com a baluard contra els perills del pujolisme. Tots ells feliçment transfugats després d'haver comprovat a les urnes que havien comès un error de càlcul i d'haver fet un bon propòsit d'esmena que els va col·locar a la dreta del Pare Etern, on van ser rebuts com a fills predilectes, perquè finalment només havien comès pecats de joventut.

En realitat, si deixem de banda algunes persones, i amb la inevitable inexactitud que tota generalització comporta, es podria dir que el retrat robot del convergent cridat als més alts destins té alguns d'aquests trets: extracció social d'alta burgesia franquista, resident a Pedralbes-Sarrià, família de l'Opus Dei o propera a l'Obra, parla castellà en la intimitat, no va ser mai vist a la clandestinitat o a la lluita contra la dictadura, va ser antinacionalista o *sano regionalista*, ha coquetejat o militat en la dreta espanyolista, ha estat amic íntim, soci o col·laborador de Javier de la Rosa, ha tingut aventures financeres poc reeixides, té interessos en empreses que treballen per a la Generalitat i ha pujat a bord de CiU només quan s'ha vist que era un cavall guanyador i una bona gestoria dels interessos diguem-ne Lampedusa. Amb algunes excepcions concretes, hem inventat doncs el nacionalisme sense nacionalistes, que és com el cafè descafeïnat o la cervesa sense alcohol. Comencen a sentir-se, però, algunes veus a CDC que es demanen si és normal que els sobrevinguts s'apoderin del partit. Una cosa és que se'ls accepti i que passin a formar-ne part, però una altra de ben diferent és que se'ls faci lliurament dels càrrecs dirigents i, per si eren pocs, que s'hi vingui a afegir Antoni Fernández Teixidó, ex-PTE, ex-UCD, ex-CDS com a mitjancer de CDC de cara als gremis i al comerç. Insistim, tothom com sant Pau pot caure un dia del cavall i descobrir la veritat, però el que no sembla presentable és cedir el lideratge d'un partit als qui s'han apuntat al carro del guanyador. Alguns roquistes diuen, per exemple, que serien bel·ligerants si mai l'herència de CDC anés a parar a mans d'en Duran i Lleida i d'Unió, però també s'ha sentit comentar que, de fet, ja és molt el que ha passat a mans dels qui en Suárez, via Rafael Arias Salgado, va tenir contractats a la seva sucursal de Catalunya. Tot plegat fa que soni una mica fals que alguns diguin allò de «nosaltres els nacionalistes ja fa vint anys que reivindiquem...» i que tot plegat ens recordi un ball de disfresses.

Era normal que Pujol intentés quedar-se els vots d'Adolfo Suárez, cosa que sembla que ha aconseguit. Però el que potser no té justificació és que s'hagi envoltat a la seva cúpula de la gent que li va voler barrar el pas com si fos una amenaça i que al seu moment va treballar per compte i ordre de l'adversari des del sucursalisme. Quin tip de riure es deuen fer els del PP de veure com a màxims exponents del pretès nacionalisme català els seus antics dependents!

Tornant als empresaris de l'*establishment* hi ha un cas que mereix de ser tractat a part. Ens referim als qui han fet negocis a cavall de la justícia i molt especialment al jutge Lluís Pascual Estevill, que ja ha passat gairebé dos anys de presó preventiva en espera de ser jutjat pels presumptes delictes de detenir persones que després alliberava a canvi de diners, o per prestar-se a empaperar-les per compte de tercers amb prèvia retribució dels seus serveis. La carrera d'aquest home va començar a Tarragona quan es va presentar a les eleccions de procurador a les Corts franquistes pel terç familiar junt amb el seu amic Josep Gomis, alcalde i cap local del Movimiento de Montblanc. En no aconseguir l'acta i l'escó, la vocació cap a l'èxit per la via judicial el va portar a Terrassa i, després, a Barcelona, en un itinerari personal i professional sembrat de coaccions i de perjudicats. Segons que han declarat els testimonis del seu judici, els maletins de diners els recollia el seu propi fill Javier Pascual Franquesa, que compartia despatx amb Josep Gomis Donat, fill del ja esmentat batlle de Montblanc que després va ser conseller de Governació i, fins i tot, durant un parell de viatges de Jordi Pujol, president accidental de la Generalitat. Es veu que el lliurament dels fons es feia al pàrquing de Pau Casals, tocant al Sàndor de Francesc Macià. Però la justícia suïssa ens ha aclarit que una bona part anava destinada a la Banque Darier Hentsch & Cie. El punt culminant de la trajectòria de Pascual va ser el seu nomenament com a vocal del Consell General del Poder Judicial a proposta de CiU.

En l'apartat d'esports, es pot esmentar J. M. Minguella, intermediari de jugadors de futbol, comissionista de fitxatges i organitzador dels partits de la selecció catalana contra Bulgària i Nigèria. Va ser condemnat a un any de presó per delicte d'estafa contra la companyia Iberia de línies aèries. Tanmateix, això no va impedir que la televisió pública de Catalunya l'acollís en un programa de comentaris futbolístics. Ben bé allò que està tipificat com una maquinació per alterar el preu de les coses o el que la saviesa popular en diu posar una guineu a vigilar el galliner. S'imaginen la crònica borsària en mans d'uns fons d'inversió o la crítica d'art portada per un galerista o marxant? Queda també com a indicador el sector d'autopistes amb els noms de Basáñez (ACESA), Alavedra (AUCAT) i Francesc Homs (AREAS).

En fi, que amb totes les diferències de matís i d'honorabilitat que pugui haver-hi entre unes persones i altres, i els diferents graus de respectabilitat que puguin exhibir, el cert és que, sense necessitat d'allargar molt més la llista, ja es pot apreciar que ha sorgit un nou sector dirigent de tots els negocis que es fan i es desfan a l'òrbita del poder autonòmic i de les corporacions locals. Ja sabem que ens diran que els afortunats membres de la nova classe no existeixen. Però, igual que passa amb les *meigas* de Galícia, «*haberlos, haylos*».

El fuero y el huevo

Un fet revelador de com funcionen les coses és el que ha passat amb el traspàs de les competències de vigilància del trànsit de Girona de la Guàrdia Civil als Mossos d'Esquadra. El primer resultat ha consistit en una reducció de les multes imposades a sis vegades menys del nivell anterior. El cap dels motoristes de la policia autonòmica ho explicava dient que la davallada era per manca d'experiència dels agents. Però es callava dues altres explicacions. La primera, que l'any 96, l'últim del qual hi ha dades publicades, la Guàrdia Civil va posar el doble de multes a Catalunya que no pas a Madrid. Atès que el parc d'automòbils i el nombre de conductors amb carnet són idèntics i que, a més a més, si hem de jutjar pel nombre d'accidents i de morts a la carretera conduïm igual de malament, l'única explicació de la diferència seria que la Superioritat hagués ordenat el doble de rigor o que cada número del cos ja ens tingués als residents del nord-est el doble de mania sense necessitar de rebre ordres més precises.[11] És ben

11. De totes maneres, l'any 1998, dels 4.287 morts que hi va haver a Espanya, 612 corresponen a Catalunya i dels 165 morts a les carreteres durant les festes de Nadal, més del 50 % es van produir a Catalunya. El 1997, el 28 % dels accidents totals en punts negres es van localitzar a casa nostra, però Obres Públiques només va dedicar-nos el 6 % de les inversions per corregir aquests llocs de risc i de perill.

sabut que s'ha descobert pel tema GAL que sovint, quan feien falta més fons reservats, es feien sortir les patrulles del cos a recaptar les sumes necessàries, igual com els membres de la UCIFA, unitat de lluita contra la droga, venien narcòtics decomissats o els feien servir per pagar col·laboradors i confidents. No és, per tant, gens estrany que corporativament s'abusés de vegades del col·lectiu que freqüenta les carreteres catalanes, tal com ho feia per profit i lucre individual l'agent casat amb la Rociíto, la filla de Rocío Jurado, que posava multes als turistes i s'embutxacava els calers a títol personal; juntament, és clar, amb el seu company, perquè ja se sap que els guàrdies civils van com les monges, que sempre surten per parelles a veure si així fan més bondat. No volem assenyalar amb això un cos concret, perquè encara és més famós l'agent López de la Guàrdia Urbana del Prat que presta servei (és una forma de parlar) a l'aeroport de Barcelona. Emparat en la impunitat de la seva condició de cap de la UGT a la policia municipal i la condescendència de l'alcalde Tejedor, tan protector dels ocells de la Ricarda i dels aiguamolls del Remolar, i tan poc defensor dels turistes que viatgen en avió, l'agent ha estat vist conduint la grua en estat d'embriaguesa i fent topades amb cotxes estacionats, posant multes a turistes i quedant-se els diners sense cap document comprovant. També se li atribueix l'heroïcitat de punxar els pneumàtics del cotxe d'un diputat de Convergència, després d'haver segrestat arbitràriament el vehicle amb el parany de reglament a l'aparcament d'autoritats, al qual el pobre pare de la pàtria tenia perfecte dret.

En fi, sense assenyalar ningú en concret, el que passa és que la Generalitat no gosa fer d'Estat de veritat i en el subconscient dels seus consellers ho hi ha la convicció que s'han de suprimir els abusos anteriors. De fet, que la cara amable i electoralista passa per fer la vista grossa, exhibir unes motos més bones que les anteriors, pagar un sou un 50 % més elevat que el dels guàrdies civils (als quals, però, caldria descomptar la residència a casa quarter i l'economat) i permetre que els mossos es facin d'un sindicat semblant al dels bombers, que ja han aconseguit descansar quatre dies per cada jornada que treballen. Aquests sí que tenen les 35 hores...

Algun dia caldrà fer un estudi de les xifres que demostren la deslleialtat constitucional i estatutària del govern central. En efecte, el govern socialista va aplicar des del primer dia una regla d'or del seu capteniment pressupostari que consisteix a augmentar, més que cap altra partida, els recursos destinats als ministeris encarregats de matèries ja transferides a les autonomies en règim de competència exclusiva. En altres paraules, l'esforç de finançament proporcionalment més prioritari és el destinat a la dotació de mitjans per als ministeris que, en pura lògica, haurien de desaparèixer a fi d'evitar els inconvenients i el *despilfarro* de la doble finestreta. On són els principis de racionalitat administrativa, d'estalvi o de l'Administració única que reclama Manuel Fraga?

Aquest intent, per ara reeixit, de consolidar la intervenció del govern central en àmbits que ja hauria d'haver abandonat, a base de repartir diners que vinguin a rivalitzar unes competències i jurisdiccions que ja no són seves, s'ha vist reforçat en la mesura en què les autonomies, víctimes de l'asfíxia financera, han consentit perdre el *fuero* a canvi d'una mica de *huevo*. Cultura i Turisme són dos exemples d'aquest vergonyós comportament de la Generalitat que passa per l'abdicació dels principis a canvi d'un plat de llenties o de quatre rals de subvencions a favor d'algun sector empresarial concret. Quin silenci culpable quan ningú no acusa l'Administració central d'haver canviat tres vegades de locals a Madrid la Secretaria d'Estat de Turisme per increment de plantilla d'ençà del 1980, és a dir, a partir del moment en què l'organisme havia de desaparèixer!

No es pot tornar a badar

En relació amb les possibles explicacions del capteniment de Jordi Pujol, en Xavier Bru de Sala va fer algunes consideracions. Deu ser suficient, es demanava, l'acusació de sucursalisme i neocentralisme als socialistes per mantenir-se al poder? Potser no i, per aquest motiu, caldrà fer alguna cosa, atès que la credibilitat de Pujol com a dirigent capaç d'obtenir una bona collita de resultats passa unes hores baixes (l'ajornament de l'AVE, la caixa de Pandora de les autopistes, la persistència del mal finançament de la Generalitat). I surten les seleccions esportives i el pseudomodel basc, mentre a Madrid deuen pensar que sempre que no es posin pesats amb l'aeroport i les infraestructures... I Bru arriba a la conclusió que, si malgrat el fracàs negociador de la segona part de la legislatura, a Pujol li han tremolat les cames davant de la pilota d'or dels pressupostos, només hi pot haver alguna explicació desconeguda, o bé la por que Aznar li pugui llançar les eleccions generals al damunt de les autonòmiques. I diu a tall de conclusió que, al revés del PNB, CiU no gosa trepitjar fort i que el pujolisme està esgotat mentre que l'arzallisme, no.

La prova que probablement Bru de Sala va fer un diagnòstic encertat, ens la va oferir Rodrigo Rato quan, en una visita a Barcelona per participar en un seminari Espanya-USA, digué que el nou model de finançament que reclama Catalunya seria equivocat, ineficaç i injust. Es va oposar al plantejament de comparar els saldos nets dels diferents territoris, perquè, segons ell, les aportacions dels contribuents a les arques públiques no es fan en la condició de català o madrileny, sinó com a ciutadans espanyols que contribueixen a les carreteres, pensions, la policia, la justícia o la sanitat. Va afegir que la proposta catalana és com la que equivocadament formulen els països rics de la UE, un model que traslladat a Espanya encara té menys sentit. I per si això no fos prou, encara va afirmar que l'autogovern no consisteix a demanar més diners a Madrid (es va callar però, el fet que el que es reclama només és una part del que els catalans hem donat a Madrid i que, per tant, estem parlant d'uns diners que no són propietat seva, sinó que en tot cas tenen un titular que els ha hagut de suar amb el seu esforç i treball, que és el poble de Catalunya). En realitat ell no té ni el més mínim dubte que és a Madrid on s'ha de decidir el que cal ingressar i com s'ha de fer la despesa i s'expressa sacralitzant aquest intocable principi. Ho va fer, com a nen de casa bona que és, sense aixecar la veu, però demostrant el seu disgust per la votació d'una esmena de pressupostos en la qual PSOE i CiU van imposar 13.000 milions de pessetes de despesa suplementària en petites obres públiques. I, al mateix temps, amb la mala llet de qui, en haver obtingut del grup parlamentari català l'aprovació del conjunt de pressupostos i no haver de menester ja el seu suport, es pot permetre de renyar el soci lleial i mesell i, a més a més, recordar-li la seva feblesa. Rato digué quatre vegades, i això confirmà els temors de Bru de Sala, que el PP mantindrà la seva lleialtat amb CiU i que, fins i tot, permetria a Pujol que convoqués les eleccions autonòmiques en les dates que trobés més convenients per als seus interessos. Realment va ser una escena de reina del sado o de l'Ángel Cristo quan es tanca a la gàbia dels lleons i amb el fuet a la mà els fa aquell crit domador: «*À ta place*!» I els nostres governants, amb la cua entre les cames, ells sabran per què, estiren la poteta o fan allò que els mana un personatge que, sense el vot de CiU, no hauria pogut aprovar la llei més important de totes i s'hauria vist obligat a convocar eleccions anticipades. En efecte, un exercici amb pressupost prorrogat es pot resistir, però dos de consecutius, no.

Tornem a Bru de Sala i veurem la seva interpretació. Diu que les necessitats de Catalunya sempre surten derrotades per golejada malgrat que CiU disposa de tota l'aritmètica parlamentària a favor seu i que Pujol porta el xiulet d'àrbitre de la situació. El mètode Pujol de reclamació ha quedat en evidència en aquesta legislatura i en l'anterior. És un gran malabarista de la pilota a la lliga catalana de futbol sala, però en el joc d'escacs espanyol és com un rei sense alfils, cavalls, torres i reina, és a dir, sense capacitat o voluntat de moviment. La fórmula màgica del pujolisme és *suaviter in re, fortiter in modo* (tou en continguts, fort en paraules), però molts dels seus seguidors pensen que valdria més fer-ho exactament a la inversa, *fortiter in re, suaviter in modo*. Per exemple, a base d'enfortir el consens interior per reclamar amb fermesa de fons, i suavitat de formes, una més gran equitat en la distribució de recursos i una més gran capacitat de gestionar-los a casa. En realitat, semblaria més convenient la mà de ferro amb el guant de seda.

Què vol dir, per exemple, que l'Eix Pirinenc de carreteres depengui del Ministeri de Madrid? Què vol dir que l'A-16 de Sitges no es consideri una variant de l'A-7? ¿No deu ser que la vergonya de la N-II i dels peatges és culpa del centralisme i dels interessos de la concessionària ACESA (La Caixa), però també d'una Generalitat que negocia sense cap fermesa? Evidentment, el centralisme és insolidari per naturalesa i per definició, però si perviu i té tan bona salut és degut als errors de plantejament del nacionalisme perifèric.

Josep Lluís Carod-Rovira ho veu amb un esperit crític semblant i opina que la força política majoritària que s'anomena nacionalista a Catalunya és l'única que, precisament, no té cap projecte nacional definit, ni voluntat real de sobirania i ha fet de l'ambigüitat el seu tret polític més característic. Vint anys després dels pactes de transició, Catalunya no pot tornar a badar. No pot tenir una classe política badoca, instal·lada en el conformisme plaent i en un immediatisme sense perspectives, cofoia amb la gara-gara madrilenya de ser grans estadistes però, a la pràctica, incapaços de dissenyar un futur nacional que vagi més enllà d'una gran diputació provincial. Diu Carod que s'ha d'acabar l'estil ambigu, poruc i sense horitzons i que no s'acabarà si les regnes de la direcció política segueixen en mans de les forces i els dirigents que ens han conduït a un carreró sense sortida, més preocupats per conservar a les seves mans el poder que han anat obtenint personalment, que no pas per dotar el país de poder polític real per construir el seu futur com a poble.

Xabier Arzalluz ens va demostrar que la tècnica de la renúncia i l'abdicació dels principis a canvi que els poders fàctics et deixin manar el poc que queda té antecedents ben il·lustres. En un moment particularment inoportú i coincidint amb el centenari del naixement del president Tarradellas, el líder del PNB es va saltar les formes i va trencar l'orfeó dels elogis amb un atac ferotge. Segons ell, el president repatriat volia que l'Estatut basc fos només de *chichinabo* i es dedicava a intrigar i conspirar amb militars (Coloma Gallegos era llavors capità general de Catalunya) a fi d'evitar que l'autogovern d'Euskadi fos de debò i establís un precedent aplicable a Catalunya. La frase més contundent va ser que aquell octogenari, un egòlatra del «*carajo de la vela*», no volia de cap manera plegar i retirar-se. Com que no va tenir el suport dels partits tractava de diferir en el temps l'Estatut de Catalunya i aigualir-lo. Per això va escriure dues cartes a Adolfo Suárez, president del govern, en què li deia que no corria cap pressa l'Estatut i que, amb un parell de petites transferències, podia aguantar perfectament i ajornar l'autogovern català. Sabia que si se celebraven eleccions i s'aprovava el referèndum, ell se n'havia d'anar a casa. Quins pebrots!

En la mateixa línia es va pronunciar després Unió Democràtica en posar en relleu la gran contradicció de CDC quan reclama més sobirania i encara no ha exercit tota la que ja té adjudicada. Semblaria, efectivament, més lògica l'administració de les competències ja traspassades que no la reivindicació de les noves, quan es fa allò que en castellà se'n diu *dejación* de les que tenim degudament atribuïdes i reconegudes.

13

Perspectives de futur

Després de 20 anys

El nostre nivell d'autogovern mesurat en pessetes administratives (vol dir epigrafiades i destinades a aplicacions concretes que vénen marcades des de Madrid) pot semblar important. Però, calibrat per la lliure decisió possible en qualsevol matèria determinada, és evocador de l'entranyable figura del caganer del pessebre. La descatalanització de la política catalana és cada cop més visible i aparent. L'únic tema interessant és si entrarem en un govern de coalició a Madrid o si podrem modificar algun centimet en la discussió dels pressupostos del govern central. I Déu nos en guard, de reivindicar altra cosa, perquè així que els altres es desvetllen torna a sortir la veu de Felip V dient que s'han de tancar les universitats «*para que se les quite a los catalanes la funesta manía de pensar*», o la de Carles III per ordenar l'eradicació de la llengua catalana, però duta a terme amb habilitat, «*de tal manera que se consiga el efecto sin que se note el cuidado*».

L'Espanya monolítica ha viscut sempre a cavall de les seves percepcions distorsionades, dels seus prejudicis contra els fets diferencials, de les seves expulsions de moros i jueus o de les seves croades interiors. A les

Ordenances de Carles III, l'exèrcit estigmatitza «*murcianos, gitanos y otras gentes de mal vivir*». Per tant, en aquest pim-pam-pum permanent no té cap sentit d'acostar-s'hi amb ganes de fer-se estimar. No és per la via del sentimentalisme que aconseguirem d'entendre'ns. En tindríem ben bé prou de fer-nos respectar. Primer, exigint una auditoria que tapés definitivament la boca als demagogs que parasiten damunt la paraula *solidaritat*. I, a continuació, fent un exercici de dignitat que el món castellà sap valorar i entendre, sempre que no vinguin després al darrere els mercaders de favors particulars, que són la versió nostrada del *pelotazo* espanyol i de la corrupció generalitzada.

Amb una mica d'honestedat i de capacitat de no caure en les temptacions que com a paranys se'ns presenten (hams que, per cert, la nostra gent mossega amb voracitat) i una mica d'orgull ben entès, en el sentit d'exemplaritat que faciliti les més elementals reivindicacions, el panorama podria ser radicalment diferent. Si no ho fem així, seguirem fent de masoquistes i donant totes les culpes a la perfídia dels altres, que segur que en tenen molta, però que mai no s'haurien imaginat com els facilitaríem la tasca de dominar-nos, explotar-nos i menysprear-nos i com els resultaria de fàcil utilitzar els nostres defectes col·lectius i els vicis particulars de la nostra classe dirigent per remunerar simplement els grups de pressió que garanteixen la perpetuïtat de l'*statu quo*.

Recordem que un dia ens va dir un banquer franquista, un dels primers que van pagar un gran sou a Miguel Boyer, que ells estaven plenament convençuts que podrien comprar els dirigents socialistes i portar-los primer a la menjadora i, després, a fer la política més convenient per als seus negocis. Però que no s'havien imaginat mai com en seria de fàcil assolir aquest objectiu i amb quina rapidesa i voracitat es llançarien els governants a agafar els diners. L'èxit va sorprendre la pròpia empresa i per això els autors dels suborns o els dirigents dels *lobbies* parlaven amb un absolut menyspreu dels destinataris dels seus favors. Hauríem volgut saber si tenia la mateixa opinió dels polítics catalanistes, però no li ho vam demanar. Ens feia por que ens digués que encara mostraven més afany per mossegar l'esquer, però sobretot que es desactivaven ells mateixos i que, finalment, sortien més barats.

Sembla, per tant, que seguirem amb els malentesos o com diuen a Madrid amb el «*desencuentro*» i, que anirem servint d'escenari per a la Penèlope que va teixint de dia i desteixint de nit la reconstrucció nacional d'aquesta nostra trista, vella i dissortada pàtria. I vés a saber si, ateses les circumstàncies, no val més ésser escèptic i acceptar allò que deia l'altre: «*pourvu que ça dure*». O bé lamentar en castellà rotund tanta incomprensió, tant de rebuig hostil i tanta injustícia tot dient: «*¡Dios qué buen vasallo si hubiese buen señor!*» Afegint-hi, però, un «*Vds. verán*», un ja us ho trobareu o un vostès mateixos. Perquè vint anys després de l'aprovació de la Constitució ja no s'hi val de donar més excuses de mal pagador. El que hi ha és això i només això, això i prou, això i gràcies. I, per tant, no ens hi hem d'escarrassar més. N'hem de prendre nota i senzillament actuar i obrar en conseqüència partint de la constatació que les opcions majoritàries que el país ha defensat han resultat insatisfactòries, insuficients i poc reeixides malgrat els escassos èxits parcials i limitats que poden exhibir. Hem cremat, doncs, una generació sencera i tot un gran bagatge d'il·lusions i d'esperances. I encara surt un petit *maître à penser* assessor del govern català i ens fa saber el seu balanç. Tots aquests anys tornàvem de Madrid amb la bossa buida, perquè els nostres polítics patien d'una gran por escènica en veure que no aconseguien mai res de positiu. Però a través d'aquest drama personal, ara figura que aquella classe política inicialment inexperta, amb un curset de formació accelerada de només vint anys, s'ha dotat de pragmatisme i ara sí que finalment estarà en condicions de resoldre el nostre contenciós.

Ja ho veuen, doncs, que estem ben abocats a practicar encara més pragmatisme, que és com s'anomena la renúncia en llenguatge políticament correcte i, a més a més, que ho facin els mateixos que prometien plantar cara i acabaven fent reverències a un poder central, al qual haurem d'incorporar-nos per exigències del guió, esgotament del model i reiterada incapacitat de construir un autogovern de debò. No sabem si amb aquestes restes d'un naufragi es pot elaborar ara un altre projecte engrescador per als vint anys que vénen. Potser sí que algú s'ho tornarà a empassar i tornarà a motivar-se i a contribuir-hi amb un *pagare di persona*. Però ens fa la impressió que serem molts els qui tindrem la sensació d'haver fet el préssec i, com a gats escaldats, fugirem de l'aigua freda i del canvi de programa que consisteix a fer exactament el contrari del que havíem reivindicat. En el fons, hi ha una certa coherència, atès que el màxim i suprem nivell del pragmatisme anglosaxó es resumeix en una lapidària frase:

«*If you cannot beat them, join them.*» Si no els podem vèncer, ajuntem-nos-hi. Doncs bé, facin, facin, però amb nosaltres no comptin i si un dia els ve de gust, a molta gent de bona fe que s'ha sentit utilitzada, ens poden dir algun petit mot d'excuses o de justificació.[1]

El nou model d'actuació que es va perfilant consistiria, per tant, a inventar un sucursalisme de *quita y pon* que també podríem anomenar d'*espardenya*, atès que aquest tipus de calçat –al revés de la sabata– va igual de bé al peu dret que al peu esquerre. Seria un sucursalisme de pas universal, d'acoblament a banda i banda o de fer la torna de manera sistemàtica. Bé, vaja, la frontissa permanent amb cadascun dels grans partits estatals, triant sempre el primer classificat de l'empat del PP i el PSOE per oferir-li el complement necessari en nom de a la governabilitat, l'estabilitat o la convergència amb Europa. Un plantejament que, no hi ha dubte, mereix de ser pres en consideració, però que no va més enllà del moment en què un dels dos torni a treure la majoria absoluta. Ara com ara, les enquestes no ho indiquen pas, però és un fet que a mig termini podria perfectament produir-se i fer que els potencials socis del govern central, descol·locats, haguessin de tornar a casa per descobrir-hi que el grau d'autogovern és molt insuficient i que obliga sempre a trucar a la porta de Madrid a fi de resoldre les qüestions importants. O les no tan importants.

1. Potser n'hi hauria prou de dir «no vaig mesurar prou bé les meves forces» o «*ad impossibilia, nemo tenetur*», és a dir, que qui fa el que pot no està obligat a més.

Es tracta, doncs, d'una perspectiva potser vàlida en el marc d'unes biografies concretes, d'una actitud «*que me quiten lo bailao*», o després de nosaltres, el diluvi. I d'un retorn als esquemes dels catalans al Madrid d'abans, en la línia dels Bau, Gual-Villalbí, Porcioles, Udina Martorell, Cruylles, López Rodó, etc. Amb una diferència pròpia del règim democràtic i que comporta el pragmatisme, l'oportunisme, la promiscuïtat i la permissiva alternança de les parelles. I, en conseqüència, un repartiment escènic que permetria fer tots els papers de l'auca. Amb l'únic objectiu d'anar tirant de la rifeta, no pas el país, sinó les camarilles dirigents. Un programa que pot resultar apassionant per als beneficiats de tants anys d'inèrcies i desviacions, però que no pot representar de cap manera un ideal engrescador i suggestiu per a uns ciutadans desencisats, que trigaran probablement molt de temps a tornar a respondre i mobilitzar-se per un interès general manipulat i patrimonialitzat per uns quants. Costarà de refer les il·lusions perdudes en aquesta Catalunya maltractada des de fora, però també cal admetre que mal servida i defensada des de dintre. Bé, vaja, que tornarem a lluitar, tornarem a sofrir i tornarem a vèncer. Però uns servidors passen el ciri d'aquesta processó a la generació següent, en la qual dipositem les nostres esperances. Senyors, passin-ho bé, que cauen gotes!

Índex